Sibylle Quack

# Geistig frei
# und niemandes Knecht

Paul Levi – Rosa Luxemburg
Politische Arbeit und
persönliche Beziehung

Mit 50 unveröffentlichten Briefen
Mit 11 Abbildungen

Lebensbilder

Lebensbilder
Ullstein Buch Nr. 27536
im Verlag Ullstein GmbH,
Frankfurt/M – Berlin

Geringfügig veränderte Ausgabe

Umschlagentwurf:
Hansbernd Lindemann
Unter Verwendung zweier Fotos
vom Ullstein Bilderdienst
Alle Rechte vorbehalten
Mit freundlicher Genehmigung des
Verlags Kiepenheuer & Witsch, Köln
© 1983 by Verlag Kiepenheuer & Witsch,
Köln
Printed in Germany 1985
Druck und Verarbeitung:
Ebner Ulm
ISBN 3 548 27536 2

Juli 1986

CIP-Kurztitelaufnahme
der Deutschen Bibliothek

**Quack, Sibylle:**
Geistig frei und niemandes Knecht: Paul
Levi – Rosa Luxemburg, polit. Arbeit u.
persönl. Beziehung / Sibylle Quack. Mit
50 unveröffentlichten Briefen / [Rosa
Luxemburg]. –
Geringfügig veränd. Ausg. – Frankfurt/M;
Berlin: Ullstein, 1986.
    (Ullstein-Buch; Nr. 27536: Lebens-
    bilder)
    ISBN 3-548-27536-2

NE: Luxemburg, Rosa: Fünfzig unver-
öffentlichte Briefe; Luxemburg, Rosa:
[Sammlung]
Fünfzig unveröffentlichte Briefe; GT

Für Sebastian Anselm

# Inhalt

»Wer wollte leugnen, daß der weite Blick,
der tiefe Geist, die Kenntnisse und der
Wille von Rosa Luxemburg uns in jeder
Stunde fehlte.«

(Paul Levi, zum Todestag von
Rosa Luxemburg und Karl Liebknecht,
in »Unser Weg«, 15. Januar 1922)

# Vorbemerkung

Wenn in der Literatur der letzten 50 Jahre – selten genug – von Paul Levi die Rede war, dann meistens im Zusammenhang mit seinem Ausschluß aus der KPD im Jahre 1921. Levi, das war der erste, der den Bruch mit der Komintern und den Bolschewiki gewagt, ihren verhängnisvollen Einfluß auf die Entwicklung der deutschen Arbeiterbewegung vorausgesehen und öffentlich gemacht hat.[1] Meist wird dann noch darauf verwiesen, daß Levi in der Tradition Rosa Luxemburgs stand, sie auch schon vor dem Ersten Weltkrieg kannte und ihr Anwalt war. Das Jahr 1921 hat wie eine magische Zahl den Werdegang Levis bestimmt, aber auch die Geschichtsschreibung über ihn. Und doch wird man weder seiner Person noch seiner Rolle in der Geschichte der deutschen Arbeiterbewegung gerecht, wenn man seine Bedeutung auf dieses Ereignis des frühen und spektakulären Austritts aus der KPD reduziert oder zum Ausgangspunkt seines Denkens und Handelns macht. Levi war 1921 38 Jahre alt – er hatte noch 9 Jahre zu leben –, ein wichtiger Teil seines Lebens lag bereits hinter ihm. Was bedeutete das eigentlich, vor dem Ersten Weltkrieg Verteidiger von Rosa Luxemburg gewesen zu sein, im Krieg zum Spartakusbund zu gehören und um die Jahreswende 1918/19 die KPD mitzugründen? Wie vollzog sich die Herausbildung seiner Positionen, die ihn seinen Weg von der Vorkriegssozialdemokratie zur KPD und wieder zur Sozialdemokratie gehen ließ?

Bei der Untersuchung dieser Fragen stieß ich auf aufregende und interessante Dinge. Levi war nicht nur der Anwalt Rosa Luxemburgs, er ist auch ihr enger und vertrauter Freund gewesen. Vielleicht kann man an ihm wie an keinem den Einfluß der überragenden Frau und Kämpferin erkennen, die Macht und

Nachwirkung, die sie auf Menschen hatte. Wie entscheidend ist die Person Levis, ist seine persönliche und politische Biographie von Rosa Luxemburg geprägt worden – und vor allem, wie stark hängen Persönliches und Politisches zusammen. Immer noch ist es in der Wissenschaft kalt wie am Nordpol, werden Gefühle, Wärme wie Schmerz, ausgespart, als hätten sie nichts mit der menschlichen Geschichte zu tun. Der Versuch, sich über einzelne Menschen Geschichte anzueignen, ist indes alt. Biographen von »großen Geistern« waren die einzigen, in deren Büchern, da sie erklärtermaßen über Einzelschicksale schrieben, auch Privates anklang. Um sich von solchen »unwissenschaftlichen« Arbeiten – die in der Tat oft unerträglich spekulativ und von großer Faktenfeindlichkeit geprägt sein mochten – abzugrenzen, entstand in der Politikwissenschaft der Begriff der »politischen Biographie«. Die Geschichte der einzelnen sollte, eingebettet in den zeit- und sozialgeschichtlichen Zusammenhang, möglichst wenig »Privates« zulassen und es, wenn es schon unumgänglich sei, in den nötigen Rahmen stellen. Die vorliegende Arbeit versucht, die Trennung von privater und politischer Sphäre möglichst zu vermeiden, aber auch den zeitgeschichtlichen Zusammenhang nicht zu vernachlässigen.

Kernpunkt der Untersuchung werden die Jahre sein, in denen Levi mit Rosa Luxemburg einen bestimmten politischen Weg zurückgelegt hat: ihre letzten Jahre, seine – politisch und menschlich gesprochen – »frühen Jahre«. Dabei soll für seine späteren Lebensjahre der Anstoß deutlich werden, den er durch die Beziehung zu Rosa Luxemburg bekommen hat. Weniger, daß er ein Schüler von ihr gewesen ist, einer, der ihre Lehre getreu ausführte; sondern Rosa Luxemburg scheint Levi »beseelt«, ihm Kraft und Mut gegeben zu haben, so daß er eine Zeitlang über sich hinausgewachsen ist. Eine eigenständige, hochinteressante Persönlichkeit ist er indes auch ohne diese Beziehung gewesen, wie seine originellen Positionen in der Frankfurter Sozialdemokratie oder sein juristisches Engagement beweisen werden. Zu seinem Leben aber gehört entscheidend der Faktor, von dem hier immer wieder die Rede sein wird: die Liebe zu Rosa Luxemburg.

Erleichtert wurde mir die Arbeit durch den unverhofften Fund zahlreicher – bisher vollkommen unbekannter – Briefe von Rosa Luxemburg an Paul Levi, die sich im Privatbesitz eines Neffen von Levi in Amerika befanden. Durch die Kenntnis dieser privaten *und* politischen Briefe wurde es mir überhaupt erst möglich, die Tragweite der Beziehung zwischen Luxemburg und Levi zu erahnen. Aus einigen dieser Briefe werde ich im folgenden zitieren. Vollständig abgedruckt und mit Anmerkungen versehen erscheinen sie im Anhang des Buches.

Die Arbeit beginnt mit der Darstellung des Jorns-Prozesses im Jahre 1929, um die enge Verknüpfung dieses letzten Lebensabschnittes Levis mit dem frühen von 1883 bis 1918/19 deutlich zu machen. Denn im Jorns-Prozeß wurden noch einmal die Morde an Rosa Luxemburg und Karl Liebknecht aufgerollt. Paul Levi ist über der Berufung des Prozesses gestorben.

Das Einleitungskapitel, ein kurzer Überblick über sein Leben, ist schon von der beherrschenden Aussage der Arbeit geprägt, daß Levis Begegnung mit Rosa Luxemburg eine für sein späteres Leben entscheidende Bedeutung bekommen habe.

Danken möchte ich schließlich an dieser Stelle allen meinen Freundinnen und Freunden, die mich in der langen Zeit meiner Arbeit über Levi auf vielfältige Weise unterstützt und mir Mut gemacht haben. Ganz besonders sei hier Jürgen Seifert genannt, dem ich außerordentlich viel verdanke. Ohne seine jederzeit solidarische Kritik und Hilfe hätte ich dieses Buch nicht schreiben können. Auch Frank und Susanne Herz, den Verwandten Levis in Amerika, mit denen mich seit unserem Kennenlernen eine große Freundschaft verbindet, möchte ich meinen tiefempfundenen Dank aussprechen. Mit der vertrauensvollen Übergabe der Luxemburg-Briefe in meine Obhut und der Erlaubnis, sie zu veröffentlichen, haben sie mir, aber auch einem großen Kreis Interessierter, einen bedeutenden Dienst erwiesen.

Schließlich danke ich Rüdiger Zimmermann, der mit mir zusammen die im Anhang abgedruckten Briefe von Rosa Luxemburg mit Anmerkungen versah, eine oft mühsame, aber auch spannende Arbeit. Aus der Zusammenarbeit mit ihm ist jetzt auch eine Personalbibliographie Paul Levis hervorgegangen[2]. Mit

Rüdiger Zimmermann und Jürgen Seifert verbindet mich die Achtung vor A. R. L. Gurland, der in seinen letzten Lebensjahren mit seinem großen Wissen, präziser Erinnerung und scharfer Kritik die Entstehung dieses Buches begleitet hat.

# Einleitung

Frankfurt 1914: Rosa Luxemburg steht vor Gericht; sie soll in zwei Versammlungen zum »Ungehorsam wider die Gesetze« aufgefordert haben. Der Staatsanwalt sieht in ihren Worten: »Wenn uns zugemutet wird, die Mordwaffe gegen unsre französischen oder anderen Brüder zu erheben, dann rufen wir: Nein, das tun wir nicht!« einen Angriff auf den Lebensnerv des Staates, auf den preußischen Militarismus.[1]

Rosa Luxemburg hält in diesem Prozeß eine flammende Rede; sie nutzt die Gerichsverhandlung zur antimilitaristischen Agitation. Furchtlos greift sie Gericht und Staatsanwalt an und fordert sie auf, sie zu verurteilen: »Ein Sozialdemokrat flieht nicht. Er steht zu seinen Taten und lacht Ihrer Strafen.« Einer ihrer beiden Verteidiger, der dreißigjährige Paul Levi aus Frankfurt, erhält in diesen Stunden Anschauungsunterricht, wie man politische Prozesse für die Ziele der Sozialdemokratie nutzt. Aber es ist nicht nur das; er ist tief beeindruckt von der Kraft und Persönlichkeit dieser Frau. Aus seinem Plädoyer spricht emphatische Bewunderung für sie.

Er und sein Kollege Kurt Rosenfeld können nicht verhindern, daß die Angeklagte zu einem Jahr Gefängnis verurteilt wird. Ein Aufschrei der Empörung über dieses harte Urteil geht durch die sozialdemokratische Presse. Rosa Luxemburg und ihre beiden Verteidiger beginnen eine Reise durch das Land; auf überfüllten Protestveranstaltungen berichten sie über den Prozeß und tragen ihre Vorstellungen über den sozialdemokratischen Kampf gegen den Militarismus unter die Massen.

Diese Agitationsreisen sind den Behörden ein Dorn im Auge, und bald findet sich in einer öffentlichen Rede Rosa Luxemburgs in Freiburg ein neuer Grund zur Anklage. Diesmal soll sie die Angehörigen der preußischen Armee beleidigt haben, weil sie von Soldatenschindereien, die sich tagaus, tagein in den Kasernen wiederholten, gesprochen hat. Wieder nimmt sie Levi zu ihrem Verteidiger. Die Freundschaft und Zusammenarbeit zwischen beiden hat sich inzwischen vertieft. Der Prozeß, der am 29. Juni 1914 in Berlin beginnt, macht in der gesamten Presse Schlagzeilen. Levi wird dadurch weit über Frankfurt hinaus bekannt; er ist jetzt »der Verteidiger Rosa Luxemburgs«.

Wer war dieser Paul Levi? Ein exzellenter Strafverteidiger, gewiß, aber auch in erster Linie ein Schüler Rosa Luxemburgs. Ihr Einfluß auf Levi war sehr stark – er gehörte in den Kriegsjahren zu ihren engsten Vertrauten innerhalb des Spartakusbundes. Seine Vorstellungen über die sozialistische Revolution, über die Struktur und das Wachstum einer sozialistischen Massenpartei, waren geprägt von Rosa Luxemburg. Levi war weniger ein Theoretiker, sondern mehr ein weitsichtiger Stratege und Praktiker, der auf den konkreten Bedürfnissen und Interessen der deutschen Arbeiterbewegung aufbaute und von hier aus versuchte, eine realistische Politik zu betreiben. Von dieser Prämisse aus leistete er eine exemplarische Kritik an der Praxis und Entwicklungstendenz der Kommunistischen Internationale, die äußerst klar Gefahren für die deutsche Arbeiterbewegung insgesamt voraussagte. Levi wurde wegen dieser Kritik bereits 1921 aus der KPD ausgeschlossen und trat, mit einer größeren Gruppe von Anhängern, 1922 wieder in die SPD ein, wo er bald die Integrationsfigur des linken Flügels war. Seine Zeitschrift »Sozialistische Politik und Wirtschaft« war das Forum für die wichtigsten Diskussionen aller Fragen, die von dem linken Flügel der Sozialdemokratie in den 20er Jahren geführt wurden. Man kann heute aus seinen Reden im Reichstag, seinen Beiträgen zur innerparteilichen Diskussion in der SPD und aus seinen Plädoyers in den verschiedenen politischen Prozessen lernen, wie genau der Schüler Rosa Luxemburgs die Gefahren, die der Weimarer Republik von rechts drohten, erkannte und anprangerte. Und es ist richtig, daß Levis Tod einen tragischen und folgenreichen Verlust für die Weimarer Republik und die deutsche Arbeiterbewegung bedeutet hat, wie Arthur Rosenberg in seiner Geschichte der Weimarer Republik geschrieben hat.[2]

»[...] vielleicht wird eine Zeit kommen, die auch die Opfer zählt und wertet, die nicht nur ihr Leben gaben für die Sache des Proletariats, sondern es nicht mehr für lebenswert hielten, wo sie nicht mehr sehen, wie ihr fürderhin zu dienen.«[3] Diese Worte Levis aus einem Nachruf auf seinen Freund Heinrich Teuber bekommen angesichts seines eigenen Todes ein schweres Gewicht; es ist, als habe er sie auch für sich selber geschrieben. Er stürzte in der Nacht zum 9. Februar 1930 aus dem Fenster seiner Dachwohnung am Lützowufer in Berlin. Es ist im nachhinein nicht mehr eindeutig festzustellen, ob es sich bei seinem Tod um einen Unfall oder um Selbstmord handelte. Er litt an einer schweren Lungenentzündung, und man vermutete, er habe Luft schöpfen wollen und dabei das Gleichgewicht verloren. Auch die Möglichkeit, daß er sich im Fieberwahn aus dem Fenster gestürzt habe, wurde in Betracht gezogen. Indes scheint es mir, man könne seinen Tod als langangelegten Selbstmord bezeichnen, dessen erste Ursachen in das Jahr 1919 zurückreichen, und der neun Jahre später, in einem Moment körperlicher Entkräftung und geistiger Resignation, zur Ausführung kam.

Paul Levi lag tot unweit der Stelle, an der ein Militärkommando Rosa Luxemburg im Januar 1919 in den Landwehrkanal geworfen hatte. Sie war ermordet worden, hatte ihr Leben gegeben »für die Sache des Proletariats«. Levi hielt seines, elf Jahre später, am Ende der Weimarer Republik nicht mehr für lebenswert; er sah nicht mehr, wie der Sache »fürderhin zu dienen«.

Levi stammte aus einer großbürgerlichen jüdischen Familie. Materielle Sicherheit und soziale Privilegien, aber ebenso Außenseitertum und starkes politisches Engagement des Vaters prägten seine Jugend. Die Kaufmannsfamilie lebte standesgemäß und pflegte die bürgerlichen Kulturgüter; gleichzeitig aber nannte man den Vater im Heimatort Hechingen den »Roten Jakob«, der unbequeme und bissige »republikanische« Artikel schrieb und wegen seiner antimonarchistischen Polemiken in der Stadtverordnetenversammlung berühmt war. In einem Land wie Hohenzollern, in dem die Juden noch bis zur Einverleibung des Landes durch Preußen im Jahre 1850 von den Gewerben ausgeschlossen waren und den Status von »Schutzjuden« besaßen, war es notwendig, die sozialen und politischen Rechte der jüdischen Bevölkerung zu verteidigen und zu erweitern. In diesem Sinne war Jakob Levi ein Außenseiter; aber ein Außenseiter, der gezwungen war, den Sprung nach vorne anzutreten. So schickte der Vater den Sohn auf die staatliche und nicht auf die israelitische Volksschule, obwohl die Familie strenggläubig war und besonders die Mutter für einen koscheren Haushalt sorgte. Der Junge sollte lernen, daß er, auch wenn er »anders« aufwuchs als seine Mitschüler, dennoch dazugehörte.

Anders sein, eine Ausnahme machen gegenüber den anderen: diese Erfahrung scheint mir fundamental für Levis Jugend zu sein. Mit dreizehn zog er nach Stuttgart, um das Gymnasium zu besuchen. Die Trennung vom Elternhaus und Schulschwierigkeiten machten ihm dort zunächst das Leben schwer. Aber bald wagte er den Sprung nach vorne, suchte seine Interessen und vertrat sie auch; mit fünfzehn trieb er sich allein im Stuttgarter Landgericht herum und hörte sich Prozesse an: er beschloß, Jurist zu werden.

Der Rechtsanwalt Paul Levi war ein unbequemer Rechtsanwalt. Kaum, daß er im Jahre 1909 in Frankfurt am Main seine Praxis eröffnet hatte, fiel er durch seinen ungewöhnlichen Einsatz für seine Mandanten auf, die er oft auf Armenrecht verteidigte. Gleich am Anfang seiner Karriere als Anwalt stand ein Ehrengerichtsverfahren, und in den folgenden Jahren sollte er noch oft Ärger mit der Frankfurter Justiz bekommen. Schuld daran war nicht nur sein starker juristischer Einsatz für sozial Schwache, sondern bald kam noch sein Engagement auf dem linken Flügel der Frankfurter Sozialdemokratie hinzu. Levi nahm aber auch dort, abgesehen von seiner großbürgerlichen Herkunft, eine Sonderstellung ein. Er hatte eigene, originelle Positionen und ließ sich niemals ganz einer bestimmten Richtung zuordnen, auch wenn man wußte, wer seine Sympathien besaß, und behielt seine politische Eigenständigkeit gegenüber Richtungsstreitigkeiten. Er stand mit seinen Positionen oft allein, machte die Ausnahme gegenüber den anderen. Ein Gefühl der Einsamkeit mag ihn beschlichen haben, als er in den ersten Kriegstagen in Frankfurt am Main einer der ganz wenigen war, die sofort und kompromißlos gegen den Krieg, gegen die Kriegskredite auftraten. Er stürzte sich in die Antikriegsarbeit, hielt Vorträge, reiste umher und versuchte, das versprengte Häuflein der Kriegsgegner in der Partei zusammenzubringen.

Die Erfahrung, eine Außenseiterrolle einzunehmen, mit den eigenen politischen Vorstellungen allein oder mit nur wenigen Gesinnungsgenossen gegen ganze Organisationen zu stehen, sollte Levi immer wieder machen. Sein politischer Werdegang ist gespickt mit solchen Erlebnissen. Die verschiedenen Spaltungen der Arbeiterparteien, die seinen Weg säumten und an denen er selbst durchaus mitbeteiligt war (man denke an den Heidelberger Parteitag der KPD im Oktober 1919, als er mit einem Gewaltakt den größeren Teil der Mitglieder hinauswarf, und an die Spaltung der USPD im Jahre 1920, auf die er ein Jahr hingearbeitet hatte), waren für ihn tiefe Einschnitte und hinterließen Spuren. Besonders sein Ausschluß aus der KPD nach den Märzkämpfen in Mitteldeutschland 1921 ist eine entscheidende Etappe in dem Prozeß seiner Vereinsamung. Er ging mit seiner rücksichtslosen Kritik an der Politik der KPD als einzelner an die Öffentlichkeit und wurde prompt aus der Partei, deren Führung er immerhin zwei Jahre innehatte, ausgeschlossen. Mit den wenigen, die mit ihm gingen, gründete er die Kommunistische Arbeitsgemeinschaft, eine Vereinigung, die von ihren eigenen Mitgliedern als »Offiziere ohne Soldaten« beschrieben wurde.

Als er 1922 in die SPD zurückkehrte, war er ein gebranntes Kind. Obwohl er den Schritt zur Sozialdemokratie um der Einheit der Arbeiterbewegung willen tat, wurde er dort mit dem größten Mißtrauen empfangen und mit Restriktionen belegt. Er war der hervorragendste Kopf der Linken in der Partei, insofern vertrat er einen großen, wenn auch sehr heterogenen Teil der Mitglieder; aber in der Gesamtpartei kam er, zum Beispiel auf Parteitagen, kaum zu Wort. Und es lag ihm fern, sich in den Vordergrund zu drängen; er hielt sich seine eigene Pressekorrespondenz und kam nur, wenn man dringend nach im rief. Ossietzky tat dies im Jahre 1929, forderte ihn auf, endlich die ihm gebührende Rolle des Führers der Linken zu übernehmen. Aber er äußerte auch Zweifel: »Hier ist der Mann, der mit allem ausgestattet ist, um die Sturmfahne gegen Bonzentum und feisten

Opportunismus zu erheben. Ob er will, davon wird nicht zum wenigsten die Zukunft der ganzen deutschen Sozialdemokratie abhängen. Ich spreche meine Zweifel offen aus: ich glaube, er wird nicht wollen. Zum Kampf gegen diese entsetzliche Parteimaschinerie gehört eine Riesenquantität Beständigkeit, die Paul Levi nicht aufbringt. Denn er ist der geborene großartige Gastspieler, der schweifende Virtuose, der hinreißt und verschwunden ist, noch ehe der Taumel verfliegt [. . .]«[4]

Der schweifende Virtuose gab nicht aus Lust zum Theaterspielen seine Gastspiele. Und er nahm auch nicht aus freien Stücken oder aus Laune ständig die Rolle des begabten und mutigen, aber eben an beständigen organisatorischen Dingen nicht interessierten Außenseiters ein. Sondern ein bis ins Physische gehender Schmerz über die Entwicklung der Arbeiterbewegung und »ihrer« Republik trieb ihn. Wenn er im aufregendsten Moment, im März 1921, nach Italien floh und seine Sekretärin beschwor, niemandem zu sagen, wo er sei, so waren das nicht die Allüren einer »hysterischen Madonna«, wie man in der KPD glaubte, sondern die Flucht vor dem psychischen und physischen Zugrundegehen an der Identifikation mit einer Bewegung, die den Weg in die Niederlage angetreten hatte. Er hatte gekämpft, Einfluß genommen; aber das, was er mit dem Märzaufstand der KPD kommen sah, vermochte er nicht mehr aufzuhalten, wenn er es auch durch den Schritt der erbarmungslosen Aufdeckung der Hintergründe versuchte.

Und später das gleiche: ob er im Fememordausschuß des Reichstages unter Gefahr für sein Leben die Mordtaten der Freikorpsverbände aufdeckte, ob er in seinen Artikeln in der »Sozialistischen Politik und Wirtschaft« die politische Entwicklung auf den Begriff brachte und die Gefahren, die der Republik drohten, voraussagte – immer war er von dem Bewußtsein durchdrungen, zwar analysieren, nicht aber mehr aufhalten zu können. Und er, der sich mit aller Kraft, mit der ganzen Person für die Arbeiterbewegung einsetzte, sah doch im gleichen Atemzug ihren Untergang voraus. Das hob ihn ab von den meisten, die ihre unmittelbare politische Situation nicht übersahen, und das machte ihn zum Einsamen.

Vielleicht, daß ihn auch die Schwierigkeit, anderen von seinen quälenden Gedanken zu sprechen, verzweifeln ließ: Freunden und Mandanten konnte er unendlich lang, mit der größten Geduld zuhören, ihnen Ratschläge geben und helfen. Er selber aber behielt seine Probleme für sich. Der Mensch, der ihm allein hätte Kraft geben können, Rosa Luxemburg, war tot.

In den Monaten vor Ausbruch des Ersten Weltkriegs war eine Freundschaft zwischen Rosa Luxemburg und Paul Levi entstanden, die das Fundament bildete für die Zusammenarbeit der nächsten Jahre bis zu Rosa Luxemburgs Tod. Levi hing mit schwärmerischer Liebe und Bewunderung an ihr; unter ihrem Einfluß entfaltete er seinen Stil und lernte, seine ganze Kraft in den Dienst der revolutionären Arbeit zu stellen. Er war Spartakist, hatte zeitweilig Kontakt zu Radek und Lenin in der Schweiz, arbeitete nach seiner Rückkehr bei den Spartakusbriefen mit und war schließlich Mitbegründer der KPD um die Jahreswende 1918/19. Niemals vorher und auch später nicht lebte er derart intensiv wie in den Monaten vor und während der Revolution von 1918.

Er war gemeinsam mit Rosa Luxemburg und den anderen Spartakusführern, die sich in Berlin aufhielten, tage- und nächtelang in der Redaktion der »Roten Fahne«, sprach vor Massenansammlungen von Arbeitern und hatte Einblick in die »Interna« der Revolution. Es war dies die einzige Etappe in seinem Leben, in der er nicht einsam war, und er hat später nie wieder solche Hoffnungen in die Zukunft gesetzt wie damals. Der Tod von Rosa Luxemburg und Karl Liebknecht erschütterte ihn menschlich auf das tiefste. Gleichzeitig zerbrach aber auch seine Hoffnung auf die Entwicklung einer sozialistischen Gesellschaft; seine Freunde und Anhänger haben das immer gespürt. Arkadij Gurland schrieb im Jahre 1932, zwei Jahre nach Levis Tod, in der »Marxistischen Tribüne«: »Und vielleicht konnte in den Jahren des Niedergangs das, was war, keiner so überzeugend aussprechen wie er, Levi, der das, was 1918 nicht geworden ist, wie einen quälenden Schmerz in sich getragen hat bis zum sinnlosen Ende. Was nicht war, hatte ihn an einem Januartage 1919 in seinem Lebensnerv getroffen; und was war – die Niederlage des deutschen Proletariats – konnte einer nie vergessen, der so wie Levi empfand, welch entsetzliches Opfer der selbstmörderische Bruderkrieg dem Proletariat abgefordert hatte und wie nutzlos dieses Opfer – gewesen ist. Nie hatte Levi diese sinnlose Zerstörung des kostbarsten Gefäßes sozialistischen Geistes verwinden können [. . .]«.[5]

Seine Trauer über ihren Tod und das ständige Gefühl ihrer Unersetzbarkeit hielten bis an sein Lebensende an. Zehn Jahre später, 1929, hatte er Gelegenheit, die Hintergründe des Mordes aufzurollen und die skandalöse Untersuchungsführung durch den Kriegsgerichtsrat Jorns, der die Mörder gedeckt und ihre Taten vertuscht hatte, vor aller Öffentlichkeit bekanntzumachen. Jorns hatte Beleidigungsklage gegen einen in der Zeitschrift »Das Tagebuch« erschienenen Artikel erhoben, und Levi übernahm sofort und mit größtem Engagement die Verteidigung des verantwortlichen Redakteurs, Josef Bornstein.

Das Geschehen von 1919 lebte mit aller Intensität noch einmal auf. Levi und Bornstein gewannen den Prozeß dank einer forensischen Meisterleistung Levis. Anfang 1930 fand die Berufung in diesem Prozeß statt. Levi erkrankte am dritten Verhandlungstag an einer schweren Lungenentzündung; er war nur mit großem Widerwillen erneut an die Sache herangegangen, es schien, er würde sie nicht noch einmal verkraften können. Sein Fieber stieg, er wurde von Träumen gepeinigt und stürzte, als niemand im Zimmer war, aus dem Fenster.

Levi glaubte nicht mehr an die nahe Zukunft der sozialistischen Revolution. Diesen Glauben hatte er in der Person von Rosa Luxemburg so intensiv wie nie kenngelernt; mit ihrem Tode hatte er ihn verloren. Und über dem Wiederaufrollen ihres Todes starb er schließlich selbst.

# 1. Das »Proton Pseudos«[1]

> »Nur einer stieg hoch, der Kriegsgerichtsrat Jorns,
> und ich glaube, er hat in den zehn Jahren vergessen,
> woher seine Robe die rote Farbe trägt.«
> (Paul Levi, Plädoyer im Jorns-Prozeß, 1929)

## 1. Der Jorns-Prozeß

Am 24. März 1928 erschien in der Berliner Zeitschrift »Das Tagebuch« ein anonymer Artikel mit dem Titel »Kollege Jorns«. Er befaßte sich mit den Ermittlungen gegen die Mörder Rosa Luxemburgs und Karl Liebknechts im Jahre 1919.[2] Der Reichsanwalt Paul Jorns, der als damaliger Kriegsgerichtsrat die Ermittlungen in den Mordfällen geführt hatte, und sein Dienstvorgesetzter, der Oberreichsanwalt Werner, klagten daraufhin gegen den verantwortlichen Redakteur der Zeitschrift, Josef Bornstein, wegen Beleidigung und übler Nachrede.[3]
In dem Artikel wurden Jorns starke Vorwürfe gemacht: er habe die Ermittlungen im Jahre 1919 verschleppt und die Mörder von Rosa Luxemburg und Karl Liebknecht begünstigt. Für die spätere Berufung des Richters Jorns an das Reichsgericht könnten, so vermutete der anonyme Verfasser, gewiß nicht dessen juristische Qualitäten den Ausschlag gegeben haben. Der Artikel endete: »Wie eine solche Erscheinung am obersten deutschen Gericht als Reichsanwalt fungieren kann, ist unerfindlich.«[4] So ganz unerfindlich war es dem anonym gebliebenen Verfasser, Berthold Jacob, der selber eines der Opfer der sogenannten »Landesverratsprozesse« der Weimarer Republik geworden

war[5] und der sich mit der Situation der politischen Justiz beschäftigt hatte, indes nicht, daß ein Mann wie Paul Jorns Reichsanwalt hatte werden können. Denn Jorns war der typische Vertreter einer Richterschaft, die sich gegenüber der demokratischen Republik von Weimar feindlich verhielt und ihr fremd gegenüberstand. Jorns' Gedankengut wurzelte, ebenso wie das vieler Kollegen, im autoritär-monarchistischen wilhelminischen Staat. Es gehörte zu dem alten, kaiserlichen Justizapparat, der von der Weimarer Republik nach der Revolution von 1918/19 fast unverändert übernommen worden war. Die Dreistigkeit, mit der Jorns die Verfolgung der Mörder Rosa Luxemburgs und Karl Liebknechts schleifen ließ, war typisch für das Verhalten der Weimarer Justiz, das von auffälliger Nachsicht gegen rechts, aber von erbitterter Härte gegen links gekennzeichnet war.[6]

Die strafrechtliche Verfolgung und Behandlung der Mörder der beiden Spartakusführer im Jahre 1919 markiert einen besonderen Punkt in der Entwicklungsgeschichte der jungen Republik. Der Verteidiger des von Jorns verklagten »Tagebuch«-Redakteurs hat diesen Entwicklungspunkt im Prozeß als das »Proton Pseudos« bezeichnet, also sozusagen als den »Sündenfall«:

> »Meine Herren, der Fall Jorns und Liebknecht-Luxemburg, das war das Proton Pseudos, das war der erste Fall, in dem Mörder mordeten und wußten, die Gerichte versagen. Da begann jener schauerliche Zug von Toten, fortgesetzt im März 1919 schon und ging weiter die ganzen Jahre und Jahre, Gemordete und Gemordete; denn vom Fall Liebknecht-Luxemburg und vom Kriegsgericht der Gardekavallerie-Schützendivision und vom Kriegsgerichtsrat Jorns her wußte man, daß Morden noch lange nicht identisch ist mit Bestraftwerden.«[7]

Der Verteidiger hieß Paul Levi. Er hatte ein starkes Interesse daran, die Hintergründe um die Ermordung der beiden Spartakusführer endlich aufzuklären, und hatte deshalb die Verteidigung übernommen. Im Mai 1929 würde die zehnjährige Verjährungsfrist für die Taten des damaligen Kriegsgerichtsrats Jorns ablaufen. Der Prozeß war die letzte Chance, ihn noch zur Verantwortung zu ziehen.[8]

Es war nicht nur Gerechtigkeitssinn, nicht nur »juristisches« oder politisches Interesse, was den Anwalt Levi trieb. Es war persönliche Betroffenheit. Levi war ein Freund und Kampfgefährte Rosa Luxemburgs gewesen, hatte selbst in den Januartagen 1919 in Lebensgefahr geschwebt. Durch den »Jorns-Prozeß«, wie er bald in der Presse genannt wurde, kam nun endlich die Gelegenheit, die Einzelheiten des Geschehens noch einmal, und zwar vor der Öffentlichkeit aufzurollen, die Schuldigen an den Morden zu nennen und ihre Bestrafung zu fordern.

Im Laufe des Jorns-Prozesses gelang es Levi, Jorns an einer Fülle von Einzelheiten nachzuweisen, daß er die Mörder gedeckt, die Ermittlungen verschleppt und alles getan hatte, um die Morde zu vertuschen. Das zuständige Feldkriegsgericht hatte im Jahre 1919 lediglich drei Beteiligte mit geringen Strafen belegt, alle anderen Verdächtigen waren freigesprochen worden. Erst jetzt, zehn Jahre später, wurde deutlich, welche Versäumnisse Jorns sich als Untersuchungsrichter hatte zuschulden kommen lassen.

Rosa Luxemburg und Karl Liebknecht waren, gemeinsam mit Wilhelm Pieck, am 15. Januar 1919 abends in einer Wohnung in Wilmersdorf von der sogenannten »Wilmersdorfer Bürgerwehr« festgenommen und nach dem Eden-Hotel, dem Sitz des Stabes der Gardekavallerie-Schützendivision, gebracht worden.[9] Dort wurde zum Schein der Befehl erteilt, Rosa Luxemburg und Karl Liebknecht in das Moabiter Untersuchungsgefängnis zu überführen.

Karl Liebknecht wurde als erster abtransportiert. Beim Verlassen des Hotels durch einen Seiteneingang schlug ihm der Jäger Runge, der dort Posten stand und eine entsprechende Weisung erhalten hatte, mit dem Gewehrkolben auf den Kopf. Karl Liebknecht wurde in ein bereitstehendes Auto gezerrt, das in Richtung Tiergarten davonfuhr. Im Tiergarten hielt das Auto an einer unbeleuchteten Stelle, angeblich wegen einer Panne. Liebknecht wurde aufgefordert, den Wagen zu verlassen, und dann von hinten erschossen. Der Verantwortliche für den Transport war der Kapitänleutnant Horst von Pflugk-Harttung. Er ließ

den Leichnam Liebknechts in einer dem Eden-Hotel gegen-
überliegenden Rettungswache als Leiche eines »unbekannten
Mannes« abliefern. Danach meldete er seinem Vorgesetzten,
dem Hauptmann Pabst, Karl Liebknecht sei »auf der Flucht erschossen« worden.

Kurze Zeit später führte man Rosa Luxemburg ab. Auch ihr gab
der Jäger Runge beim Verlassen des Hotels mehrere Gewehr-
kolbenschläge auf den Kopf. Die Bewußtlose wurde in das Auto
geworfen und – wahrscheinlich von dem Verantwortlichen des
Transports, dem Oberleutnant Vogel[10] – während der Fahrt erschossen. Vogel ließ die Leiche von einer Brücke in den Landwehrkanal werfen. Die Gardekavallerie-Schützendivision ver-
breitete anschließend die Meldung, Rosa Luxemburg sei durch
eine »erregte Volksmenge entführt« worden.

Da für die Mordtaten die Militärgerichtsbarkeit zuständig war,
konnte die Gardekavallerie-Schützendivision selbst die Richter
für das anschließende Kriegsgerichtsverfahren stellen. Der
Mörder von Rosa Luxemburg, der Oberleutnant Vogel, erhielt
zwei Jahre und vier Monate Gefängnis, aber nicht wegen Mordes, sondern wegen anderer Delikte (»Beiseiteschaffung einer
Leiche«, »vorsätzlich unrichtige Abstattung einer Meldung«),
der Jäger Runge zwei Jahre und zwei Wochen Gefängnis wegen
versuchten Totschlags und anderer Delikte.[11]

Einige Versäumnisse, die sich der ermittelnde Kriegsgerichtsrat
Jorns hatte zuschulden kommen lassen und die der Anwalt Paul
Levi zehn Jahre später durch den »Jorns-Prozeß« an die Öffent-
lichkeit bringen konnte, seien hier gennant:

– Der Kriegsgerichtsrat Jorns begann seine Ermittlertätigkeit
damit, daß er den auf Befehl des Kommandierenden Generals
von Lüttwitz bereits am 16. Januar festgenommenen Oberleutnant Vogel wieder freiließ. Und zwar, wie Paul Levi in seinem
Plädoyer betonte, ohne Vernehmung und lediglich nach dessen
Versicherung, er habe mit den Morden nichts zu tun. Jorns ließ
Vogel am 17. Januar frei, obwohl am selben Tag in der USPD-
Zeitung »Freiheit« die Aussage eines Hotelgastes veröffentlicht
worden war, nach der die Version von der Menschenmenge, die
Rosa Luxemburg »entführt« hätte, stark in Zweifel gezogen
werden mußte.

– Am 24. Januar erhielt Jorns einen Brief des Rechtsanwaltes und früheren Volksbeauftragten Hugo Haase, in dem dieser ihm mitteilte, daß eine Wache unter dem Kommando eines Hauptmann Wellers beobachtet habe, wie mehrere Soldaten und ein Offizier eine Frauenleiche in den Landwehrkanal geworfen hätten. Jorns vernahm den Hauptmann Wellers erst acht Tage später. Haase forderte, Wellers unter Eid zu nehmen, Jorns lehnte das ab. Wellers log zunächst, da er, wie er später aussagte, nicht unter Eid gestanden habe, sagte schließlich aber doch die Wahrheit.

– Am 2. Februar lag Jorns eine Zeugen-Aussage vor, die Transportmannschaften hätten nach der Rückkehr ins Eden-Hotel gesagt: »An der Brücke haben wir sie reinbefördert.« Bereits am 31. Januar hatte der Nachtportier des Hotels ausgesagt, ein Wachposten habe eine Viertelstunde nach dem Abtransport von Rosa Luxemburg erklärt: »Die ist erledigt, die schwimmt schon.« Obwohl also genug Anzeichen dafür vorhanden waren, daß Vogels Geschichte von der »Entführung« frei erfunden war, nahm Jorns ihn immer noch nicht fest. Im »Jorns-Prozeß« 1929 hat Levi nachgewiesen, daß der Kriegsgerichtsrat den Oberleutnant auch dann noch nicht festgenommen hatte, als er bereits wußte, daß es die Absicht Vogels gewesen war, die Wahrheit zu vertuschen. Levi zitierte, was Vogel – allerdings erst nachdem der Kommandant Wellers mit der Wahrheit herausgerückt war – bei einer zweiten Vernehmung dem Kriegsgerichtsrat Jorns erklärt hatte:

»›Auf der Weiterfahrt – also nachdem die Leiche ins Wasser geworfen worden war – habe ich gesagt: Kinder, wir müssen nun mal darüber sprechen, wie wir die Sache darstellen, um keinen Schaden anzurichten! Wir haben uns dann geeinigt, den Vorgang so darzustellen, wie wir ihn später zu Protokoll erklärt und wie ich ihn auch sofort beim ersten Generalstabsoffizier Hauptmann Pabst angegeben habe. Ich habe bei der Verabredung keinerlei Druck auf die Leute ausgeübt.‹
»Meine Herren«, schloß Levi, »das ist wörtlich das, was alle Prozeßordnungen, die zivilen und die militärischen von einer Verdunklungsgefahr verlangen [. . .]«[12]

Erst am 20. Februar stellte Jorns den Haftbefehl gegen Vogel aus, allerdings lediglich wegen Verletzung seiner Pflichten als Transportführer. Zwei Tage später erweiterte er den Haftbefehl auf »versuchten Mord«. Dazwischen lag ein Gespräch zwischen Jorns und dem Reichsjustizminister Landsberg in Weimar, in dem sich der Justizminister erregt über die bisherigen Versäumnisse geäußert hatte.

– Gegen die Mörder von Karl Liebknecht ging Jorns in ähnlicher Weise vor. Auch hier bestand seine erste richterliche Handlung darin, den zunächst von seinem Amtsvorgänger festgenommenen Kapitänleutnant Horst von Pflugk-Harttung wieder auf freien Fuß zu setzen.

– Auch hier lehnte er es ab, die Verdächtigen in Haft zu nehmen, obwohl die an sich schon viel zu spät eingeholten Zeugenaussagen der Hotelgäste, des Hotelpersonals und einzelner Posten und Sergeanten eindeutig ergeben hatten, daß sämtliche Offiziere in wichtigen Punkten falsche Angaben über den Transport gemacht hatten.

– Der wichtigen Frage über den zeitlichen Zusammenhang zwischen der Rückkehr des Liebknecht-Transports und dem Abgang des Luxemburg-Transports ging Jorns überhaupt nicht nach. Dadurch blieb ungeklärt, daß Rosa Luxemburgs Abtransport erst begann, nachdem bereits der Tod Liebknechts bekannt war. So konnte Jorns der Frage, ob hier eine Planmäßigkeit der Morde vorlag, ausweichen. Überhaupt unterließ er alles, was zur Überführung der Hintermänner hätte führen können und was geeignet gewesen wäre, eine Verabredung oder Planung der Morde aufzudecken.

– Alle Spuren, die zum Stabsoffizier der Gardekavallerie-Schützendivision, Hauptmann Pabst, führten, wurden von Jorns sorgfältig verwischt. Levi führte erstmals im »Jorns-Prozeß« den Zeugen Wilhelm Pieck vor, der mit Rosa Luxemburg und Karl Liebknecht zusammen festgenommen worden war. Pieck war auf dem Gang des Eden-Hotels während der Abtransporte festgehalten worden. Er hatte verschiedene Äußerungen von Offizieren und des Hotelpersonals gehört und war schließlich von dem Jäger Runge, der Liebknecht und Rosa Luxemburg mit dem Gewehrkolben geschlagen hatte, in einer Weise bedroht worden, die ihm den Verdacht nahelegte, Runge habe den Auftrag, ihn zu erschießen. Runge hat später eine Schilderung des Vorgangs gegeben, die genau Piecks Darstellung entsprach.[13] Danach sei Pieck der »dritte Auftrag« für Runge gewesen, der aber nicht mehr zur Ausführung gekommen sei. Auch dies beweist, daß es sich bei den Morden um eine gezielte und verabredete Aktion handelte.

– Auch die Aussage eines Zeugen, Hauptmann Pabst habe die Wachen des Eden-Hotels zu Falschaussagen auffordern lassen, verfolgte Jorns nicht weiter. Er schickte im Gegenteil am gleichen Tag, an dem er von diesem schwerwiegenden Vorwurf gehört hatte, einen Bericht über den Stand der Ermittlungen an das Kriegsministerium. Diesen Bericht leitete er über Pabst, den er damit zum Vertrauten machte.

– Dem Jäger Runge gab Jorns durch große Vertrauensseligkeit jede Chance, Spuren zu verwischen. Jorns hatte von verschiedenen Seiten gehört, daß in der Mordnacht vor dem Eden-Hotel ein Posten die beiden Spartakusführer geschlagen habe. Aber er ließ eine geraume Zeit verstreichen, ehe er – ausgerechnet an den Hauptmann Pabst – das »Ersuchen« richtete, man möge feststellen, wer in der fraglichen Zeit Posten gestanden habe. Auf diese Weise konnte Runge, der das schwächste Glied in der Kette war, gewarnt werden. Denn wenn er aussagte, bestand die Gefahr, daß das ganze Komplott auffliegen würde. Der Leutnant Liepmann, der ebenfalls zum Liebknecht-Transport gehört hatte, sagte ihm daher: »Sie müssen verschwinden! Sonst fliegen wir alle herein.« Am 2. Februar erließ Jorns gegen Runge Haftbefehl, nachdem er von einem Mitposten über Runge informiert worden war. Obwohl Jorns aber wußte, daß Runge gewarnt worden war, beauftragte er niemanden persönlich mit Runges Verhaftung, sondern übergab den Haftbefehl der Registratur der Gardekavallerie-Schützendivision. Runge floh, ausgerüstet vom Eden-Hotel mit Geld und Papieren.

Nach einiger Zeit entdeckte man ihn bei einem Freikorps. Er wurde Jorns am 13. April vorgeführt. Die beiden hatten zunächst eine private Unterhaltung, in der Jorns, laut Runge, gesagt haben soll, Runge solle alles auf sich nehmen, es kämen

höchstens vier Monate für ihn dabei heraus und dann käme eine Amnestie.[14] Jorns hat das später bestritten. Nicht bestritten hat er allerdings im Prozeß 1929, daß Runge ihm in der privaten Unterhaltung erzählt hatte, seine, Runges Frau, habe während seiner Flucht Geld erhalten. Jorns hatte darauf geantwortet: »Also, da sehen Sie, Sie brauchen keine Angst zu haben.« Obwohl also der Untersuchungsrichter wußte, daß Runge offensichtlich für die Tat Belohnung erhielt, unterließ er es, dieser Spur nachzugehen! Er nahm statt dessen in das offizielle Protokoll, das nach der Privatunterhaltung aufgesetzt wurde, ohne Kommentar und Zusatz die Angabe Runges auf: »Geld hat mir niemand gegeben, auch meine Familie hat keines erhalten.«
– Und schließlich duldete Jorns für die am Ende dann festgenommenen Verdächtigten Haftumstände, die man sicher als skandalös bezeichnen darf. Alle Zellentüren standen offen, der Wein floß in Strömen, man empfing Damenbesuch und ging auch in der Stadt spazieren. Die Untersuchungshäftlinge konnten sich in aller Ruhe auf die bevorstehende Verhandlung vor dem Feldkriegsgericht vorbereiten und eine gemeinsame Strategie einüben.[15] Der Kriegsgerichtsrat Jorns traf auf dem Berliner Wittenbergplatz einen seiner Untersuchungshäftlinge, den Leutnant Liepmann, auf dem Weg in eine Bar. Levi hat in seinem Plädoyer die Untersuchungshaft die »Zeit der Erholung für die Herren Offiziere« genannt.
– Der Oberleutnant Vogel floh einen Tag nach dem Urteil. Die Nachricht, daß er fliehen wolle, war Jorns bereits drei Tage vorher hinterbracht worden. Er hatte nichts dagegen unternommen.
Im »Jorns-Prozeß« hielt Paul Levi ein Plädoyer, das Carl von Ossietzky später eine Rede von »wahrhaft dantonischem Format« genannt hat.[16] Levi schloß an die genaue Darstellung der Umstände der Morde und der schweren Verfehlungen des Kriegsgerichtsrats Jorns folgende Worte:

»Die schreckliche Tat, die damals begangen worden ist, ist keinem gut bekommen. Der Hauptmann von Pflugk-Harttung, oder der Bruder – ich weiß nicht, welcher – zerrissen von einer Handgranate, die er anderen zugedacht hatte. Der

*Die Mörder von Rosa Luxemburg und Karl Liebknecht, Angehörige der Gardekavallerie-Schützendivision, feiern am Abend des 15. Januar 1919 im Hotel Eden das Gelingen ihres Mordplans. In der Mitte am Tisch der Jäger Runge.*

*Protestdemonstration in Moskau nach der Ermordung von Rosa Luxemburg und Karl Liebknecht.*

Leutnant Liepmann in jungen Jahren ein siecher Krüppel. Der Jäger Runge, ein elender Mann, gemieden und verstoßen von seinen Arbeitskollegen. Andere flüchtig, wer weiß wohin, alle gezwungen, ihr Antlitz vor den Menschen zu verbergen. Nur einer stieg hoch, der Kriegsgerichtsrat Jorns, und ich glaube, er hat in den zehn Jahren vergessen, woher seine Robe die rote Farbe trägt.

Meine Herren, hier glaube ich, hier treten diese Mauern und tritt diese Decke zurück. Hier ist ein Tag des Gerichts gekommen! Die toten Buchstaben, benutzt zu dem Zwecke, Schuldige zu schützen, und die vermoderten Knochen der Opfer: sie stehen auf und klagen an den Ankläger von damals.«

Und er wandte sich an die Richter:

»Sie, meine Herren, sollen sagen, ob der Reichsanwalt Jorns die Qualifikation für sein hohes Amt hat. Meine Herren, nach dem, was hier geschah in diesem Verfahren, wenn Sie da schrieben: Ja, der Mann, der diese Untersuchung führte, er ist dazu berufen, ein höchstes Amt in der deutschen Justiz zu versehen – ein solcher Spruch, unterschrieben von Richtern mit dem Siegel der Justiz, wäre die letzte Zerstörung des Glaubens an die Gerechtigkeit [. . .]

Die Herren Laienrichter, die hier in ihren Spruch hineinzugeben haben das, was das Volksgefühl und das gesunde Volksempfinden erheischt, und die Herren beamteten Richter, die zu geben haben das, was der kühle Verstand, die rechtliche, gesetzliche Notwendigkeit verlangt, Sie alle mit Ihren höchsten, lebendigen Interessen können sich nur zusammenfinden in einem Wort. Der Mann, der das Verfahren Liebknecht-Luxemburg führte, so, wie er es führte, ist nicht wert, an hoher Stelle in der deutschen Justiz zu sein!«[17]

Der Reichsanwalt Jorns, der normalerweise ein »ausgezeichneter, sicherer, scharf pointierender Redner« gewesen sein soll, besonders, wenn er in »Landesverratsprozessen« auftrat[18], verlor in diesem Verfahren unter Levis Angriff seine arrogante und selbstbewußte Haltung. Die »Vossische Zeitung« berichtete, er habe gestockt, sich ständig verbessert, es kaum fertiggebracht, ein paar logisch zusammenhängende Sätze zu sagen und schließlich, wenn er gar nicht mehr weiter gewußt habe, »erregt und ängstlich« dagegen protestiert, daß man es wage, ihn so auszufragen.[19]

Das Schöffengericht Berlin-Mitte sprach am 27. April 1929 den angeklagten Redakteur des »Tagebuch«, Josef Bornstein, frei und anerkannte damit die schweren Vorwürfe, die in dem inkriminierten Artikel gegen Jorns erhoben worden waren. Im Urteil wurde festgestellt,

»[...] daß der Nebenkläger bei der Führung der Untersuchung
1. Spuren, die zur Aufklärung dienen konnten, nicht aufgenommen hat (z. B. Vernehmung Piecks, Ermittlung des zeitlichen Zusammenhangs beider Transporte).
2. Spuren, deren Wichtigkeit er erkannt hatte, nicht verfolgte (z. B. Nachprüfung der Panne, Nachprüfung der Frage, von wem Runge Geld bekommen hat).
3. Spuren verwischte, indem er das Gegenteil des Ermittelten ins Protokoll aufnahm (Protokoll des Runge).
4. Zustände duldete, die, wie ihm bekannt war, geeignet waren, den Sachverhalt zu verdunkeln und das Ergebnis der Untersuchung zu gefährden (Zusammenarbeiten mit dem Divisionsstab, Duldung der Zustände während der Haft, Hinausschiebung der Verhaftung Vogels).«[20]

Und zur Qualifikation Jorns' zum Reichsanwalt hieß es:

»Wenn aber der Nebenkläger den Tätern Vorschub geleistet hat, so ist die Folgerung des Angeklagten berechtigt, daß der Nebenkläger zu einer Tätigkeit im Verbande der Reichsanwaltschaft nicht geeignet ist. Mit Recht kann der Angeklagte die Meinung vertreten, daß hier nur für die besten Juristen und gewissenhaftesten Beamten des Deutschen Reiches ein Platz ist, deren dienstliche Laufbahn jeder Kritik standhält.«[21]

## 2. Das Nachspiel

War mit dem Urteil des Schöffengerichts Berlin-Mitte die Gerechtigkeit wieder hergestellt? Wurde Jorns für seine Taten zur Verantwortung gezogen, seines Postens als Reichsanwalt enthoben? Hatten also der Rechtsanwalt Paul Levi und die Redakteure des »Tagebuch« einen Sieg über die rechtsstehende Weimarer Justiz errungen?

In der Berufungsinstanz kam es zwar noch einmal zu einer moralischen Verurteilung Jorns', als auch die 3. Große Strafkammer des Landgerichts Berlin am 14. Februar 1930 den Wahrheitsbeweis für erbracht hielt, daß Jorns den Mördern Vorschub geleistet habe, dabei jedoch in dem Vorwurf der mangelnden juristischen Qualität eine Beleidigung sah und den Redakteur Bornstein zu 100 Mark Geldstrafe verurteilte. Aber als dann die Sache vor das Reichsgericht kam, nahm sie eine eindeutige Wendung zugunsten von Jorns:

Das Reichsgericht verwarf die Revision Bornsteins gegen seine Verurteilung und hob das Urteil des Landgerichts in allen Punkten auf, in denen Bornstein freigesprochen worden war. Es verlangte jetzt den Wahrheitsbeweis dafür, daß Jorns absichtlich die Ermittlung verschleppt, verzögert und vertuscht habe.[22] Der Fall wurde zur erneuten Verhandlung an eine Strafkammer des Landgerichts III Berlin verwiesen. Hier saßen »zuverlässigere« Richter, die Bornstein immerhin zu einer Geldstrafe von 500 Mark verurteilten, mit der Begründung, es sei nicht gelungen, ein absichtliches Verschulden von Jorns, wie in dem Artikel behauptet, nachzuweisen.

Jorns blieb Reichsanwalt und wurde 1936 sogar Oberreichsanwalt am Volksgerichtshof.[23] Er nahm genau den Weg, den ihm Paul Levi vorausgesagt hatte.

Nach dem Urteil der ersten Instanz beschäftigte sich der Reichstag, im Rahmen einer Debatte über den Haushalt des Reichsjustizministeriums, am 13. Juni 1929, mit dem »Jorns-Prozeß«. Der Reichstagsabgeordnete Levi verlas das Urteil des Schöffengerichts in einigen wichtigen Punkten und knüpfte daran die Frage, wie Jorns den Posten als Reichsanwalt habe bekommen können. Darauf antwortete der damalige Staatssekre-

tär im Reichsjustizministerium, Joel. Er verlas zwei Gutachten, die dazu geführt hatten, daß Jorns im Jahre 1923 zunächst Oberstaatsanwalt bei der Reichsanwaltschaft und dann, 1925, Reichsanwalt geworden war. Der damalige Oberreichsanwalt hatte über Jorns geurteilt, dieser habe insbesondere für die Bearbeitung politischer Strafsachen »hervorragendes Verständnis und feinstes Taktgefühl« gezeigt.[24]
Der Staatssekretär Joel fuhr fort:

>»Im übrigen, meine Damen und Herren, sobald die Sache Jorns rechtskräftig entschieden ist, wird nach den Ausführungen des Herrn Reichsjustizministers darüber befunden werden, welche Konsequenzen aus der dann gegebenen Sachlage zu ziehen sein werden.«

Das Protokoll verzeichnet an dieser Stelle »Lachen bei den Sozialdemokraten« und den Zwischenruf des Abgeordneten Dr. Levi:

>»Er wird Oberreichsanwalt!«[25]

So war also der Versuch, Jorns zur Verantwortung zu ziehen, im Grunde zwar fehlgeschlagen. Levi hatte es aber immerhin geschafft, die Öffentlichkeit daran zu erinnern, »warum seine Robe die rote Farbe trägt«. Er sprach vor großen Parteiveranstaltungen über den Prozeß. Und immer wieder betonte er die Verantwortung Jorns' für den weiteren Gang der Justizgeschichte der Weimarer Republik: »Das Werk Jorns' ist es gewesen, in den Mördern das Bewußtsein gezüchtet zu haben: Morden dürfen wir, das andere besorgt Jorns.«[26] Was nach dem Jahr 1919 gekommen war, war schrecklich. »Es begann der grausige Zug von Toten – die vielen Hunderte von Fememorden – dessen Anfang wir kennen und dessen Ende nicht.«[27]
Der Prozeß war der Versuch, Rosa Luxemburg und Karl Liebknecht wenigstens »juristisch« zu rächen. Auf zwei Feldern setzte sich Levi mit Jorns auseinander: Er bekämpfte in ihm und mit dem Prozeß die Justiz der Weimarer Republik, von der er seit langem der Meinung war, daß sie den Mord gegen links

»hegt und pflegt«.[28] Und er beglich eine persönliche Rechnung mit ihm, aus früheren Zeiten. Der Freundin und Kampfgefährtin Rosa Luxemburg sollte Gerechtigkeit widerfahren. Deshalb seine Hoffnung: »Hier ist ein Tag des Gerichts gekommen!« im Plädoyer. Deshalb sein Engagement, seine innere Beteiligung, die sich auf die Zuschauer übertrug und sie ungeheuer beeindruckte. So sehr beeindruckte, daß Zuhörer des Jorns-Prozesses 50 Jahre später ganze Passagen aus Levis Plädoyer hersagen können.[29] Er hatte hier die Möglichkeit, den persönlichen Schmerz über Rosa Luxemburgs Verlust in eine juristische Feuerwaffe umzuwandeln.

Ein Jahr später war er tot. Er verlor über der Wiederaufnahme des Prozesses das Leben. Wer war dieser Mann? Was verband ihn mit Rosa Luxemburg? Wieso rührte ihn die Rückschau auf das Jahr 1919, auf die Ereignisse des Januaraufstandes derart an?

# 2. Der Vater:
# Kaufmann, Jude und Republikaner

### 1. Die familiäre Situation

Im Jahre 1872 wurde in Hechingen, einem kleinen Ort am Fuße der Hohenzollernburg in der Schwäbischen Alb, eine Baumwollwaren-Großhandlung gegründet. Die Inhaber der neuen Firma, der Fabrikant Leopold Liebmann aus Hechingen und der als israelitischer Religionslehrer ausgebildete Jakob Levi aus Mühlen am Neckar, führten ihr Geschäft zunächst in der Form des Verlagssystems: sie betrieben keine eigene Produktion, sondern gaben die von ihnen gehandelten Waren bei Produzenten in verschiedenen Orten der württembergischen und zollerischen Alb in Auftrag. Die Garne und Zutaten wurden den Heimarbeitern geliefert und die Fertigprodukte, es handelte sich um Männerunterwäsche, anschließend mit Frachtwagen abgeholt. Es bestand ein guter Kontakt zwischen den Heimarbeitern und den Fabrikanten aus Hechingen. Jakob Levi kannte die Familien- und Arbeitsverhältnisse der meisten, besuchte sie auch und hörte sich ihre Probleme und täglichen Nöte an. Die Bezahlung richtete sich nach dem Gewicht der angefertigten Waren. Die Kaufmannstätigkeit, der Einkauf von Rohstoffen und der Verkauf, waren also von der eigentlichen Fertigung getrennt. Dieser Zustand änderte sich zehn Jahre später, als die Firma Liebmann & Levi mit der eigenen Produktion begann und zu diesem Zwecke ein großes Gelände in der Neuen Straße in Hechingen erwarb. Hier wurde im Jahre 1883 das neue Fabrikgebäude in Betrieb genommen. Die Firma gab den Großhandel auf und stellte aus Baumwolle, die sie vor allem aus Süd- und Südwestafrika bezog, Unterwäsche her, die unter der Markenbezeichnung »Togolano« auf den Markt kam. Nach dem

Ausscheiden Leopold Liebmanns im Jahre 1887 war Jakob Levi der alleinige Inhaber der Firma, die zu den drei bedeutendsten Hechinger Industrieunternehmen zählte.[1]

Die Familie Levi gehörte bereits zu den wohlhabenden und angesehenen jüdischen Familien in Hechingen, als am 11. März 1883 als jüngstes von vier Geschwistern Paul Levi geboren wurde. Zwei Faktoren prägten Paul Levis Herkunft: er wuchs in einer Kaufmannsfamilie auf, der es materiell an nichts mangelte, und er lebte bis zu seinem 14. Lebenjahr in einem betont jüdischen Haushalt. Sein Vater hatte im Jahre 1864 in Buchau am Federsee (Oberschwaben) die Prüfung im »Schächten«, d. h. im rituellen Schlachten von Geflügel und Vieh, abgelegt und dort, bevor er in Hechingen die Baumwollwaren-Großhandlung eröffnete, als jüdischer Religionslehrer gearbeitet.[2] Auch die Mutter, Kathie Levi, geb. Heller, die aus Forchheim in Bayern stammte, war eine strenggläubige Frau und legte Wert auf einen koscheren Haushalt.[3]

Dennoch bewegte sich Paul Levi in seiner Kindheit nicht ausschließlich in jüdischer Umgebung: seine Eltern schickten ihn zum Beispiel nicht auf die israelitische Volksschule, die es in Hechingen gab, sondern auf die staatliche Volks- und Realschule. Jakob Levi war ein ausgesprochen weltoffener und republikanisch gesinnter Mann, der durch rege Teilnahme am städtischen politischen Leben aktiv für bürgerliche Rechte eintrat. Zu den beiden Faktoren, dem Kaufmannsberuf des Vaters und der jüdischen Erziehung, kam also noch ein dritter Umstand hinzu: die demokratisch-republikanische Haltung Jakob Levis. Jakob Levi wurde im Jahre 1901 in die Stadtverordnetenversammlung gewählt, nachdem am 1. April 1901 eine neue Gemeindeordnung für Hohenzollern in Kraft getreten war, die endlich auch den Juden das aktive und passive Wahlrecht zubilligte.[4] Hier agierte er mit Unterbrechungen bis zum Jahre 1913. Wegen seiner demokratischen Ansichten und seines rötlichen Bartes nannte man ihn in Hechingen den »roten Levi« oder auch den »roten Postjakob«, da er mit seiner Familie in dem Gebäude der alten Post wohnte.[5] Ab und zu schrieb er Artikel für eine Zeitung der Freisinnigen im benachbarten Ebingen. Einer dieser Artikel behandelt die Auseinandersetzungen zwischen preußischer Verwaltung und der hohenzollerischen Bevölkerung.[6] Wie in vielen anderen geographisch und ethnisch nicht zu Preußen gehörenden Gebieten, die seit dem 19. Jahrhundert unter preußischer Verwaltung standen, gab es auch hier Übergriffe von seiten der preußischen Beamten auf die Bevölkerung und mancherlei Anlässe zu Streitigkeiten zwischen beiden Gruppen. Jakob Levis scharfzüngiger Artikel erinnert durchaus an spätere Publikationen seines Sohnes Paul, der hier offensichtlich zu einem Kritikbewußtsein gegenüber der Unterdrückung einheimischer Bevölkerungsgruppen durch die preußische Besatzung erzogen wurde. Paul Levis Artikel zur Zabern-Affäre im Jahre 1913 in Elsaß-Lothringen[7] ähneln in Sprache und Inhalt diesem Artikel seines Vaters.

Der Vater erzog seine Kinder zu wachem politischem Engagement. Obwohl er sich mit Paul Levis späterer Entwicklung zu Spartakus und KPD nicht mehr identifizieren konnte[8], stand doch die ganze Familie immer solidarisch zu Paul, wenn er in Schwierigkeiten geraten war. So schrieb Paul Levi im Jahre 1919 mehrmals aus dem Gefängnis heraus an die Familie[9], daß man sich um ihn keine Sorgen machen solle. Er schilderte in diesen Briefen seine Lage und berichtete von der Ermordung Rosa Luxemburgs und Karl Liebknechts in einer Weise, die erkennen läßt, daß die Adressaten des Briefes volles Verständnis für seine Situation gehabt haben müssen.

Von der Familie ist bekannt, daß sie alles, was Paul tat und schrieb, guthieß und ihn eigentlich immer (wenn auch sicherlich manchmal kopfschüttelnd) unterstützte.[10] Jakob Levi nahm seinen Sohn gerade in der Revolutionszeit in Schutz vor den bösen Beschuldigungen, denen er in seiner Heimatstadt ausgesetzt war, und machte sich in seiner ironischen Art sogar öffentlich darüber lustig. Es leben in Hechingen noch zwei alte Damen, die sich bis heute über einen Ausspruch Jakob Levis, den dieser nach dem Ende des Ersten Weltkriegs zu einer von beiden getan habe, mokieren: »Mein Sohn Paul ist in Rußland und schwimmt im Gold!«[11] Dieser Satz, vielfach umgewandelt und interpretiert (manchmal auch in: »Mein Sohn schwimmt in russischem Gold« usw.), machte die Runde und wurde zu einer Hechinger Hetzkampagne gegen den Kommunisten Paul Levi genutzt, die

im Jahre 1920 in einem Artikel in der Zeitung »Der Zoller« gip-
felte, in dem behauptet wurde, Paul Levi habe gemeinsam mit
seinem Vater in den verschiedenen Apotheken der Stadt Medikamente für Tausende von Mark besorgt, um sie anschließend
teuer in Rußland zu verkaufen. Die Staatsanwaltschaft erhob
schließlich Anzeige wegen Beleidigung des Reichstagsabgeordneten Paul Levi, und Levi selbst trat in dem Prozeß als Nebenkläger auf. Der verantwortliche Redakteur Pretzl erhielt 1000
Mark Geldstrafe.[12] Es stellte sich in der Verhandlung heraus,
daß Levi in Hechingen lediglich in einer Apotheke für einen geringen Betrag Medikamente gekauft hatte, die er dann – als Rei-
seapotheke – tatsächlich auf seine Reise zum zweiten Kongreß
der Kommunistischen Internationale im Sommer 1920 in Moskau mitnahm. Levi mußte wegen dieser Sache mehrmals an den
Justizminister schreiben, damit dieser beim Generalstaatsanwalt
in Frankfurt am Main interveniere; es war nämlich bereits der
Versuch gemacht worden, wegen der Hechinger Verleumdun-
gen seine Immunität als Reichstagsabgeordneter aufzuheben
und ein Ermittlungsverfahren gegen ihn zu eröffnen.[13]

Man kann also davon ausgehen, daß es die Familie Levi nach
Pauls Entwicklung zu einem der führenden Kommunisten in
Deutschland in ihrer Heimatstadt nicht leicht hatte. Daß der
Vater trotzdem zu ihm hielt und sogar noch ironische Bemerkungen machte, spricht für seine Persönlichkeit, aber auch für
seine außerordentliche Liebe zu seinem Sohn. Es mag mehr als
ein tragischer Zufall sein, daß sich Jakob Levi im Jahre 1930,
wenige Monate nach dem Tode seines Sohnes, durch einen
Sturz aus dem 5. Stock des Hauses in der Goldschmiedstraße
das Leben nahm. Finanzielle Not kannte die Familie zu Pauls
Lebzeiten nicht. Paul konnte in schwierigen schulischen Situationen auf die Familie zurückgreifen und wurde noch jahrelang, auch nach seinem Studium, mit liebevollen »Freßpaketen«
aus der Heimat bedacht. Das eine oder andere Mal konnte er
auf diese Weise in Not geratene Genossen mit gutem Hechinger
Schinken versorgen, so zum Beispiel Karl Radek, als dieser
1918 im Gefängnis saß.[14]

Jakob Levi war in den 20er Jahren Vorsteher der jüdischen Ge-
meinde in Hechingen. Obwohl die Familie sehr stark dem Ju-

dentum anhing, scheint mir doch in dieser Beziehung nicht all-
zuviel Druck auf die Kinder ausgeübt worden zu sein. Paul Levi
löste sich schon bald nach seinem Weggehen aus dem elterli-
chen Haus vom Judentum, blieb aber seiner Mutter zuliebe
noch bis 1910 Mitglied der israelitischen Religionsgemein-
schaft.[15] Er trat am 1. Juni 1910 aus.[16] Die jüdischen Elemente
seiner Erziehung haben sich nicht in der Weise auf seinen Werdegang ausgewirkt, daß er später noch ein gläubiger oder auch
nur an jüdischen Fragen besonders interessierter Mensch gewesen wäre.

Trug die Tatsache, daß Levi jüdisch erzogen wurde, die Möglichkeit einer Hinwendung zur Sozialdemokratie in sich? Kann
man, in Anbetracht des Verhältnisses von Judentum und Sozialdemokratie um die Jahrhundertwende in Deutschland, zu solch
einem Schluß kommen?

Es liegt mir fern, irgendwelche mystischen »jüdischen Eigenar-
ten«, wie »Kritiksucht«, »Gespaltenheit« oder »Empfindlich-
keit« hier darzustellen und mit diesen ein wie auch immer gear-
tetes Verhältnis von Juden zu politischen Parteien und Bewegungen zu begründen.[17] Das Problem, ob Juden zum radikalen
politischen Handeln neigen, ist in der Literatur der letzten 50
Jahre bis in unsere Tage hinein äußerst widerspruchsvoll behandelt worden.[18] Mir scheint der richtige Weg zu sein, historisch
relevante Tatsachen, die das jeweilige soziale Sein von Juden im
19. Jahrhundert in Deutschland prägten und die für die Konsti-
tuierung ihres politischen Bewußtseins eine Rolle spielten, her-
auszuarbeiten und mit deren Hilfe das jeweilige politische Engagement zu begründen.

Nur einige Gründe, die zu einer Betätigung von Juden in der
Sozialdemokratie geführt haben können, seien hier genannt:
Bestimmte Umstände, die im 19. Jahrhundert in Preußen für
den Anschluß vieler Juden an den politischen Liberalismus des
Bürgertums maßgebend waren, trugen in sich auch die Möglichkeit einer Parteinahme von Juden für die entstehende Arbeiterbewegung. Die Emanzipation von Juden vollzog sich als Be-
standteil der Befreiung des deutschen Volkes vom fürstlichen
Absolutismus: Juden waren gegen einzelstaatlichen Partikula-
rismus, für einheitliche Handels- und Verkehrsregelungen, für

Niederlassungsrecht, Rechtssicherheit, Freizügigkeit und viele andere bürgerliche Forderungen des 19. Jahrhunderts mehr. Es war daher zunächst folgerichtig, daß sich ein Großteil der Juden im Lager des Liberalismus befanden.[19] Aber gerade die Tatsache, daß Juden auch bei solchen Forderungen wie den obengenannten oft in die Lage gerieten, Rechte erkämpfen zu müssen, die den anderen Bürgern wenigstens teilweise schon gewährt wurden, verschärfte ihren politischen Kampf und begründete in vielen Fällen ein Engagement an der Seite der Arbeiterbewegung. Mit dem wachsenden politischen Antisemitismus seit dem Ende der 70er Jahre, der fast alle Parteien und politischen Bewegungen ergriff, stieg die Tendenz vieler Juden, sich der Sozialdemokratie anzuschließen. Im Beruf und im öffentlichen Leben noch sehr oft gravierenden Nachteilen ausgesetzt, dachten sie, daß nur eine grundlegende gesellschaftliche Umgestaltung mit Hilfe der Sozialdemokratie das Phänomen des Antisemitismus endgültig ausräumen werde. Gerade jüdische Intellektuelle stießen zur Sozialdemokratie, weil der gesetzlichen die soziale und alltägliche Emanzipation noch nicht gefolgt war.[20]

Alle diese Momente sind geeignet, die Affinität eines jüdischen Engagements für die Sozialdemokratie zu erklären.[21] Bei Paul Levi kam zu dem Phänomen, daß er jüdisch erzogen wurde, noch hinzu, daß sein Vater im Lager der linksbürgerlichen Parteien anzusiedeln war. Es hatte im Deutschland des 19. Jahrhunderts oft genug eine Entwicklung von republikanisch-demokratischer Gesinnung hin zur Arbeiterbewegung gegeben.[22] Vielleicht kann man in bezug auf das Verhältnis Jakob Levi – Paul Levi die These wagen, in ihm drücke sich eine Entwicklungsmöglichkeit in der Geschichte der politischen Bewegungen in Deutschland aus: der Weg vom radikalen Demokraten zum revolutionären Sozialisten.

## 2. Schule

Von 1889 bis 1896 ging Paul Levi auf die Königlich-Preußische Volks- und Realschule in Hechingen, und von 1896 bis 1901 besuchte er das Karls-Gymnasium in Stuttgart, dessen Rektor damals der Historiker Gottlob Egelhaaf war.[23]

Seine Leistungen in der Volksschule waren zufriedenstellend bis gut; schlechter scheint er zunächst in Schönschreiben und Zeichnen, dann in Geometrie und Algebra gewesen zu sein, bessere Noten bekam er in Englisch, Geschichte und Geographie.[24] Der Durchschnitt seines Abgangszeugnisses von der Volks- und Realschule vom 15. Juli 1896 bewegt sich zwischen genügend (damals Note 3) und gut (Note 2). Die schlechteste Zensur, in Algebra, ist mangelhaft (Note 4).

Auf dem Gymnasium in Stuttgart wurden Latein und Griechisch verlangt; beide Fächer mußte Paul Levi erst in Privatstunden lernen, bevor er seine schulische Laufbahn in Stuttgart fortsetzen konnte. Er nahm diese Stunden bei einem Oberlehrer Manns, der ihm zusätzlich zu dem offiziellen Abgangszeugnis noch eine private Beurteilung über seine Grundkenntnisse im Griechischen und Lateinischen ausstellte.[25]

Trotz der Privatstunden hatte Paul Levi zunächst Mühe, in Stuttgart bei dem Leistungsniveau seiner Klasse mitzuhalten. Zwei Briefe eines Stuttgarter Professors Daxer, bei dem Paul Levi wohnte, an Jakob Levi geben darüber Auskunft, daß Paul noch fleißig arbeiten müsse und weiterhin auf Privatstunden angewiesen sei, um in der Klasse bleiben zu können.[26] Aber nach einem halben Jahr hatte er die Lücken aufgeholt, die noch aus seiner Volks- und Realschulzeit herrührten.[27] Seine Zeugnisse auf dem Gymnasium bis hin zum Reifezeugnis vom 1. Juli 1901 haben meistens einen Durchschnitt von genügend. Die besten Leistungen im Abitur brachte er in den Fächern »Deutscher Aufsatz« und »Geschichte der deutschen Sprache«, die schlechtesten in »Französischer Sprache«.[28]

Die Eltern in Hechingen erfuhren durch Briefe von Professor Daxer, zumindest in der ersten Zeit, wie sich Paul Levi in der Schule machte, wie oft er in die Kirche ging und sogar, welche finanziellen Ausgaben er hatte.[29]

Leider ist über das psychische Wohlergehen des Dreizehnjährigen, der in der Pubertät von zuhause weg mußte und in der neuen Situation gleich unter beträchtlichem Leistungsdruck stand, nicht mehr zu erfahren. Auch über den in Stuttgart heranwachsenden Gymnasiasten gibt der Nachlaß Paul Levis keine Auskunft. Lediglich die Geschichte, daß er bereits als Junge seine Leidenschaft zur Juristerei entdeckt und Sitzungen im Stuttgarter Landgericht besucht habe, ist von Levi selber später gerne erzählt worden.[30]

Kurt Rosenfeld schrieb 1930 in seinem Nachruf auf Paul Levi, daß dieser schon auf dem Gymnasium Sozialist geworden sei.[31] Ob es hier Mitschüler, Lehrer oder Freunde gegeben hat, die Levi während seiner Schulzeit in dieser Hinsicht beeinflußt haben, konnte die Verfasserin nicht mehr erfahren.

Da Paul Levi aber auch nach seinem Weggang von Hechingen ein intensives Verhältnis zu seinem Elternhaus behielt und später noch seine politischen Freunde mit nach Hause brachte,[32] ist anzunehmen, daß wichtige Anstöße für seine politische Bewußtseinsbildung hier ihren Ausgang nahmen.

# 3. Paul Levi und die Jurisprudenz: Parteinahme für sozial Schwache

## 1. Studium und Dissertation

Paul Levi, der in den 20er Jahren zu den bekanntesten und begabtesten Strafverteidigern der Weimarer Republik gehören sollte, begann im Jahre 1901 an der Friedrich-Wilhelm-Universität zu Berlin sein Studium der Rechtswissenschaft. Von seinem frühen Interesse an juristischen Dingen ist schon gesprochen worden. Auch lag es für einen jüdischen Intellektuellen, dem noch immer weitgehend der Zugang zum Staatsdienst versagt blieb, nahe, einen freien Beruf wie Rechtsanwalt zum Berufsziel zu wählen. Leider ist über Levis Aktivitäten während seines Studiums nur wenig bekannt; lediglich eine Zeitschrift der Berliner Freien Studentschaft (»Finkenschaft«) gibt darüber Auskunft, daß er 1904 Mitglied dieser Vereinigung gewesen zu sein scheint.[1] Es ist nicht ungewöhnlich, daß er gerade zur »Finkenschaft« stieß. Hier hielten sich die fortschrittlicheren, sozial engagierten Studenten auf, die den reaktionären Aktivitäten der Korporationen ablehnend gegenüberstanden. Meistens stammten diese Studenten aus der Mittelschicht.[2]

Wie aus einer Notiz in der »Faschingsnummer« der Berliner »Finkenschaft« von 1904 hervorgeht, konnte man sich damals bereits vorstellen, daß Levi »Mitglied des Reichstages« werden könne, und spielte mit der Bemerkung, es sei ein weiterer Fall bekanntgeworden, in dem ein »sonst kerngesunder Mensch während einer Unterhaltung mit Herrn Levi von einem jähen Tod erreicht wurde« auf Levis gewaltige rednerische Fähigkeiten an. Es sprach aber nicht nur Bewunderung aus der Notiz; ihr eigentlicher Tenor war ein gutes Maß Schadenfreude. Levi hatte sich nämlich wegen seines ungestümen Wesens eine Karzerstrafe zugezogen. Zunächst war es ihm auf einer Versammlung der Berliner »Finkenschaft« um eine scharfe Resolution gegen die Korporationen gegangen. Ein Redakteur der »Berliner Hochschul-Zeitung« beschrieb das so:

> »Aus den Reihen der freistudentischen Redner wußte besonders einer die Hauptattraktion des Abends zu bilden, indem er gewaltig gegen die Korporation wetterte, leider auch den ganzen ferneren Gang der Diskussion zu bestimmen, dadurch, daß er eine Resolution einbrachte, derzufolge die Finkenschaft künftig als ihre Hauptaufgabe den ›Kampf gegen das Korporationswesen‹ anzusehen habe. Wir schicken voraus, daß die Resolution am Schluß der Debatte mit kompakter Majorität abgelehnt wurde; ein befriedigendes Zeichen dafür, daß die Versammlung wohl zu unterscheiden wußte zwischen dem Beifall, den man einem Redner zollt, und dem Vertrauen, das man in die politischen Fähigkeiten desselben setzt, um seine Resolutionen anzunehmen [. . .]«[3]

Über diese Darstellung war Levi sehr erregt, und er forderte den Abdruck einer Gegendarstellung. Darin betonte er, daß die von ihm entworfene Resolution auf der Versammlung geschäftsordnungswidrig vom Vorsitzenden nicht verlesen worden sei. Auch die Art der Abstimmung habe »allem, was Recht heißt« Hohn gesprochen.[4] Dennoch hätten die »Korporationsfreunde« in Wahrheit nur eine »schwache Zufallsmajorität« erhalten.[5] Diese Gegendarstellung wurde aber von der Redaktion der Zeitschrift nicht gedruckt, woraufhin Levi dem Redakteur, Paul Hocker, einen Brief schrieb, in dem es hieß, Hocker habe sich in der ganzen Sache wie »ein grüner Lausbub« verhalten, der »nicht die mindeste Ahnung« davon habe, was er »in Ausführung eines Postens zu tun oder zu lassen hat«.[6] Dieses fand der von dem Redakteur Hocker angerufene »Universitäts-Richter der Königlichen Friedrich-Wilhelm Universität« zu Berlin derart beleidigend, daß er dem Studenten Levi drei Tage Karzer aufbrummte[7] – Levis »erste Gefängnisstrafe«, wie er später, im Jahre 1915, bei einem Treffen mit Rosa Luxemburg und Freunden gesagt haben soll.[8]

So ist ihm wohl die Mitarbeit in der Berliner »Finkenschaft« kräftig ausgetrieben worden.

Nach einem Zwischensemester in Grenoble legte er am 4. 11. 1904 in Berlin sein erstes juristisches Staatsexamen ab, wurde ab 28. 1. 1905 am Hechinger Amtsgericht Gerichtsreferendar und schrieb neben seiner Referendarstätigkeit eine Dissertation über »Das Verhältnis von Verwaltungsbeschwerde und Verwaltungsklage« bei Professor Georg Jellinek in Heidelberg.[9]

Seine Dissertation behandelte eine Frage, die ihn später als politischen Strafverteidiger immer wieder beschäftigen sollte: wie kann der einzelne gegen Übergriffe des Staates bzw. der Exekutive geschützt werden? Das Verhältnis des einzelnen zum Staat und der Schutz subjektiver Rechte gegen Übergriffe staatlicher Behörden war ein Problemzusammenhang, mit dem sich der Begutachter von Levis Dissertation, der zu den bedeutendsten Staatsrechtlern seiner Zeit zählte[10], grundlegend auseinandergesetzt hatte. Georg Jellinek gab in seinem zuerst 1892 erschienenen Buch »System der subjektiven öffentlichen Rechte« die juristische Begründung dafür, daß durch die Schaffung öffentlicher subjektiver Rechte der Mensch im Rechtsstaat zur Person erhoben werde.[11]

Diese Rechte seien nicht Teil der von der Rechtsordnung anerkannten Masse der natürlichen Freiheiten, sondern würden ausschließlich durch die Erweiterung der natürlichen Freiheit gewonnen.[12] Die Qualität der Wahrnehmung eines solchen öffentlichen subjektiven Rechts bestünde darin, daß der einzelne in die Lage gerate, in seinem Interesse Rechtsnormen in Bewegung zu setzen.[13] Wenn bisher in der juristischen Literatur das Vorhandensein dieser Rechte entweder geleugnet oder nur ungenau zur Kenntnis genommen worden sei, so verberge sich dahinter die Vorstellung vom Staat als alleinigem Träger der öffentlichen Macht, in dem von seiten der Unterworfenen keine Ansprüche an öffentliches Recht bestünden.[14] Demgegenüber vertrat Jellinek die Auffassung, daß im modernen Staat die Individuen mit einer Sphäre öffentlicher Rechte ausgestattet seien. Es sei das Resultat der gesamten Kulturentwicklung, daß jetzt im Staat jeder Mensch, der irgendwie der Staatsgewalt untertan, auch zugleich Person ihr gegenüber sei.[15]

Levi schloß sich in seiner Dissertation dieser rechtshistorischen Auffassung an. Er wies darauf hin, daß sich in der Verwaltung, »die die Staatsaufgabe ihrer Erfüllung entgegenzubringen und sich dabei der Zwangsmittel des Staates zu bedienen«[16] habe, das Maß ausdrücke, das den einzelnen von ihrer natürlichen Freiheit abgezogen werden müsse, um die Aufgaben des Staates zu sichern. Aus dieser »Grenzregulierung zwischen ›politischer und natürlicher Freiheit‹«[17] seien die beiden Mittel hervorgegangen, welche die Verwaltung, wenn sie ihre Grenzen überschreite, zurückweisen sollten: Verwaltungsbeschwerde und Verwaltungsklage. Levi arbeitete die beiden Begriffe in ihrer historischen Entwicklung heraus und schloß seine Arbeit mit einem Überblick über die konkreten Regelungen in Preußen, die diesen Sachverhalt betrafen.

Der Umfang der Arbeit war nicht groß, ihr Stil prägnant und gelegentlich von dem aufblitzenden Humor, der Levis spätere Publikationen kennzeichnen sollte.

Am 30. 10. 1905 wechselte Levi dann von Hechingen an das Landgericht in Frankfurt/Main und am 13. 12. 1906 nach Limburg/Lahn, wo er bis zum 27. 3. 1907 blieb. Danach ging er wieder nach Frankfurt, wo er unter anderem in einem Anwaltsbüro mitarbeitete. Am 1. 10. 1909 legte er in Berlin sein zweites Staatsexamen ab. Ab 1909 war er als Rechtsanwalt in Frankfurt am Main zugelassen.[18]

## 2. Der unbequeme Anwalt

Levi begann seine Anwaltstätigkeit mit großem sozialem Engagement. Er war sich nicht zu schade, Mandanten auf Armenrecht zu verteidigen, wenn er Unrechtsverhältnisse sah und ihn jemand um Hilfe rief. Seine ersten Prozesse führte er für Bauern aus seiner schwäbischen Heimat, deren schwache soziale Lage er aus eigener Anschauung kannte und auf deren Nöte und Probleme er sich intensiv einließ. Er kam durch sein engagiertes Auftreten für diese sozial Schwachen persönlich mehrmals in Schwierigkeiten. Bereits knapp ein Jahr nach seiner Zulassung als Anwalt in Frankfurt/Main mußte er ein Ehrengerichtsverfahren über sich ergehen lassen, und später zogen oft Verteidigungen, die er übernommen hatte, Beleidigungsprozesse nach sich, die er entweder selber führte, weil man ihn nicht nur als linken sozialdemokratischen Anwalt öffentlich angriff, sondern auch, weil er Jude war. Manchmal wurde er aber auch selbst wegen seines Auftretens mit Beleidigungsprozessen konfrontiert. Drei Fälle mögen dokumentieren, in welchen Bereichen Paul Levi in den ersten Jahren seiner Anwaltstätigkeit arbeitete, wen er verteidigte und wie er versuchte, mit juristischen Mitteln soziale Ungerechtigkeit zu bekämpfen.

*a) Aufklärung über Inseratenschwindel: Ehrengerichtsverfahren*

Gleich am Anfang seiner juristischen Karriere stand ein Ehrengerichtsverfahren. Die Vorgeschichte des Verfahrens begann mit einem Artikel, den Levi in der »Deutschen Immobilienzeitung«[19] veröffentlicht hatte, nachdem er durch einen hilfesuchenden Bauern aus Haigerloch in der Nähe von Hechingen auf die unlauteren Methoden des Verlegers Hermann Kaufmann aufmerksam gemacht worden war. Kaufmann ließ in seiner Zeitung »Grundstück und Kapital« außerordentlich hochbezahlte Inserate zum Grundstückskauf erscheinen, sorgte aber nicht für eine dem Preis der Inserate angemessene Verbreitung der Zeitung, sondern hatte es lediglich auf die Einnahmen von den Inserenten abgesehen. Er nutzte dabei mit Vorliebe die Existenzkrise völlig verarmter Bauern aus, die in einem Verkauf ihres gesamten Hab und Guts ihre einzige Überlebenschance sahen. Kaufmann machte diesen Bauern weis, daß sie bei ihm die allerbesten Aussichten hätten, ihre Werte günstig verkaufen zu können. Die ganze Zeitung war ein Schwindelunternehmen, und Levi bezeichnete sie auch so. Levis Artikel erschien noch in mehreren anderen Zeitungen und war jedesmal mit »Rechtsanwalt Dr. Paul Levi« gezeichnet. Veranlaßt hatte diese Verbreitung des Artikels aber nicht Levi selbst, sondern der Herausgeber der »Deutschen Immobilienzeitung«, der gleichzeitig Vorsitzender des Verbandes deutscher Immobilienmakler war und gern die Gelegenheit ergriff, um gegen einen »Nestbeschmutzer« vorzugehen. Dieser Verleger hatte Levi auch zuerst darum gebeten, seine Erkenntnisse, die er über den Fall Kaufmann gesammelt hatte, in einem Artikel für seine Zeitung zu verwenden. Nach der Verbreitung dieses Artikels in mehreren Zeitungen erhob Kaufmann Privatklage gegen Levi wegen Beleidigung. Außerdem beschwerte er sich beim Vorstand der Anwaltskammer in Frankfurt. Er argumentierte, daß diese Artikel veröffentlicht würden, um für Levi als Anwalt Reklame zu machen. Die Anwaltskammer sprach daraufhin zunächst Paul Levi ihre Mißbilligung aus.[20]

Vielleicht hätte die Sache damit ihr Bewenden gehabt, wenn nicht Levi in der Gerichtsverhandlung in Sachen Privatklage Kaufmann gegen Levi »in Erregung« geraten wäre und gesagt hätte, die Anwaltskammer könne sich von ihm aus »die Lorbeerkränze um die Stirn legen«, die sie sich in dieser Sache gegen ihn verdient habe.[21]

Kaum war Levi in erster Instanz von dem Vorwurf der Beleidigung Kaufmanns freigesprochen worden (er hatte in allen Punkten recht bekommen, und Kaufmanns Machenschaften waren vor Gericht bloßgestellt worden[22], eröffnete die Anwaltskammer ein Ehrengerichtsverfahren gegen ihn. Wolfgang Heine, späterer preußischer Justizminister und im Jahre 1910 Parteigenosse Paul Levis, übernahm seine Verteidigung vor dem Ehrengericht. Er rühmte den jungen Kollegen als außerordentlich begabten und hoffnungsvollen Juristen, dem man doch nicht auf solche Weise Steine in den Weg legen solle. Die Sache sei, so Heine, von größter Tragweite für die Stellung der Anwaltschaft, und die ehrengerichtliche Anklage bezeichnete er in einem Brief an seinen Mandanten als »einfach toll«.[23] In der Ehrengerichtssache wurde Levi in erster Instanz am 15. 10. 1910 wegen seiner Äußerungen im Kaufmann-Prozeß zu 200 Mark Geldstrafe verurteilt und bekam darüber hinaus noch einen Verweis. In der Begründung des Urteils hieß es:

»Dem Angeklagten muß aber durch eine wirklich empfindliche Strafe zum Bewußtsein gebracht werden, daß ein junger Anwalt sich dem Vorstand [der Anwaltskammer] gegenüber einer sachgemäßen Zurückhaltung zu befleißigen hat, und daß er namentlich in öffentlicher Gerichtssitzung nicht derartige maßlose Kritik über darf.«[24]

Aber es blieb dann doch nicht bei diesem harten Urteilsspruch; Levi wurde am 4. Februar 1911 in der Berufungsverhandlung vom II. Strafsenat des Ehrengerichtshofes in Leipzig freigesprochen. Man darf annehmen, daß bei diesem gerechteren Urteil die Distanz zu Frankfurt am Main eine Rolle gespielt hat. In Leipzig akzeptierte das Gericht, daß Levi aus der Aufklärung über den Inseratenbetrug Kaufmanns kein Vorwurf zu machen sei und daß diese Aufklärung der Grund seines Handelns gewesen sei, nicht aber Reklamesucht. Möglicherweise hatten die Richter und Anwälte in Frankfurt am Main ein politisches Interesse daran, den jungen Anwalt, der sich von ihnen nicht hatte einschüchtern lassen und von dem man wußte, daß er Sozialdemokrat war, mundtot zu machen.

Levi bekam es nicht nur von dieser Seite her zu spüren. Auch ein Teil der Frankfurter Presse spielte ihm während des ganzen Verfahrens übel mit, und er mußte mehrmals gegen verleumderische Artikel und Angriffe vorgehen.[25]

## b) Engagement für arme Bauern: Der Schwabenthan-Prozeß

Der Ärger mit der Frankfurter Justiz sollte so bald nicht aufhören. Kurz nachdem Levi rehabilitiert vom Ehrengerichtshof in Leipzig zurückgekommen war, zeigte sich erneut, daß bestimmte Frankfurter Justizkreise ihm nicht besonders wohlgesonnen waren. Ein Gefängnisaufseher durfte ungestraft von Levi behaupten, er sei ein »Jud« und ein »Lump«. Obwohl Levi daraufhin mit der Frankfurter Staatsanwaltschaft korrespondierte und darum bat, gegen diese Verleumdung vorzugehen, lehnte es der Oberstaatsanwalt ab, Beleidigungsklage zu erheben.[26]

Der Ausspruch des Gefängnisaufsehers stand in Zusammenhang mit dem Fall Schwabenthan, in dem Levi eine Bauernfamilie aus seiner Heimat verteidigte.

Die Brüder Schwabenthan hatten in einer Grundstücksstreitigkeit schon mehrere Prozesse verloren und schließlich, als ihre Situation sehr schwierig wurde, ihren Landsmann Paul Levi um Hilfe gebeten. Es ging um ein Stück Hof, das zwischen dem Anwesen der Schwabenthans und dem ihres Nachbarn lag.[27] Die Familie Schwabenthan hatte dieses Hofstück jahrelang mitbenutzt in dem Glauben, ihr Großvater habe es in den 70er Jahren des vorigen Jahrhunderts gekauft. Obwohl ihnen das durch Gerichtsbeschluß verboten war, legten sie auf dem Hofstück immer noch ihr Holz ab. Daraufhin erschien eines Tages bei ihnen eine Gerichtskommission, die den Hof vermessen und in Augenschein nehmen wollte (zu der Gerichtskommission gehörte übrigens auch der damalige Referendar am Landgericht Hechingen Rudolf Olden[28]), drei Gendarmen und ein Gerichtsvollzieher, der ein Bußgeld eintreiben wollte. Es kam zu einem dramatischen Auftritt, als mehrere Brüder der Familie der Kommission den Zutritt zum Hof verweigerten und riefen, sie wollten lieber ihr Leben lassen, als von ihrem Eigentum weichen. Nach einigem Hin und Her und nachdem die Gendarmen versucht hatten, ein Mitglied der Familie festzunehmen, zogen die Beamten wieder ab. Binnen kürzester Zeit schon folgte eine Verhandlung vor dem Landgericht Hechingen, in der die Brüder Schwabenthan wegen Widerstandes gegen die Staatsgewalt zu Gefängnisstrafen zwischen 12 und 18 Monaten verurteilt wurden.

Levi bezweifelte in seinem späteren Gnadengesuch an den Kaiser, daß es sich hierbei um ein gerechtes Verfahren gehandelt habe; bereits am Abend vor der Sitzung hätten sich die Richter am Stammtisch in Hechingen lauthals über die Familie Schwabenthan empört und sie vorweg verurteilt. Diese Vorverurteilung und die in kürzester Zeit anberaumte Gerichtsverhandlung hätten eine objektive Beurteilung des Falles nicht möglich gemacht. Levi habe erst am Abend vor der Verhandlung in Hechingen eintreffen können, da zwischen dem Geschehen vor dem Schwabenthanschen Hof und der Sitzung nur zwei Tage gelegen hätten, außerdem habe man ihm am nächsten Morgen den Zutritt zu dem bereits festgenommenen Jakob Schwabenthan verweigert; für ein Gespräch mit ihm seien vor der Verhandlung lediglich 10 Minuten Zeit gewesen. Darüber hinaus sei der Vorwurf des Widerstandes gegen die Staatsgewalt nicht haltbar, denn der Richter, gegen den sich in erster Linie der geleistete Widerstand gerichtet habe, sei zu dem nicht prozessualen Augenschein und zur Vermessung des Hofes gar nicht berechtigt gewesen.

Levi nahm seinen Versuch, die unglücklichen Brüder und den mitverhafteten Schwager, der sich kurz nach seiner Verurteilung das Leben nahm, zu rehabilitieren, sehr ernst. Er wußte, daß die Bauernfamilie in keinerlei Unrechtsbewußtsein gehandelt hatte und daß sie der Verlust der Arbeitskräfte für ein Jahr wirtschaftlich äußerst hart traf. Er schilderte deshalb in seinem 14seitigen Gnadengesuch ausführlich die Lebensweise der schwäbischen Bauernfamilie. Außerdem verarbeitete er den Fall in einem unvollendeten Manuskript, das er für eine Veröffentlichung geplant zu haben scheint. Hier gab er in epischer Breite einen Eindruck von den Alltagssorgen der schwäbischen Bauern und machte deutlich, was es für solche Familien bedeuten mußte, wenn sie plötzlich ihren Grund und Boden in Gefahr sahen:

»[. . .] der Amtsrichter [. . .] beschied dahin: Das Grundbuch gilt; die Schwabenthan haben nicht den ganzen, nur den halben Hof. Dieser Spruch war dem alten Schwabenthan zuviel. Er hielt sich für betrogen um sein Eigentum; es war ihm vom Gericht abgesprochen, was ihm vor vielen Jahren von seinem Vater als altes Familiengut war überschrieben worden. Er ist [. . .] aus Kummer über sein verlorenes Eigentum gestorben und hat seinen Söhnen hinterlassen die Prozesse und die auf dem Totenbett abgenommene Verpflichtung, das Eigentum Schwabenthan so zu wahren, wie es der Sterbende von seinem Vater übernommen hatte. Als er das Versprechen erhalten hatte, starb er; mehr hatte er in seinem Kampf ums Ererbte nicht mehr tun können.«[29]

Es mag Jakob Levi, der Vater, gewesen sein, der später im »Ebinger Tagblatt« den Fall Schwabenthan als Beispiel für die Unfähigkeit preußischer Richter, schwäbische Bauern zu verstehen, deutete.[30]

Auch Paul Levi hatte seine Verteidigung ganz darauf ausgerichtet, Außenstehenden klarzumachen, wie diese Bauern dachten und wie sie durch das Vorgehen der Richter brüskiert worden waren. Zu guter Letzt erreichte diese Sache, wie oben bereits angedeutet, die Frankfurter Justiz. Der Ausspruch des Hechinger Gefangenenaufsehers Schumacher, der den Brüdern Schwabenthan abriet, in die Revision zu gehen, da man sich auf ihren Verteidiger, der sie in die Sache hineingerissen habe, nun einmal nicht verlassen könne, hatte tatsächlich bewirkt, daß die Familie keinen Versuch unternahm, die Revision des Falles herbeizuführen. Vor allem um gegen solche Einflußnahme auf Gefangene vorzugehen, versuchte Levi die Frankfurter Staatsanwaltschaft zu bewegen, gegen den Gefängnisaufseher zu ermitteln. Die Staatsanwaltschaft konnte jedoch keinerlei Gründe für eine Beleidigungsklage feststellen.[31]

## c) Der Salvarsanprozeß: Gegen eine unmenschliche Medizin

Levis soziales Engagement auf dem Gebiet der Justiz setzte sich fort in einem Prozeß, der in der Öffentlichkeit einiges Aufsehen erregte und über den in den Frankfurter Zeitungen vielfach berichtet wurde.[32] Wieder sah sich Paul Levi einer Richterschaft gegenüber, die an einer objektiven Beurteilung des Falles nicht interessiert zu sein schien.

Levi verteidigte den Herausgeber einer kleinen Zeitung »Freigeist«, Karl Waßmann, der in mehreren Artikeln den Ärzten des städtischen Krankenhauses in Frankfurt vorgeworfen hatte, sie verwendeten in unmenschlichster Weise das Mittel Salvarsan, obwohl dessen schreckliche Nebenwirkungen seit einiger Zeit bekannt seien.[33] Im Krankenhaus gehe man mit Prostituierten, die mit Syphilis oder Syphilisverdacht eingeliefert würden, um wie mit Tieren. Die Patientinnen würden zwangsbehandelt, wenn sie sich gegen die Behandlung mit dem Mittel Salvarsan aussprächen. Es seien bereits einige Patienten gestorben, andere hätten Folgen wie Blind- oder Taubheit und Lähmungen für ihr ganzes Leben davongetragen. Die Ärzte aber verschlössen sich den in letzter Zeit bekanntgewordenen Nebenwirkungen der

Salvarsanbehandlung. Waßmann äußerte den Verdacht, daß die Farbwerke Höchst die Ärzte honorierten, die sich in Publikationen für die Anwendung des Salvarsan aussprächen. In der folgenden Beleidigungsklage der Ärzte und der Farbwerke Höchst gegen Waßmann übernahm Levi dessen Verteidigung. Er hatte es dabei nicht leicht. Die Richter machten seinem Konzept, vor Gericht durch Gutachter über die Schädlichkeit des Salvarsans aufklären zu lassen, einen Strich durch die Rechnung: sie betonten, man wolle in diesem Prozeß nicht über die Güte dieses Arzneimittels entscheiden. Die Frage sei lediglich, ob in der Zeit, in der die Ärzte Salvarsan angewendet hätten, die Behandlung bereits als schädlich bekannt gewesen sei. So wurden dann auch die meisten der von Levi geforderten Gutachter, die über die Schädlichkeit des Mittels referieren sollten, gar nicht zugelassen. Der Prozeß wurde in 15 Stunden »durchgezogen«, Levi war also wieder, wie schon im Fall Schwabenthan, in der Situation, daß die Richter mit der Zeit gegen seinen Mandanten arbeiteten. Die Atmosphäre des Prozesses war gekennzeichnet durch die Empörung und Verbitterung bei den Zeugen (Prostituierte, die man mit Salvarsan behandelt hatte und die jetzt über die Folgen aussagten) und des Angeklagten einerseits und durch die Arroganz und Selbstsicherheit bei den Ärzten, die sich der Unterstützung der Richter sicher sein konnten, andererseits. Levi selbst scheint in höchstem Maße über die Art der Prozeßführung erbittert gewesen zu sein; in dem Prozeßbericht des Frankfurter SPD-Organs »Volksstimme« wird erwähnt, er habe, nachdem mehrere Fragen von ihm abgelehnt worden seien, geantwortet: »Das halten meine Nerven nicht aus, daß ich immer unterbrochen werde und hier stillsitzen soll.« Er konnte nichts ausrichten. Auch verhielt sich der Angeklagte Waßmann äußerst ungeschickt und beschimpfte nicht nur Ärzte und Gericht, sondern zu guter Letzt auch seinen eigenen Verteidiger. Die außerordentlich hohe Strafe (ein Jahr Gefängnis) resultierte sicherlich auch aus diesem Auftreten. Aber im Grunde war der Prozeß schon vorher entschieden. Die drei Gutachten, die zum Nachweis der Schädlichkeit des Salvarsans gehört werden durften, wurden ignoriert. In der Urteilsbegründung sagte der Richter, Waßmann habe, um sich für seine Zeitung Abonnenten zu schaffen, einen Schritt in die Halbwelt hinabgetan. Nicht das Interesse einer Kritik des Salvarsans sei der Ursprung seines Handelns gewesen, sondern lediglich Sensationslust. Levi führte in seinem Plädoyer aus, daß man mit dem Mittel Salvarsan sehr viel vorsichtiger hätte umgehen müssen und daß eine Zwangsbehandlung an Prostituierten nicht rechtens sein könne. Die Einspritzung des Mittels stelle eine Operation dar und dürfe nur mit dem Einverständnis der Patienten vorgenommen werden. Die aufgetretenen Schäden bei den Patientinnen hätten die Ärzte längst stutzig machen müssen. Eine sachliche Klarstellung habe in diesem Prozeß nicht stattgefunden.

Aber Levis Argumente nützten nichts. Die anwesenden Ärzte und Gutachter, darunter auch der Erfinder des Salvarsans, Paul Ehrlich, waren sich darüber einig, daß noch nicht genug Beweise vorlägen, die eine Absetzung des Mittels rechtfertigen könnten. Man sprach sich für eine vorsichtige Weiterbenutzung des Salvarsans aus.

Die Vorwürfe Waßmanns wegen der Zwangsbehandlung wurden trotz des lautstarken Protests der anwesenden Patientinnen zurückgewiesen, und eine Unterstützung der Farbwerke Höchst für die Ärzte, die das Mittel propagierten, hielten die Richter für nicht bewiesen.

So endete der Prozeß für Waßmann und seinen Verteidiger mit einer Niederlage. Daß sie, was das Salvarsan betraf, in der Sache die Wahrheit angesprochen hatten, läßt sich im nachhinein durch die medizinische Entwicklung feststellen.[34]


### 3. Staatsrecht und Massenstreik

Der Jurist Paul Levi agierte nicht nur als ungewöhnlich kritischer Anwalt im Gerichtssaal gegen soziale Mißstände; ein im November 1910 vor der Frankfurter Ortsgruppe des »Deutschen Privat-Beamten-Vereins« gehaltener Vortrag über Staatsrecht[35] verrät einiges über seine politischen Sympathien und zeigt vor allem, daß und wie er versuchte, juristische Zusammenhänge in Einklang mit politischen Zielvorstellungen zu bringen. Dieser Vortrag soll hier erwähnt werden, weil er vermutlich das erste Dokument ist, das Levis Brückenschlag vom Juristen zum Politiker deutlich macht.

Es ging Levi an diesem Vortragsabend darum, darzustellen, was dem Staatsrecht zugrunde liege. Das Staatsrecht unterscheide sich zunächst von dem Zivil- oder Strafrecht dadurch, daß es sich dabei nicht um Beziehungen zwischen einzelnen handele, sondern um solche zwischen großen Gruppen von Menschen, um »Klassen, Stände . . ., die das Staatsrecht miteinander verknüpfen«.[36] Dabei verschwinde das Interesse des einzelnen Individuums völlig. Die Regeln der Beziehungen zwischen diesen großen Gruppen (Beispiel: Adel, Bürgertum, Arbeiter) würden festgelegt in der Verfassung. Der Begriff der Verfassung aber sei seit den 30er und 40er Jahren des vorigen Jahrhunderts besetzt mit der Vorstellung von der parlamentarischen Verfassung, das heißt von einer Verfassung, »in der dem sogenannten Volk eine Vertretung durch das Parlament geboten ist«.[37] Von dieser Vorstellung müsse man sich frei machen, denn einerseits gebe es auch in Staaten, in denen ein absoluter Monarch regiere, durchaus staatsrechtliche Grundgesetze, andererseits dürfe man sich, wenn man nach den Zielen des Staatsrechts suche, nicht auf die Verfassung mit Parlamentsvertretung beschränken, denn hierbei scheine es sich eigentlich um »eine für die Volksvertretung sogar sehr schwächliche Form der Verfassung«[38] zu handeln.

Levi erklärte seinen Zuhörern, wie allgemein eine Verfassung zustande komme. Entscheidend sei dabei ein »verfassungsloser Moment«, in dem sich die großen Gruppen der Gesellschaft mit den Machtmitteln, die sie zur Verfügung hätten, gegenüberständen. Je nachdem, wie sie diese Machtmittel gegeneinander ausspielten und welche Gruppe dabei das Übergewicht bekomme, sehe dann die Verfassung aus. Wenn zum Beispiel der König das Übergewicht an Machtmitteln habe, so werde »das Gepräge der neuen Verfassung der Absolutismus sein«. Die tatsächliche Macht, die die Klassen und Stände als »verfassungsbildende Essenz« mitbrächten, sei eng mit ihrer wirtschaftlichen Macht verbunden, »mit dem Anteil, den die einzelnen Stände an der nationalen Produktion der Güter überhaupt haben«. Man könne also das Wesen der Verfassung als »ein Abbild der wirtschaftlichen Kraft eines Landes, je nach der Weise, wie es den einzelnen Gruppen und Ständen zusteht«[39] bezeichnen.

Die heutige Staatsverfassung in Preußen sei durch den Druck der Revolution von 1848 zustande gekommen. Mit der Entwicklung des industriellen Kapitalismus habe sich Deutschland von einem Agrar- in einen fast reinen Industriestaat verwandelt, in dem sich durch die neue Form der Großbetriebe vor allem das folgende wesentliche Moment herausbilde: Es gebe Millionen von Menschen, die lediglich von ihrer Hände Arbeit lebten und die sonst nichts besäßen. Nach dem oben Gesagten sei klar, daß diese große Gruppe von Menschen einen Einfluß auf »das wirtschaftliche Getriebe auszuüben oder es auch ganz umzuwälzen« vermöge.

Die Erscheinung, daß der deutsche Parlamentarismus beim Volk seit den 70er Jahren »furchtbar im Ansehen« gesunken sei und daß dies sogar von einem Teil der Mitglieder des Reichstages selbst empfunden werde, deute darauf hin, daß »etwas neues geschaffen werden muß«. Eine fundamentale Verfassungsänderung sei aber auf dem Wege des Gesetzes nicht möglich, wie zum Beispiel die englische Geschichte beweise. »Die englischen Verfassungskämpfe wie alle anderen zeigen, daß die Verfassungsänderungen herbeigeführt werden durch Gewaltmaßregeln, sei es durch Staatsstreich von oben, sei es durch Revolution, den Staatsstreich von unten«.[40]

Bei der Frage nach der Form einer künftigen Verfassungsänderung müsse man sich klar darüber sein, daß die Tatsache, daß Millionen von Menschen mit ihrer Hände Arbeit das gesamte wirtschaftliche Gebäude trügen, neue Mittel und Wege schaffe, die nicht mehr viel mit Heugabel- oder Barrikadenkämpfen zu tun hätten. Die neue Waffe, die die Arbeiter anwenden könnten, resultiere daraus, daß sie mit ihrer Arbeit nicht nur den Kampf ums tägliche Brot, sondern auch um ihre politischen Rechte führen müßten. Das »Machtmittel der Unteren« sei der *politische Massenstreik,* der sich vor allem dadurch auszeichne, daß er es den »Oberen« unmöglich mache, dagegen vorzugehen: »Wenn das Volk heute Barrikaden errichtet, so ist kein Zweifel, daß die Maschinengewehre bald mit ihnen aufgeräumt haben würden. Gegen Streiken der Arbeiter, wenn sie weiter

nichts tun als nicht arbeiten, kann man keine Maschinengewehre auffahren.«[41] Und selbst wenn es auch beim Massenstreik bedenkliche Seiten gebe (besonders wenn er »nicht gut
organisiert« sei), müsse man diese Bedenken zurückstellen,
denn, so schloß er seinen Vortrag: »Wir müßten uns wohl vor
unseren Altvorderen schämen, die, um politische Rechte zu er-
langen, ihr Blut vergossen haben, wollten wir heute, wenn es soweit kommt, nicht auch das auf uns nehmen, was der neueren
Zeit entspricht. Das mag Hunger sein, mag sein, was es will, es
muß jedenfalls gemacht werden, und wir müssen es auf uns nehmen.«[42]

Mit diesen letzten Worten zeigte Levi, daß er sich als Jurist zur
eindeutigen politischen Parteinahme entschieden hatte. Der juristische Vortrag wurde zur Agitation zum Kampf an der Seite
der Arbeiterbewegung, die juristischen Mittel zur Begründung
dieses Kampfes eingesetzt. Und noch etwas wurde in dieser
Rede deutlich: Levi vertrat im November 1910 das Konzept des
politischen Massenstreiks nicht nur als allgemeine Idee des proletarischen Klassenkampfes, sondern als konkretes politisches
Machtmittel, dessen Anwendung unumgänglich sei. Er stand
damit auf dem Boden derjenigen Richtung in der deutschen Sozialdemokratie, die sich zu diesem Zeitpunkt in der Frage des
Massenstreiks hauptsächlich an Rosa Luxemburg orientierte.[43]

# 4. In der Sozialdemokratie

## 1. Mitglied des Sozialdemokratischen Vereins in Frankfurt

Es ist schwer, den genauen Zeitpunkt der Annäherung Levis an die Positionen der Gruppe um Rosa Luxemburg innerhalb des linken Flügels der Sozialdemokratie zu bestimmen. Wahrscheinlich handelte es sich um einen zeitlichen Prozeß. Levi trat, als 26jähriger, am 21. November 1909 dem Sozialdemokratischen Verein Frankfurt am Main bei[1], gerade als er auch endgültig als Anwalt in dieser Stadt zugelassen wurde.

In den Jahren 1908 und 1909 hatte er manchmal für die »Frankfurter Zeitung« kleine Feuilleton-Artikel geschrieben, die von ganz und gar unpolitischen Themen handelten, wie etwa von den Eindrücken bei einem Weihnachtsfest »bei den Mönchen vom heiligen Kreuzberg«.[2] Diese Betätigung gab er jetzt, da er offiziell zur Sozialdemokratie gestoßen war, auf. In Zukunft sollte man von ihm politische Artikel lesen, die er natürlich im Frankfurter Parteiorgan, der »Volksstimme«, veröffentlichte[3] und nicht in der bürgerlichen »Frankfurter Zeitung«.

### a) Levis Positionen zum Magdeburger Parteitag

Ungefähr ein Jahr nach seinem Eintritt, im September 1910, taucht Levi in den Spalten der »Volksstimme« als Anhänger des Massenstreikgedankens auf. In einer Mitgliederversammlung des Frankfurter Vereins, die sich mit dem soeben beendeten Magdeburger Parteitag der deutschen Sozialdemokratie beschäftigte, erstatteten zunächst die Frankfurter Delegierten Heinrich Wittich, Max Quarck und Georg Ulrich[4] über einzelne Fragen Bericht. In der anschließenden Diskussion kritisierte Paul Levi, daß der Parteitag den Massenstreikgedanken nicht genügend erörtert habe. Gleichzeitig zeigte er sich aber gegenüber den badischen Budgetbewilligern sehr viel verständnisvoller, als es die Vertreter des linken Flügels auf dem Parteitag gewesen waren.[5]

Das Jahr 1910 hatte für die deutsche Sozialdemokratie hauptsächlich folgende Fragen aufgeworfen: wie man den preußischen Wahlrechtskampf am besten führen solle, ob der Massenstreik das geeignete Mittel dazu sei und wie man zu der Budgetbewilligung der badischen Sozialdemokraten stehe. Außerdem hatte man sich auf die im Jahre 1911 stattfindenden Reichstagswahlen vorzubereiten.[6]

Der vom 18. bis 24. September in Magdeburg tagende Parteitag stand ganz im Zeichen der in der Partei weitverbreiteten Entrüstung über die Budgetbewilligung der badischen sozialdemokratischen Landtagsfraktion im Juli 1910.[7] Zum ersten Male in der Geschichte der Partei hatten sich vor dem Parteitag einige Anhänger des linken Flügels zu einer »Sonderkonferenz« getroffen, die den Zweck hatte, gegenüber den badischen Budgetbewilligern eine gemeinsame Vorgehensweise zu vereinbaren.[8] Organisator dieser Zusammenkunft war Wilhelm Dittmann, der von 1904 bis 1909 Parteisekretär in Frankfurt am Main gewesen war. Auf den Treffen dieser »Budgetbewilligungsgegner«, die auch während des Parteitages stattfanden, wurde ein Zusatzantrag zu einer Resolution des Parteivorstandes beschlossen, der besagte, daß sich die Budgetbewilliger im Wiederholungsfalle außerhalb der Partei stellten.[9] Für diesen Zusatzantrag stimmte neben Wilhelm Dittmann und Rosa Luxemburg auch Robert Dißmann, der Parteisekretär des Bezirkes Hanau und hauptamtliche Geschäftsführer des Deutschen-Metallarbeiter-Verbandes in Frankfurt am Main. Die Frankfurter Delegierten Wittich, Ulrich und Quarck jedoch lehnten den Zusatzantrag ab. Wittich betont später, daß sie sich weder nach rechts noch nach links geschlagen hätten und daß sie Sonderkonferenzen, egal, ob von rechts oder links, ablehnten.[10]

Levi sprach sich in der Diskussion der Frankfurter über den Parteitag ebenfalls gegen den sogenannten Zubeil-Antrag aus.

# Maifeier 1910!

Das Fest des werktätigen, internationalen Proletariats, der 1. Mai, der diesseits und jenseits des Rheins, im Norden und Süden unsere Arbeitsbrüder vereint, in der Gewißheit auf Befreiung aus der geistigen und körperlichen Knechtschaft, wird von der Kölner Arbeiterschaft eingeleitet durch eine

## große Volks-Versammlung
## unter freiem Himmel

am **Sonntag den 1. Mai, nachm. um 3 Uhr,** in den **Lokalitäten des Herrn Martin Maifarth in Deutz, Restauration zur Torburg, Kalker Straße 1.**

Festrednerin ist:

## Frau Rosa Luxemburg

Schriftstellerin aus Berlin.

Daran anschließend in den oben genannten Lokalitäten

### ☞ Konzert ☜

Am Abend sind in Köln und den Vororten **Festlichkeiten.** Der Beginn ist überall auf 8 Uhr festgesetzt. Mitwirkende sind unter anderen namhaften Künstlern die Arbeiter-Turnvereine, die Arbeiter-Gesangvereine, die Freie Volksbühne Köln und das Flora-Orchester.

### ☞ Teilnehmerkarten zu allen Veranstaltungen 30 Pfennig. ☜

**Festlokale:**

**Köln:** sämtliche Säle des „Volkshauses" sowie im „Roten Löwen", Severinstraße 45
**Braunsfeld:** im „Braunsfelder Hof", Aachener Straße 555/557
**Bröhl:** im Lokale des Herrn Becker, Cölnstraße 22
**Deutz:** im Lokale des Herrn M. Maifarth, „Mülheimer Torburg", Kalker Straße 1
**Ehrenfeld:** in der „Harmonie", Platenstraße 32
**Humboldt-Kolonie:** im Lokale des Herrn Oerfgen, Wattstraße 13
**Kalk:** im Lokale des Herrn Rieck, Viktoriastraße 70
**Lindenthal:** im Lokale Riepe, Dürener Straße 111
**Nippes:** im Lokale des Herrn Zinn, Florastraße 80
**Riehl:** im Lokale des Herrn Meier, Riehler Straße 207
**Vingst:** im Lokale „Zum Heßhof", Strundener Straße 45.

Maikarten sind zu haben bei allen Funktionären der Gewerkschaften und der Partei, in den Gewerkschaftsbureaus, in der „Rheinischen Zeitung" und in den sonstigen Debitstellen.

Zahlreiche Beteiligung erwartet

### Der Arbeiter-Bildungsausschuß.

*Parteischule 1910/11.*

Der Antrag sei »nicht demokratisch« und bedeute eine »politische Mißhandlung der badischen Genossen«; man schaffe auf diese Weise »Friedhofsruhe« in der Partei. Es sei vom radikalen Standpunkt aus unlogisch, ein Budget zu verweigern, das man noch gar nicht kenne. Die Frage der Budgetbewilligung sei nämlich gerade keine prinzipielle Frage, sondern müsse von Fall zu Fall entschieden werden.

Auch auf parlamentarischem Gebiet müsse die Sozialdemokratie ihre Gegner bezwingen. »Wir wollen den bürgerlichen Staat bekämpfen, ihn lahmlegen, doch die prinzipielle Budgetverweigerung führt dazu, an Stelle der Tat das Wort zu setzen, Wortradikalismus zu treiben. Wir müssen uns nicht nur gewöhnen, ein ›Nein‹ zu sagen, wir müssen es auch durchführen, und da hätte der Massenstreikgedanke erörtert werden müssen.«[11]

Auf diese Weise versuchte Levi, seine Annäherung an den Standpunkt der Linken mit den offensichtlich vorhandenen Sympathien gegenüber dem Kreis der süddeutschen Reformisten in Einklang zu bringen.[12]

Wie sagte er ein paar Tage später in seinem Vortrag über das Staatsrecht? Der Parlamentarismus in Deutschland sei »[...] ja doch furchtbar im Ansehen gesunken«[13] und ihm scheine »[...] das Parlament [...] eine für die Volksrechte sogar sehr schwächliche Form der Verfassung«.[14] Levi gehörte also nicht zu denjenigen, die ihre politischen Hoffnungen auf die Zukunft des Parlamentarismus setzten. Trotzdem sollte man nach seiner Auffassung Positionen, die auf diesem Gebiet erreicht worden waren, nicht einfach aufgeben, beziehungsweise sie gar nicht erst erkämpfen. Auch wenn man der Meinung war, daß der politische Massenstreik das politische Mittel der Zukunft sei, brauchte man nicht unbedingt auf parlamentarische Arbeit zu verzichten.

Levi scheint damals versucht zu haben, die starken Gegensätze innerhalb der Partei im Sinne einer revolutionären Politik, die aber gleichzeitig auch politischer Kleinarbeit zugewandt sein sollte, zu überbrücken. Er stand mit diesen Vorstellungen noch zwischen allen Richtungen. Wenn er sich in der Frage des Zubeil-Antrages im Widerspruch zu Rosa Luxemburg und anderen Radikalen und in Übereinstimmung mit den drei Frankfurter Delegierten befand, so hieß das nicht, daß das für alle auf dem Parteitag aufgetretenen Probleme zutraf. Die Resolution Luxemburgs und sechzig Delegierter zur Preußischen Wahlrechtsfrage, die den Parteitag aufforderte, in Übereinstimmung mit dem jüngsten preußischen Parteitag zu erklären, der Wahlrechtskampf könne nur durch »eine große entschlossene Massenaktion des arbeitenden Volkes« erfolgreich geführt werden[15], wurde von den drei Frankfurter Delegierten ebenfalls nicht unterstützt[16], von Levi aber inhaltlich durch seine Kritik am Zukurzkommen der Massenstreikfrage befürwortet.

Es war zu diesem Zeitpunkt für ihn noch möglich, sich in verschiedenen Richtungen wiederzufinden. Noch einmal: Er stimmte mit Teilen des Parteizentrums in der Frage der badischen Budgetbewilligung überein, vertrat aber gleichzeitig in der Frage des Massenstreiks eine andere Auffassung. Er anerkannte mit dem linken Flügel der Partei die Notwendigkeit des Massenstreiks, hielt aber eine parlamentarische Beteiligung nicht für prinzipiell ausgeschlossen, wie es die meisten Linken taten. Er bekämpfte ebenso wie die badischen Sozialdemokraten den Wortradikalismus des Parteizentrums, sah aber nicht wie diese das hauptsächliche politische Betätigungsfeld im parlamentarischen Rahmen.

Woraus resultierte diese Vielfalt der Positionen? Mußte er so denken, weil er erst seit kurzer Zeit der Sozialdemokratie angehörte und durch die politische Auseinandersetzung noch nicht gezwungen worden war, sich einem der sich verfestigenden Flügel anzuschließen, oder zeichnete sich hier jene Originalität des späteren Paul Levi ab, der sich durch politische Eigenständigkeit gegenüber Richtungsstreitigkeiten, und seien sie bereits organisatorisch untermauert, auszeichnen sollte?

### b) Im Zeichen der Heeresvorlage

Die Eigenständigkeit in seinem politischen Denken, bei gleichzeitigen Sympathien für den Kreis um Rosa Luxemburg, bewahrte sich Levi auch noch, als er bereits in der Partei durch aktive Mitarbeit an Einfluß gewonnen hatte. Im Jahre 1913 übte er verschiedene Funktionen aus: er kandidierte bei den preußischen Landtagswahlen für den Bezirk Dillkreis-Oberwesterwald[17], er war zweiter Schriftführer des Frankfurter Vereins[18], Mitglied der Preßkommission der »Volksstimme«[19] und Frankfurter Delegierter beim Jenaer Parteitag, der vom 14. bis 20. September 1913 stattfand.[20]

Seit Anfang des Jahres 1913 galt seine besondere Aufmerksamkeit der von Generalstab, Kanzler Bethmann Hollweg und Kriegsministerium geplanten neuen Heeresvorlage, die, als Folge des Balkankrieges 1912 und dessen Auswirkungen, eine breite Heeresvermehrung und wesentliche Steigerungen des Rüstungshaushalts beinhalten sollte.[21]

Levi sah in der Entfachung eines starken Abwehrkampfes gegen diese Heeresvorlage eine Möglichkeit, der – nicht nur von ihm konstatierten – Stagnation und Lethargie des Parteilebens[22] wirksam zu begegnen.

Diese »allgemeine Gleichgültigkeit«[23] und »politische Teilnahmslosigkeit« in der Sozialdemokratie, die keine »örtliche

Erscheinung« sei[24], könne nur durch eine kräftige Agitation im preußischen Wahlrechtskampf behoben werden. Der Wahlrechtskampf aber solle nicht unter Hervorhebung einer spezifisch preußischen Frage geführt werden, sondern »im Schatten der Militärvorlage«: »Bei einer richtigen agitatorischen Ausbeutung dieses Themas würden auch die Wahlgeschäfte nicht schlecht fahren«.[25] Aber obwohl der preußische Wahlrechtskampf mit großem Engagement geführt wurde und der Sozialdemokratie immerhin vier neue Mandate bescherte[26], änderte sich nichts an der hauptsächlich durch den Widerspruch zwischen anwachsenden Organisationen und Wahlerfolgen einerseits und der auf entscheidenden politischen Ebenen anhaltenden Wirkungslosigkeit der Partei andererseits hervorgerufenen Verdrossenheit der Mitglieder.[27] Levi versuchte, diese Erscheinungen auf die fehlenden Aktivitäten des Parteivorstandes in der Frage eines Abwehrkampfes gegen die Heeresvorlage zurückzuführen. Während es in Frankreich bereits eine starke Bewegung gegen die dortige Heeresvorlage gebe, herrschten in Deutschland »Gleichgültigkeit und genaues Abwägen«.[28] Diese Kritik richtete Levi an die Adresse einer Parteiführung, die ihre ambivalente Haltung gegenüber Massenaktionen gegen Aufrüstung und Krieg nicht überwinden konnte. Einerseits konnten solche Aktionen die Stärke und Macht der sozialdemokratischen Massen demonstrieren, andererseits bestand immer die Angst, daß bei zu radikalen Parolen und Aktionen die Organisationen der Partei vernichtet werden könnten. Diese Angst stellte sich gerade in bezug auf einen ausbrechenden Krieg ein.[29] Das Verhalten der Mehrheit der sozialdemokratischen Reichstagsfraktion in der Frage der Heeresvorlage war nicht mehr geprägt von der traditionellen Forderung: »Diesem System keinen Pfennig!«, wenn es um Rüstungsfragen ging; in diesem Falle waren sich alle Beteiligten klar darüber, daß die Annahme der Heeresvorlage nicht mehr verhindert werden könne. Deshalb wollte die Mehrheit wenigstens versuchen, die Deckung der Kosten durch direkte, keinesfalls durch indirekte Steuern zu gewährleisten, um so die Kosten der Aufrüstung von der Arbeiterschaft abzuwälzen.[30] Gegen diese Taktik der Fraktion argumentierte eine Minderheit, nur der Verwendungszweck der Steuern und nicht die Art, wie sie aufgebracht würden, müsse entscheidend sein. Georg Ledebour, Rosa Luxemburg, Arthur Stadthagen und andere Parteilinke brachten auf dem Jenaer Parteitag eine Resolution ein, in der gefordert wurde, prinzipiell Deckungsvorlagen für Rüstungsausgaben abzulehnen.[31] Dieser Antrag wurde von der Mehrheit der Delegierten und auch von Paul Levi abgelehnt.[32] Levi unterschied sich also in der Frage der Deckung von Rüstungsausgaben von dem Teil der Linksradikalen in der Partei, der dem Verwendungszweck der Steuer gegenüber der Art ihrer Aufbringung die absolute Priorität einräumte.[33] Zunächst hatte er sich, kurz nachdem die endgültige Entscheidung der sozialdemokratischen Reichstagsfraktion über die Taktik gegenüber der Heeresvorlage anläßlich der 3. Lesung der Deckungsvorlage beschlossen worden war[34], in einer Mitgliederversammlung in Frankfurt gegen ein solches Vorgehen ausgesprochen. Er vertrat gegenüber den Argumenten des anwesenden Frankfurter Reichstagsabgeordneten Heinrich Hüttmann[35], der gesagt hatte, man könne sich bei einem derartigen Zustrom der Massen zu der Sozialdemokratie in so einer wichtigen Frage nicht einfach außerhalb des politischen Geschehens stellen, den Standpunkt: »Solange wir keinen Einfluß auf die exekutive Gewalt haben, solange unsere Mitarbeit nur eine Stärkung des Gegners ist, haben wir nicht mitzuarbeiten.« Immerhin sah er sich mit dieser Haltung grundsätzlich vor das Problem gestellt: »Wann ist eine Fraktion verpflichtet, positiv mitzumachen?«[36] Obwohl er im konkreten Fall der Heeresvorlage den Beschluß der Reichstagsfraktion mißbilligt hatte, stimmte er doch auf dem Parteitag für die Resolution Emanuel Wurms, in der grundsätzlich gefordert wurde, jede direkte Steuer zu verwerfen, »es sei denn, daß die Ablehnung der direkten Steuern durch unsere Genossen die Annahme der bekämpften Vorlage nicht hindert und eine für die Arbeiterklasse ungünsige Besteuerung zur Folge haben würde«.[37] Levi befand sich hier in Übereinstimmung mit Karl Liebknecht, der bei der Abstimmung der Reichstagsfraktion bei der Minderheit gestanden, also das Vorgehen bei der Heeresvorlage abgelehnt, dann aber auf dem Parteitag für die Resolution Wurms gestimmt hatte.[38] Wenn man von dem beharrlichen »Nein« der Linksradikalen absah, hatten sie in diesem Punkt eigentlich keine Strategie anzubieten.[39] Auch für Levi stand der außerparlamentarische Kampf der Partei ohne Frage im Vordergrund; deswegen aber ganz auf den geringen parlamentarischen Einfluß, der möglich war, zu verzichten, hätte die Aufgabe seiner bisherigen Positionen bedeutet. Er blieb also diesen grundsätzlichen Auffassungen über die parlamentarische Arbeit treu, bei aller Übereinstimmung mit sonstigen Luxemburgischen Positionen.

*c) Die Diskussion um den Massenstreik*

Was die Frage des Massenstreiks betraf, so teilte Levi auch auf dem Jenaer Parteitag Rosa Luxemburgs Standpunkt. Der Wahlkreis Hanau, der Rosa Luxemburg für den Parteitag delegiert hatte, richtete gemeinsam mit dem Frankfurter Wahlkreis einen Antrag an den Parteitag, in dem gefordert wurde, die Frage des Massenstreiks zur Erringung des allgemeinen und gleichen Wahlrechts gründlich zu erörtern.[40] Dieses Bedürfnis wurde auch von vielen anderen Organisationen der Partei geteilt.[41] Seit dem unbefriedigenden Ausgang des preußischen Wahlrechtskampfes wurde in der Partei erneut die Massenstreikfrage aufgeworfen, und zwar zunächst von reformistischer Seite.[42] Aber die Übereinstimmung in der Forderung nach Massenstreik, die von den süddeutschen Reformisten bis zu den Linksradikalen quer durch die Partei reichte, war nur vordergründig. Dahinter verbargen sich recht verschiedene Vorstellungen über den Charakter von Massenstreiks. Während die süddeutschen Reformisten den politischen Massenstreik nur als Mittel zum Zweck anwenden wollten, das heißt, nur in Preußen und nur zur Erringung des parlamentarischen Bodens für die Partei, handelte Rosa Luxemburgs Konzeption von dem Massenstreik als politischem Lernprozeß des Proletariats, der sich in mehreren Phasen entwickeln werde und der »die Bewegungsweise der proletarischen Masse, die Erscheinungsform des proletarischen Kampfes in der Revolution«[43] überhaupt sei. Sie wurde übrigens auf diesem Parteitag in diesen Fragen auch von den Bremer Lindsradikalen um Johann Knief und Anton Pannekoek unterstützt, die sich sonst in vielen Fragen von ihr unterschieden.[44]

Neben den süddeutschen Reformisten und den Linksradikalen äußerte sich auch der Parteivorstand zu der Massenstreikfrage. Seine Haltung zu diesem Problem zeichnete sich vor allem durch den Versuch aus, die neu entstandene Diskussion um dieses Thema abzubremsen. Der Antrag des Parteivorstandes an den Parteitag betonte, daß der politische Massenstreik »nur bei vollkommener Einigkeit aller Organe der Arbeiterbewegung« erfolgreich sein könne und daher vorderstes Ziel der politischen Arbeit der Ausbau der Organisation sein müsse.[45] Damit wurden außerparlamentarische Aktionen in die ferne Zukunft verschoben. Die auf dem Parteitag anwesenden Mitglieder der Generalkommission der Gewerkschaften gaben massiv ihrer Befürchtung Ausdruck, daß durch außerparlamentarische Aktionen die vorhandenen Organisationen gefährdet würden, und versuchten, die neu in Gang gekommene Diskussion lediglich auf die Initiative einiger Intellektueller zurückzuführen.[46]

Levi referierte nach dem Parteitag vor den Frankfurter Sozialdemokraten über die Massenstreikdiskussion. Er berichtete von hauptsächlich drei Gruppen, die sich auf dem Parteitag geäußert hätten: die eine, darunter der Parteivorstand, ziehe sich auf die Position:

»Der Massenstreik wird kommen und uns bereit finden« zurück, die zweite Gruppe wolle aus Furcht vor Zerstörung des Bestehenden gar keinen Massenstreik, und die dritte Gruppe habe erkannt, daß der Massenstreik nicht auf Befehl von Instanzen kommen werde, sondern »aus der logischen Entwicklung, aus der kommenden Bewegung« herauswachse. Aus dem Massenstreik werde der Bewegung endlich wieder »Leben und Wärme« zuströmen.

Vor allem die Frage nach der Art, wie der Massenstreik eingeleitet werden sollte, sei auf dem Parteitag strittig gewesen. Levi wandte sich besonders gegen die abwartende Haltung des Parteivorstandes und die Mitglieder der Generalkommission, wenn er betonte, es sei wichtig, daß sich in der Masse ein »Massenwillen«, ein »Massenregen« und »Massenströmen« zeige; mit »Organisation« allein könne die Frage nicht gelöst werden. Die Organisation sei ja nur ein Mittel zum Ziel und nicht das Ziel selbst. »Das Eigenleben, die Selbständigkeit der Massen, die Aktionssteigerung ist das Moment, das in dieser großen Sache vorwärtsdringen muß«. Es sei daher dringend notwendig, daß man schon heute mit dem Massenstreik rechne und daß er jetzt auf das politische Programm gesetzt werde. Und hieran schloß Levi wieder seine altbekannte Argumentation, die er jetzt bereits seit drei Jahren vertrat: »Der politische Massenstreik ist für uns auch deshalb wichtig, weil der moderne Staat trotz Infanterie und Artillerie die Arbeiter nicht fassen kann, wenn ihre Hände ruhen. An dieser glatten Kugel findet der Staat keinen Haken, hinter den er fassen kann!« und er beendete seinen Bericht: »Große Dinge kann man nur mit Begeisterung, mit großen Ausblicken machen; die Massen müssen sehen, wie sie aus sich heraus eigenes Leben und Bewegung finden. Nicht das Wort, die Tat ist die Seele der Bewegung!«[47]

Mit diesen Anschauungen zog Levi in der Diskussion seines Referats die scharfe Kritik der anwesenden Gewerkschaftsmitglieder auf sich: anscheinend schätze er die Organisation nicht besonders hoch ein; seine Äußerungen seien ein Schlag ins Gesicht all derjenigen, die täglich in den Organisationen ihre mühevolle Kleinarbeit verrichteten, wurde ihm vorgehalten.[48] Und Levi erregte abermals Widerspruch, als er sagte: »In der Masse gibt es noch Kräfte, Sehnen und Hoffen, die uns über tausend Schwierigkeiten hinwegsetzen. An diese Eigenschaften der Masse wenden wir uns, das hilft uns über die toten Ziffern in den Listen der Organisation! Kann man nicht auch sagen: vom Streik zur Organisation, anstatt umgekehrt? (Widerspruch) Nennen Sie mich einen Träumer und Phantasten, aber ich sage: der Appell an die großen Instinkte in den Massen wird uns eine Welt erobern lassen.«[49]

Obwohl sich Levi hier gegen die Meinung des hauptsächlich durch Vertreter des rechten Parteizentrums repräsentierten Frankfurter Vereins aussprach, sollte er in den kommenden Monaten noch – zumindest publizistisch – an Einfluß gewinnen. Der Kampf gegen den Militarismus, der die Partei in der nächsten Zeit über alle Differenzen hinweg einigen sollte, wurde in der Frankfurter »Volksstimme« hauptsächlich von ihm geführt.

## 2. Der Kampf gegen den Militarismus

### a) Am Beispiel Zabern

> »Wenn ›Offiziersehre‹ und Gesetz miteinander kollidieren, so muß in Deutschland das Gesetz schweigen.«[50]

Mit diesen Worten charakterisierte Levi anläßlich der Zabern-Affäre in Elsaß-Lothringen den Zustand des wilhelminischen Reiches, der geprägt war von dem Neben- und Gegeneinander einer obrigkeitsstaatlich organisierten Armee und einer ungefestigten parlamentarischen Staatsverfassung. Gerade das Jahr 1913 hatte die strukturelle Krise des Reiches schlagartig enthüllt:

Nach den Feierlichkeiten und Reden zur hundertjährigen Wiederkehr der Entscheidungsschlacht bei Leipzig, in denen man nicht versäumt hatte, der großen Heeresreformer Gneisenau, Scharnhorst, Boysen usw. würdig zu gedenken[51], rückten die Vorkommnisse in dem kleinen elsaß-lothringischen Ort Zabern im Spätherbst des Jahres die Dinge wieder ins rechte Licht: weder waren die Spannungen und Zusammenstöße zwischen Offizierskorps und Bürgern beseitigt, noch die Armee in den Staat integriert, wie es Gneisenau und Scharnhorst gefordert hatten. Die Militärgerichtsbarkeit führte immer noch ihr Eigenleben; einfache Soldaten wurden wegen der geringsten Vergehen drastisch bestraft, Offiziere dagegen in jedem Falle, und handelte es sich auch um die offensichtlichsten Rechtsbrüche, mit äußerster Milde bedacht.

Und die Zabern-Affäre hatte darüber hinaus deutlich gemacht, daß gemeinsame politische Aktionen des bürgerlich-liberalen Lagers mit der Sozialdemokratie gegen die Eingriffe der Armee in das staatliche Leben höchstens punktuell möglich waren; für eine wirkliche Festigung der Verfassung und die Demokratisierung des Staates reichten sie nicht aus. Denn mit der Vormachtstellung Preußens innerhalb des Bismarck-Reiches hatte sich die Tendenz zur Militarisierung des gesamten gesellschaftlichen Lebens durchgesetzt. Die Stellung des Militärs an der Spitze des Staates prägte die politischen und sozialen Sphären des Bürgertums.[52] Das erschwerte ein gemeinsames offensives Vorgehen der bürgerlichen Parteien gegen die Vormachtstellung der preußischen Armee, auch wenn der Reichstag seit den 90er Jahren seine Stellung innerhalb des Verfassungsgefüges hatte festigen können.[53]

Levi erkannte richtig, wo die Gefahr des Militarismus für Bürgertum und Arbeiterklasse lag: »in der ständigen Bedrohung des Rechts, der Kultur, des öffentlichen Lebens überhaupt [. . .].«[54] Was in der Zabern-Affäre zum Durchbruch kam, war die Natur preußischen Junkertums, die, »je mehr die Tendenzen des bürgerlichen Staates sich durchsetzen, umso unversöhnlicher in Rebellion zu diesem Staat treten muß.«[55]

Die Vorgänge der Zabern-Affäre sind schnell beschrieben:[56] Ausgerechnet in dem in Elsaß-Lothringen noch weitgehend deutschfreundlichen Städtchen Zabern hatte Ende Oktober 1913 ein 20jähriger Leutnant, Freiherr von Forstner, seine Rekruten aufgefordert, beim Ausgang in die Stadt ruhig die elsässischen Bürger (die er mit dem – seit längerer Zeit in der Armee verbotenen – Schimpfwort »Wackes« bezeichnete) mit dem Degen zusammenzustoßen; er versprach ihnen sogar eine Belohnung dafür. Die Publikation dieses Falles durch die örtlichen Zeitungen löste einen Sturm von Entrüstung bei der Zivilbevölkerung aus. Ganz Zabern sprach von nichts anderem mehr, und die Angehörigen des Regiments fühlten sich daraufhin verhöhnt und sogar bedroht. Es kam zum Eklat, als einige Tage später mehrere Bürger von der Straße weg durch das Militär verhaftet und eine Nacht im Kasernenkeller festgehalten wurden. Dieser Eingriff des Militärs in den Bereich der Zivilgerichtsbarkeit bedeutete selbst nach damaliger Rechtsauffassung einen gravierenden Rechtsbruch und konnte später nur durch das Hervorgraben einer Kabinettsorder vom 17. Oktober 1820, die das Eingreifen von Militärs unter bestimmten Umständen unter Umgehung der Zivilbehörden erlaubte, legitimiert werden.[57] Und als der Leutnant von Forstner erneut von sich reden machte, weil er einen lahmen Schuster – angeblich, weil dieser ihn »bedroht« habe – mit dem Säbel niederschlug, erhob sich in den Zeitungen des gesamten Reiches ein Protest, wie er seit der »Daily-Telegraph«-Affäre nicht mehr dagewesen war.[58] Wie breit der Konsens zwischen Mitte- und Linksparteien in dieser schnell als prinzipiellen Konflikt erkannten Angelegenheit war, zeigte das am 4. Dezember vom Reichstag mit 293 zu 54 Stimmen verabschiedete Mißtrauensvotum gegen den Kanzler Bethmann Hollweg.[59] Aber die gemeinsame Front bröckelte nach der Weigerung des Kanzlers zurückzutreten schnell ab. Angesichts der Einflußlosigkeit des Reichstages gegenüber Kaiser und preußischer Armee hatte sie zwar den Versuch bedeutet, das Parlament zu stärken; im Ergebnis aber blieb es bei einem moralischen Appell. Denn die Sozialdemokratie war die einzige Kraft, die auch noch eine Woche nach dem Mißtrauensvotum konsequent den Rücktritt des Kanzlers forderte; die Vertreter der bürgerlichen Parteien beschränkten sich auf versöhnliche Kritik und zeichneten sich in ihren Äußerungen durch die Angst vor der eigenen Courage aus. Die nachfolgenden Prozesse der Kriegsgerichte, die die Zaberner Vorkommnisse ahnden sollten, und in denen die beteiligten Offiziere freigesprochen wurden, verursachten nur noch in der Presse der Sozialdemokratie und der Linksliberalen Proteste[60]. Der Reichstag beschränkte sich im Januar 1914 auf die Bildung einer Kommission, die drei Anträge von Fortschrittlichen und Sozialdemokraten auf Präzisierung des Verhältnisses von Militär- und Zivilgewalt bearbeiten sollte[61]. Diese Kommission stellte schon nach ein paar Sitzungen ihre Arbeit ein.

Wenn es auch zunächst nach einer »Revolte der Bourgeosie gegen die Diktatur des Säbels« ausgesehen hatte, wie Levi konstatierte, so endete die Zabern-Affäre doch »mit einem Fußfall vor diesem Säbel«[62]. Mit beißendem Spott verfolgte Levi in der »Volksstimme« den Abfall der liberalen und fortschrittlichen Parteien von der gemeinsamen Front gegen den Militarismus:

»Am 3. Dezember Herr Fehrenbach auf der Reichstagstribüne. Er redet gegen die Offiziersrevolte von Zabern. Er redet gegen den Kriegsminister [...]. Er redet gegen die Niedertrampelung von Recht und Gesetz durch eine unbotmäßige Soldateska, die die ganze bürgerliche Staatsordnung in Frage stelle. Das Haus dröhnt vor Beifall [...]. Und auf Fehrenbach, den Klerikalen, folgt Calker, der Liberale. Er heult: Alles wieder kaputt! [...]. Die einzige Hoffnung des Reichslandes beruhe jetzt auf dem Reichstage. Dieser werde wie eine Mauer stehen und das teure Elsaß in seinem schweren Kampfe gegen die Willkürherrschaft der Offiziere nicht im Stich lassen [...].

Das ist nun schon alles furchtbar lange her, beinahe drei Monate [...]. Was Wunder, daß die Herren sich besonnen haben. Im Januar, bei der Besprechung der Interpellation über die Freisprechung des Obersten von Reuter schwenkten sie schon ab, und Ende Februar waren sie mitten im Lager des Militarismus, zu dessen Bekämpfung sie ausgezogen waren, glücklich angelangt. Freilich nicht als Sieger sind sie eingezogen, sondern als Überläufer haben sie sich nachts über die Wälle geschlichen.

So sank zur Marionette der Reaktion, der erst ein Komödiant der Freiheit war. –«[63]

Aber Levi war sich klar darüber, daß es sich bei der Reaktion der bürgerlichen Parteien auf die Zabern-Affäre nur um die eine Seite der Angelegenheit handelte. Besonderes agitatorisches Gewicht legte er in der »Volksstimme« auf die »Krisis«, in die das Heer mit der Annahme der großen Heeresvorlage im Sommer 1913 eingetreten sei. Nunmehr habe der »Gegensatz zwischen der aristokratischen Prätorianergarde, als die sich das Offizierskorps präsentiert, und der demokratischen Heeresmasse der durchgeführten allgemeinen Wehrpflicht ihren Höhepunkt erreicht«. Auch nach der Niederlage von Jena und den Reformen des Heeres im 19. Jahrhundert scheine dem heutigen Durchschnittsoffizier der König lediglich als oberster Kriegsherr, »das heißt als Erbe der aus der Landknechtzeit übernommenen Rechte eines Söldnerführers«. Der Fall Zabern habe die Krise der preußischen Junkerclique deutlich gemacht: »Ein so ungeheures Massenheer, wie es das deutsche ist und nach

Durchführung der Militärvorlage in verstärktem Maße sein wird, entwindet sich der Hand eines Führertums, das geistig der Atmosphäre der Landknechtszeit und des Söldnertums noch nicht entwachsen ist [. . .].«[64] Je mehr das Heer zu einer demokratischen Institution werde, in die alle Schichten des Volkes eindrängen, um so unerträglicher werde dieser Widerspruch. Gerade das Gefühl der Junker, einer sozialen Katastrophe entgegenzugehen, veranlasse sie ständig, brutal und hartnäckig an ihren Machtmitteln und Vorrechten festzuhalten. Die Zabern-Affäre sei dafür das beste Beispiel. Mit Ironie und Spott, bei gleichzeitiger analytischer Schärfe, kommentierte Levi in dieser Zeit in vielen Leitartikeln in der »Volksstimme« die Vorgänge. Er fand hier zu seinem Stil, der ihn später auszeichnete und der ihm Bewunderer, aber auch Gegner schuf.

Levi rief mit seiner Beurteilung der Lage innerhalb der Partei sicherlich keinen Widerspruch hervor, denn der Kampf gegen den preußischen Militarismus vereinte die Partei über die Gegensätze hinweg. Den demokratischen Charakter der allgemeinen Wehrpflicht hatte schon Friedrich Engels hervorgehoben.[65] Unterschiedliche Positionen gab es zwischen den Kräften, die in der Diskussion um den Abwehrkampf gegen die Heeresvorlage im Frühjahr 1913 erneut der Kautskyschen Abrüstungsparole die Milizforderung entgegengestellt hatten. Bereits 1911/1912 hatte zwischen Kautsky und Radikalen Linken eine Kontroverse darüber stattgefunden, ob die Forderung nach internationalen Rüstungsbeschränkungen das geeignete Mittel im Kampf der Partei gegen den Imperialismus sei.[66]

Vor allem die Linken, die sich um die »Leipziger Volkszeitung« und die »Bremer Bürgerzeitung« scharten, setzten im Frühjahr 1913 auf die Forderung nach der Miliz.[67] Auch Rosa Luxemburg sprach von der »Illusion der Abrüstung«, der gegenüber man das Milizsystem, wie es das Parteiprogramm verlange, zu vertreten habe.[68] Die »Programmlösung der Volkswehr« müsse »mit dem größten Nachdruck in den Mittelpunkt der Kämpfe und der Agitation« gestellt werden.[69]

Bei Levi findet sich diese Milizforderung nicht. Für ihn war sie wohl eher eine abstrakte programmatische Forderung, die man, soweit möglich, in anwendbaren Forderungen zu konkretisieren habe. Solche Forderungen waren zum Beispiel die nach Wahlrecht und Versammlungsfreiheit der Soldaten. Die Sozialdemokratie verlange, daß die Armee »ein Machtorgan des gesamten Volkes zur Aufrechterhaltung seiner Freiheit und Unabhängigkeit nach innen und außen« werde. Dazu müßten aber den Soldaten ihre politischen Bürgerrechte zurückgegeben werden: »Der Soldat soll nicht aufhören, Bürger zu sein. Er wird ein umso besserer Soldat sein, je mehr Bürgerrechte er besitzt, die zu verteidigen sich lohnen.«[70] Nun hatte aber gerade die Zabern-Affäre gezeigt, daß Demokratisierungsbestrebungen, die das Heer betrafen, nicht allein auf parlamentarischem Wege durchzuführen waren, da sie am entschiedenen Widerstand der preußischen Junker scheitern mußten. Levi war sich mit den verschiedenen Strömungen innerhalb der Linksradikalen einig, wenn er schrieb:

> »Gerade weil hier [in der Zabern-Affäre] mit Flammschrift die Grenzen des deutschen Parlamentarismus und seiner Macht gezeichnet sind, wird die Arbeiterklasse umso nachdrücklicher auf die wahren und unversiegbaren Quellen *ihrer* Macht hingewiesen, nämlich auf sich selber. Je mehr das Parlament im Kampfe gegen den Militärabsolutismus versagt, desto deutlicher wird die Einsicht in den Massen: dieser Absolutismus hat nur so viele entschlossene Feinde, wie es klassenbewußte Arbeiter gibt. Dadurch aber gleitet ganz von selber der Kampf gegen den Militarismus in die Arena, in die er gehört: in die Arena des Klassenkampfes.«[71]

In den folgenden Monaten bis zum Ausbruch des Ersten Weltkrieges bildete Levis Hauptbetätigungsfeld die Agitation gegen den Militarismus. Er stellte Forderungen nach Demokratisierung des Heeres, wie zum Beispiel die Beseitigung der Soldatenschindereien und die Einführung einer militärunabhängigen Gerichtsbarkeit für Straftaten in der Armee, und verband diese Forderung mit dem Versuch, Massenaktionen zu entfachen. Er wurde durch die Verteidigung Rosa Luxemburgs in zwei Prozessen, die kurz vor dem Weltkrieg stattfanden, über Frankfurt hinaus bekannt.

Beide, Luxemburg und Levi, nutzten die Prozesse zu einer breiten antimilitaristischen Agitation, die in der gesamten Partei
große Beachtung und Zustimmung fand.


### b) Die Luxemburg-Prozesse

Die Zabern-Affäre hatte gezeigt, daß die Sozialdemokratie im
Kampf gegen den Militarismus nicht auf die Unterstützung der
bürgerlichen Parteien rechnen konnte; sie mußte diesen Kampf
ganz alleine führen. Die Folge davon war eine starke Verbundenheit in dieser Frage: auch Mitgliedern der Radikalen Linken
öffnete sich in diesem Falle die ihnen sonst längst nicht mehr
zugängliche Parteipresse. Rosa Luxemburgs antimilitaristische
Agitation, die sie 1913/14 begann[72] und in deren Verlauf sie
zweimal vor Gericht stand, fand in der gesamten Partei ein ein-
maliges Echo.[73]
In dem ersten Prozeß, der am 20. Februar 1914 vor der II. Strafkammer des Landgerichts Frankfurt am Main stattfand, war sie
der »Aufforderung zum Ungehorsam gegen die Gesetze« nach
den Paragraphen 110 und 111 des Strafgesetzbuches angeklagt
worden. Die Anklage stützte sich dabei auf eine Äußerung, die
sie in zwei Versammlungen in Fechenheim und in Frankfurt-
Bockenheim am 26. und 28. September 1913 gemacht hatte:
Auf ihre Frage, ob sich die sozialdemokratischen Arbeiter »ungestraft« einen Krieg gefallen lassen würden, war aus der Versammlung der Zuruf gekommen: »Niemals!« Ihre dann folgenden Worte: »Wenn uns zugemutet wird, die Mordwaffe gegen
unsre französischen oder andren Brüder zu erheben, dann rufen wir: Nein, das tun wir nicht!«[74], die dem Staatsanwalt als
Anklage dienten, hatte die Versammlung mit tosendem Beifall
aufgenommen.[75] Dem anwesenden Polizeibeamten, der die
Versammlung zu überwachen hatte, waren diese Sätze gar nicht
aufgefallen; aber ein Redakteur der »evangelisch-nationalen«
Zeitung »Frankfurter Warte« hatte Teile ihrer Rede mitsteno-
graphiert und einzelne Sätze in einem am nächsten Tag erschei-
nenden Artikel wiedergegeben. Dieser Artikel, der außerdem
der Frankfurter Staatsanwaltschaft anonym zugesandt worden

war, forderte dazu auf, Rosa Luxemburg des Hochverrates anzuklagen.[76] Der Staatsanwalt sah in ihren Worten ein »Attentat auf den Lebensnerv unseres Staates«, denn Rosa Luxemburg habe zur Meuterei der Soldaten gegen ihre Vorgesetzten aufgefordert. Zu Luxemburgs Person führte er aus:

> »Sie gehört der extremsten Gruppe des radikalen Flügels der Sozialdemokratie an. Sie ist bekannt durch ihre außerordentlich scharfen Reden. Sie trägt den Beinamen ›die rote Rosa‹ nicht mit Unrecht. Die Frankfurter Reden zeigen, was sie in ihrem Kopfe denkt, was sie in ihrer Brust fühlt. Sie spielt mit dem Massenstreik, sie animiert zum Mord, sie fordert zur Meuterei auf. Das läßt erkennen, von welcher Todfeindschaft die Angeklagte gegen die bestehende Staatsordnung erfüllt ist.«[77]

Kurt Rosenfeld, der zusammen mit Levi die Verteidigung der Angeklagten übernommen hatte, verwahrte sich in seinem Plädoyer gegen diese Ausführungen, die nur zu »scharfmacherischen Zwecken« geschehen seien. Damit habe der Staatsanwalt aber »den juristischen Boden völlig verlassen«.[78] Rosenfeld versuchte den juristischen Nachweis zu führen, daß keiner der beiden von der Staatsanwaltschaft genannten Paragraphen in Frage komme.[79]

Levis Plädoyer handelte von der Problematik, das Verbreiten von neuem Gedankengut bereits als Aufforderung zum Ungehorsam aufzufassen. Aufforderung im Sinne der Paragraphen 110 und 111 bedeute Beeinflussung des Willens anderer; der Auffordernde versuche dabei, sich des Willens des Aufgeforderten zu bemächtigen. Es gebe aber, so fuhr er fort, auch eine Beeinflussung von Menschen, die jenseits solcher »Willensbemächtigung« liege:

> »Dann, wenn ich versuche, den Geist des anderen, seine Art zu denken, seine Gesinnung, sein Weltbild zu ändern. Tue ich das, dann bewirke ich nicht, was der § 111 des Strafgesetzbuches verlangt, daß der Wille sich im Rahmen gegebener Faktoren aufbäumt, dann trage ich nur neue Gedanken, neue

Ideale in andere Köpfe. Das aber kann nicht strafbar sein. *Denn schon den neuen Gedanken zu strafen, weil er auf den Willen abfärben könnte, wäre die Verneinung der menschlichen Entwicklung.* Es würde jene feinsten und geheimsten Vorgänge geistigen Fortschritts, jenes Hebbelsche ›Rühren an dem Schlaf der Welt‹ herausnehmen aus dem Kreis ästhetischer Konflikte und dem Strafgesetze unterstellen. Das kann der § 111 des Strafgesetzbuches nicht wollen; *so ausgelegt, wie der Herr Staatsanwalt es will, wäre es das Ende der geistigen Weiterentwicklung der Menschheit.*«[80]

Neben diesen eindrucksvollen Worten bestach an Levis Plädoyer der Schluß. Der Staatsanwalt hatte nicht nur die hohe Strafe von einem Jahr Gefängnis für die Angeklagte gefordert sondern auch, sie im Falle einer Verurteilung sofort in Haft zu nehmen, da Fluchtgefahr bestände: sie habe ja nichts, was sie an Deutschland binde.[81] Dem schleuderte Levi folgende, gewiß auch sehr persönlich gemeinten Worte entgegen:

> »Nein, Herr Staatsanwalt, so arm ist die Angeklagte nicht [. . .]. Sie hat in Deutschland Hunderttausende, die sie lieben und die sie wieder liebt, und die sie nicht im Stiche lassen wird, auch um eines Jahres Gefängnisses willen, das können Sie der Angeklagten glauben!«[82]

Rosa Luxemburg selbst hielt in diesem Prozeß eine ihrer größten Reden.[83]
Sie nutzte den Prozeß, um die sozialdemokratischen Vorstellungen von dem Milizsystem zu erörtern und die Bemühungen der Parteien der Sozialistischen Internationale um den Frieden in der Welt darzulegen.
Rosa Luxemburg verwies darauf, daß, wenn die von den offiziellen Vertretern des Militarismus immer wieder beschworene »Phrase von der notwendigen Vaterlandsverteidigung« ernst gemeint sei, unumgänglich »die alte Programmforderung der Sozialdemokratie, das Milizsystem« eingeführt werden müsse. Nur auf diesem Wege sei die Gewähr für eine erfolgreiche Verteidigung des Vaterlandes gegeben, da »nur das freie Volk, das

aus eigenem Entschlusse gegen den Feind ins Feld rückt, ein ausreichendes und zuverlässiges Bollwerk ist für die Freiheit und Unabhängigkeit des Vaterlandes«.[84] Zu imperialistischen Eroberungskriegen, wie sie in Wahrheit den Vertretern des heutigen Militarismus vorschwebten, tauge das Milizsystem natürlich nicht.

Gerade weil die Sozialdemokratie der Auffassung sei, daß letzten Endes Kriege nur dann und nur so lange ausgeführt werden könnten, wie die arbeitende Volksmasse dies wolle, könne man aus ihrer inkriminierten Äußerung nicht folgern, daß sie Soldaten im Kriegsfalle auffordern wolle, den Befehl zu verweigern und nicht zu schießen. Dieser Schluß des Staatsanwaltes aus ihren Worten sei nur die andere Seite jener Auffassung, »[. . .] wonach *solange* der Soldat den Befehlen seiner Vorgesetzten folgt, alles im Staat wohl bestellt sei, wonach [. . .] das Fundament der Staatsmacht und des Militarismus der Kadavergehorsam des Soldaten ist«.[85]

Und nachdem sie die Beschlüsse verschiedener internationaler Sozialistenkongresse zitiert hatte, in denen als Abwehrmaßnahmen gegen den Krieg der Einfluß auf die Jugenderziehung, die Propagierung des Milizsystems, Massenversammlungen und Straßendemonstrationen gefordert wurden, fragte sie den Staatsanwalt, ob er ihr im Ernst eine so »arme und simplizistische« Auffassung unterschieben wolle, daß die Sozialdemokratie im Kriegsfalle vor die Soldaten hintreten müsse mit dem Ruf: »Schießt nicht!«[86]

Alle ihre Äußerungen waren provokativ; sie verteidigte sich nicht, sondern griff den Staatsanwalt an. Die Beschuldigungen gegen sie kämen nur zustande, weil der Staatsanwalt nicht fähig sei, »in sozialdemokratischen Bahnen zu denken«. Man habe hier ein geradezu klassisches Beispiel dafür, »wie wenig normale Bildung ausreicht, um die sozialdemokratischen Gedankengänge, um unsere Ideenwelt in ihrer ganzen Kompliziertheit, wissenschaftlichen Feinheit und historischen Tiefe zu begreifen«.[87] Und sie scheute sich nicht, zum Schluß dem Staatsanwalt wegen seiner Äußerung, bei ihr bestünde Fluchtgefahr, entgegenzuhalten:

»Herr Staatsanwalt, ich glaube Ihnen, *Sie* würden fliehen. Ein Sozialdemokrat flieht nicht. Er steht zu seinen Taten und lacht Ihrer Strafen. Und nun verurteilen Sie mich!«[88]

Das Gericht verurteilte sie wegen zweier Vergehen (es wurden beide Reden herangezogen) gegen den § 110 zu der vom Staatsanwalt geforderten Strafe von einem Jahr Gefängnis. Der Antrag aber, sie sofort in Haft zu nehmen, wurde abgelehnt.[89] Ihre Verteidiger legten Revision ein.[90] Ein Aufschrei der Empörung ging durch die sozialdemokratische Presse. Aber auch bürgerliche Blätter, wie die »Frankfurter Zeitung«, empfanden das Urteil als zu hoch. Andere, rechtsstehende Blätter nutzten die Gelegenheit, gegen Rosa Luxemburg und die gesamte Sozialdemokratie vom Leder zu ziehen.[91] Das wichtigste aber war die rege Versammlungtätigkeit, die jetzt in vielen Orten einsetzte, und die Sympathien, die Rosa Luxemburg in der ganzen Partei entgegengebracht wurden. Auch Levi war in einigen dieser Massenveranstaltungen, die als Protestdemonstration gegen das hohe Urteil gedacht waren, Berichterstatter und Agitator.[92] Überall herrschte jene Stimmung vor, die Rosa Luxemburg auf einer Versammlung in Hanau so beschrieben hatte: »Er [der Staatsanwalt] hat auf meine besondere Gefährlichkeit hingewiesen, weil ich dem extremsten radikalen Flügel unserer Partei angehöre. Aber wenn es gilt, gegen den Militarismus zu kämpfen, da sind wir *alle einig, da gibt es keine Richtungen* (Beifall).«[93]
Rosa Luxemburgs Agitationsreise glich einem Triumphzug[94], auf dem sie ihre Vorstellungen über den Kampf gegen den Militarismus unter die Massen tragen konnte. Levi mag hier Anschauungsunterricht darin erhalten haben, wie politische Prozesse agitatorisch für die Partei eingesetzt werden können.[95] In diesen Monaten vertiefte und intensivierte sich die Freundschaft und Zusammenarbeit zwischen ihm und Rosa Luxemburg, und er sollte sie auch in dem darauffolgenden Prozeß vor dem Berliner Landgericht verteidigen.
Selbstverständlich waren Rosa Luxemburgs Agitationsreise und die große Resonanz, mit der ihre Reden aufgenommen wurden, der zuständigen Behörde ein Dorn im Auge. Nach dem Frank-

furter Prozeß wies der preußische Innenminister den Regierungspräsidenten in Wiesbaden an, künftig ihre Versammlungen besser polizeilich überwachen zu lassen, als das bisher geschehen sei.[96] Es dauerte nicht lange, und man fand in einer ihrer Reden einen neuen Anklagegrund: Auf einer Volksversammlung am 7. März 1914 in Freiburg im Breisgau hatte Rosa Luxemburg im Laufe ihrer Rede auf die systematischen Soldatenmißhandlungen in der preußischen Armee hingewiesen und, nachdem sie einen Fall geschildert hatte, in dem sich ein Soldat aufgrund der Quälereien das Leben genommen haben sollte, die Bemerkung gemacht:

> »Es ist sicher eins von den unzähligen Dramen, die in den deutschen Kasernen tagaus, tagein sich abspielen und wo nur selten das Stöhnen der Gepeinigten zu unseren Ohren dringt.«[97]

Hierin sah der preußische Kriegsminister eine Beleidigung und öffentliche Verächtlichmachung der Offiziere, Unteroffiziere und Soldaten der preußischen Armee durch nicht erweislich wahre Tatsachen.[98] Rosa Luxemburg war hocherfreut über diese Anklage. Sie schrieb an Paul Levi:

> »[...] wie famos! Es ist ein Strafantrag des Kriegsministers von Falkenhayn wegen Beleidigung des Offiziers- und Unteroffizierskorps, weil ich in der Freyburger Veranstaltung am 7. März gesagt habe, die Soldatenmisshandlungen stehen auf der Tagesordnung, die ›Vaterlandsverteidiger‹ werden mit Füssen getreten. Darin sei ein Vorwurf der Pflichtverletzung für die Offiziere ausgesprochen.
> Wie gefällt Dir diese Anklage in der jetzigen Zeit! Ich habe natürlich zugegeben, die Äusserungen gethan zu haben und zwar, um den Leuten den Rückzug abzuschneiden. Die Kerle sind wohl von allen guten Geistern verlassen. Denk Dir, was man alles bei einer solchen Verhandlung an Material ausbreiten und wieder gut machen kann, was unsere Esel im Reichstag versäumt haben!
> Ich bin in so freudiger Stimmung, dass ich Dir um den Hals

fallen möchte, wenn ich Dich hier hätte. Kurtchen [Rosenfeld] ist auch glücklich über die bevorstehende Schlacht.[99]

Und sie bat Levi, sie wieder zusammen mit Rosenfeld zu verteidigen, nachdem sie die Anklageschrift erhalten hatte.[100]
Diese Anklage und der folgende Prozeß boten die Gelegenheit zu neuer Aufklärungsarbeit über ein Thema, dessen sich die Sozialdemokratie seit Jahrzehnten angenommen hatte.
Die Soldatenschindereien waren Teil des militärischen Drills und damit eines der wichtigsten Mittel, um das Eindringen sozialdemokratischen Gedankenguts in die Armee zu unterbinden und sozialdemokratische Soldaten, die dort ihren Dienst ableisteten, zu disziplinieren. Anders konnte der Prätorianercharakter der preußischen Armee gegenüber der durch die allgemeine Wehrpflicht vordringenden Tendenz zur Demokratisierung des Heeres nicht gewahrt werden.[101] In Reichstagsdebatten und auf praktisch allen sozialdemokratischen Parteitagen seit dem Ende des 19. Jahrhunderts hatte dieses Thema ein Hauptbetätigungsfeld der sozialdemokratischen antimilitaristischen Agitation gebildet.[102] Karl Liebknechts berühmt gewordene Schrift »Militarismus und Antimilitarismus unter besonderer Berücksichtigung der internationalen Jugendbewegung«, die er 1908 veröffentlichte, behandelte ebenfalls die Militärmißhandlungen, die er als eine dem preußischen Militarismus immanente Wesenserscheinung analysierte.[103] An dieser Front sollte die Sozialdemokratie ihren antimilitaristischen Kampf führen:

»Uns aber bietet gerade diese Form der disziplinaren Gewaltausübung, gerade wegen ihrer im System gegründeten Notwendigkeit, ein ausgezeichnetes Mittel, den Militarismus grundsätzlich und höchst erfolgreich zu bekämpfen, immer breitere Massen gegen ihn aufzupeitschen [. . .]. Die Militärmißhandlungen, in Verbindung mit der militaristischen Klassenjustiz eine der aufreizendsten Erscheinungen der kapitalistischen Unkultur, sind neben ihrer Maulwurfsgefährlichkeit für die militärische Disziplin wirksamste Waffe im Befreiungskampf des Proletariats.«[104]

Rosa Luxemburg und ihr Verteidiger widmeten sich dieser »aufreizenden Erscheinung« mit Energie und großer Sorgfalt. Literatur über Soldatenmißhandlungen war, auch von bürgerlichen Autoren, in großem Maße vorhanden; mit Hilfe von Sanitätsberichten des preußischen, bayerischen, sächsischen und württembergischen Heeres ließen sich Zahlen über die Häufigkeit von Soldaten-Selbstmorden und -Selbstmordversuchen herausarbeiten.[105] Reichstagsprotokolle, die sich mit Soldatenmißhandlungen beschäftigt hatten, wurden herangezogen; der »Vorwärts« berichtete seit 1907 fast täglich über Militärmißhandlungen und über die sich damit befassende Militärjustiz. Aber das gedruckte Material allein reichte nicht aus: es mußten Zeugen gefunden werden, die Mißhandlungen an sich selbst erlebt oder an anderen mitangesehen hatten.

Rosa Luxemburg schrieb Ende Mai an Paul Levi:

> »Hast Du gelesen von der Anregung der Chemnitzer Volksst.? Dass sich alle Genossen, die gedient haben u. Misshandlungen erlitten haben, mir als Zeugen zur Verfügung stellen, es würden dabei [. . .] Zehntausende aufmarschieren. Eine hübsche Idee!«[106]

Die »hübsche Idee« wurde aufgegriffen. Am 26. und 28. Mai korrespondierte Levi mit Rosenfeld und regte einen Aufruf im »Vorwärts« an. Außerdem riet er ihm, sich mit dem Parteivorstand wegen eines Zirkulars an die Kreisvorsitzenden in dieser Angelegenheit in Verbindung zu setzen.[107] Anfang Juni äußerte sich Rosa Luxemburg noch einmal in einem Brief an Levi darüber:

> »Ich habe heute endlich eine Sitzung des Parteivorstandes veranlasst, in der ich die Frage des Aufrufs stellte. Erst waren alle entschieden dagegen, dann waren alle entschieden dafür, und zwar in der Form eines Artikels gegen den Militarismus agitatorischen Charakters, an den die Aufforderung, sich zu melden, angeschlossen wird. Heute schreibe ich den Artikel, morgen soll ihn der PV versenden. Außerdem soll er ein Zirkular an die Presse und Organisationen versenden.«[108]

Am 7. Juni, nachdem der Aufruf im »Vorwärts« gestanden hatte, war sie enttäuscht: »Der ›Aufruf‹ ist durch den Pv. tüchtig ›redigiert‹ worden, vor allem um meinen Namen möglichst zu tilgen. Wird er wirken?«[109]
Aber auf das Zirkular, den »Geheimerlaß«, wie sie es nannte, setzte sie etwas mehr Hoffnung:

> »Der Aufruf ist freilich durch die hohe Obrigkeit so matt gestaltet worden, dass ich mir nicht viel verspreche. An die Organisationen aber sollen sie einen ganz energischen ›Geheimerlaß‹ gerichtet haben.«[110]

Auch Levi war offensichtlich mit dem Aufruf, der im »Vorwärts« am Ende eines schlecht plazierten Artikels über die neue Anklage gegen Rosa Luxemburg erschien, sehr unzufrieden. Im letzten Absatz dieses Artikels hieß es:

> »*An alle ehemaligen Soldaten, deren Mißhandlungen Gegenstand einer militärgerichtlichen Verhandlung gewesen*, ergeht deshalb die Aufforderung, unverzüglich *ihre jetzigen Adressen* der Redaktion des Blattes mitzuteilen. *Ebenso müssen die Opfer und Zeugen von Mißhandlungen, die nicht* zur militärischen Aburteilung gekommen sind, sich bei unserer Redaktion *melden.*«[111]

Rosa Luxemburg schrieb Levi auf seine Anregung, der Parteivorstand solle doch noch einen zweiten Aufruf erlassen, schließlich folgendes:

> »[...] ich finde auch den Aufruf miserabel, aber der Pv. *wollte* keinen anderen u. ich zweifle, ob er sich zu einem zweiten herbeiläßt. Ich will heute nachm. mit Ros.[enfeld] reden u. ihn dorthin delegieren auf Grund Deines Telegramms. Übrigens hat auch das Solinger Blatt über dem Artikel noch einen großen Aufdruck gedruckt: ›Zeugen vor!‹ Ob sich schon irgendjemand meldet, weiß ich noch nicht.«[112]

Mitte Juni berichtete sie Levi von einem Gespräch mit dem PV wegen eines zweiten Aufrufs. Allerdings habe man dort »große Bedenken«, und sie wolle »in dieser Sache auf ihn keinen Druck ausüben«.[113] Das ist verständlich, wenn man bedenkt, daß Rosa Luxemburg in diesen Tagen und Wochen innerhalb der Berliner Arbeiterbewegung an Einfluß gewann und am 14. Juni eine Generalversammlung des Verbandes der acht sozialdemokratischen Wahlvereine Groß-Berlins eine Resolution zum Massenstreik, die sie vorgelegt hatte, annahm.[114] Es waren in diesem Moment andere Fragen für sie wichtiger.

Dennoch war der Aufruf »Gegen die Militärmißhandlungen. Zeugen heraus!«, der dann schließlich am 25. Juni 1914 im »Vorwärts« erschien, kürzer, prägnanter und deutlich sichtbar auf Seite 1 des Blattes plaziert.[115] So hatten Rosa Luxemburgs Einwände also doch noch etwas bewirkt.

Die Resonanz auf die im »Vorwärts« und in anderen sozialdemokratischen Blättern erschienenen Aufrufe war derart, daß die Verteidiger bereits am ersten Prozeßtag am 29. Juni 1914 über hundert Zeugen aufbieten konnten, die den Wahrheitsbeweis für Rosa Luxemburgs Äußerung über die täglichen Mißhandlungen im Heer untermauern sollten. Diese Zahl und die Presseunterlagen führten dazu, daß Levi in der Verhandlung sagen konnte, die Verteidigung besitze Material über 30 000 Fälle.[116]

Die Aussichten, daß jetzt tage-, wochen- oder gar monatelang vor aller Öffentlichkeit eine derartige Fülle von Soldatenmißhandlungen und die Zustände einer Armee, die dieses zuließen, erörtert werden sollten, schreckten nicht nur Staatsanwaltschaft und Gericht, sondern auch die bürgerlichen Zeitungen, die den Prozeß und die Anklage des Kriegsministers als Ungeschicklichkeit und Niederlage von Falkenhayns geißelten.[117]

Einen solchen Erfolg für die sozialdemokratische Agitation wollte und konnte man nicht zulassen, und so vertagte das Gericht den Prozeß bereits am dritten Verhandlungstag auf unbestimmte Zeit.[118]

Die sozialdemokratische Presse feierte die Vertagung als ihren Sieg. Levi und Rosa Luxemburg stürzten sich erneut in Volksversammlungen und nutzten die propagandistische Wirkung des Prozesses.

Interessanterweise wurde trotz der breiten Zustimmung in der

gesamten Partei der Versuch unternommen, mehrere Protestveranstaltungen in Berlin zu verhindern. Der sozialdemokratische Rechtsexperte Hugo Heinemann, vom Aktionsausschuß
des Berliner Sozialdemokratischen Vereins um ein Gutachten
zur Frage der Einschätzung der Vertagung und zur Einberufung von Versammlungen gebeten, lehnte diese ab mit der Begründung, man dürfe nicht in ein »schwebendes Verfahren«
eingreifen; im übrigen handele es sich um derart diffizile
Rechtsprobleme, daß sie vor einer Volksversammlung unmöglich erörtert werden könnten.[119]

Wie Wilhelm Pieck Levi schriftlich mitteilte, lehnte der Aktionsausschuß daraufhin die Versammlung ab. Aber der Wahl-
verein Steglitz beugte sich dieser Entscheidung nicht und veranstaltete dennoch eine Versammlung, in der Levi als Redner auftrat.[120]

Anfang Juli 1914 war er außerdem in Stuttgart, Hanau, Höchst,
Kiel, Chemnitz und Frankfurt mit Vorträgen über den Prozeß
unterwegs.[121] Eine seiner Reden, die er am 13. Juli in Frankfurt
am Main hielt, wurde gedruckt[122], sonst erschienen ausführliche Zeitungsberichte.[123]

Jetzt hatte er Gelegenheit, die ihm bekanntgewordenen Beispiele von Soldatenmißhandlungen öffentlich darzulegen; und
er versäumte nicht, auf den politischen Zusammenhang hinzu-
weisen, in dem der Kampf gegen die Mißhandlungen stehe:

»Und so zeigt es sich, daß der Kampf gegen die Soldatenmißhandlungen nicht ein Kampf ist gegen eine einzelne Erscheinung. Wenn wir die Soldatenmißhandlungen bekämpfen,
wenn wir sie beseitigen könnten, dann beseitigen wir zugleich
die Möglichkeit, deutsche Soldaten dazu zu erziehen, auf
deutsche Bürger zu schießen. Wenn wir die Soldatenmißhandlungen beseitigen, dann rühren wir wirklich an dem ›Lebensnerv‹ des Staates. Dann fällt mit dem Kadavergehorsam
der Militarismus und mit ihm der ganze Staat wie ein Karten-
haus. (Zustimmung). Der Kampf gegen die Soldatenmißhandlungen ist also nur ein Teil unseres Befreiungskampfes
überhaupt.«[124]

So befand sich Levi und mit ihm Rosa Luxemburg und der Teil der Linken, der sie unterstützte, kurz vor dem Ersten Weltkrieg in einer Art Hochstimmung. Die beklagte Lethargie der Partei schien überwunden, man hatte auf weite Parteikreise Einfluß nehmen können und vor Tausenden von begeisterten Zuhörern antimilitaristische Aufklärungsarbeit betrieben.[125] Aber das war nicht die einzige Ursache für Levis Hochstimmung. Der »private Hintergrund« der Zusammenarbeit mit Rosa Luxemburg bedeutete für ihn eine entscheidende Etappe seines Lebens.

# 5. Politische Freundschaft und Liebe

Er hat sie wahrscheinlich im Laufe des Jahres 1913 kennengelernt. Auf dem Jenaer Parteitag im September 1913 war sie Delegierte für Hanau-Bockenheim-Gelnhausen-Orb, einen Kreis,
der als Hochburg des äußersten linken Flügels innerhalb der
Sozialdemokratie bekannt war. Zwischen dem Hanauer Kreis
und den Frankfurter Linken bestanden mannigfache Verbindungen, zum Beispiel war Robert Dißmann, der bis 1912 in Hanau Parteisekretär des Kreises gewesen war, jetzt Frankfurter
Parteisekretär. Rosa Luxemburg hatte 1913 Schwierigkeiten,
ein Mandat für den Parteitag zu bekommen. Schon 1912 war es
ihr nicht gelungen, für den Chemnitzer Parteitag delegiert zu
werden.[1] Der Hanauer Kreis wählte sie deshalb neben seinem
Reichstagsabgeordneten Gustav Hoch und drei weiteren Hanauern zur Delegierten für den Jenaer Parteitag.[2] Der Parteitag
endete am 20. September 1913; anschließend fuhr Rosa Luxemburg nach Hanau und Frankfurt und sprach dort vor Massenversammlungen. Hier hielt sie die Rede, die dann zu dem
Frankfurter Prozeß führte. Sie nahm sich, neben Rosenfeld,
den Frankfurter Paul Levi zum Anwalt.
Zurück vom Jenaer Parteitag, konnte man bei Levi eine Verän-
derung in seiner Sprache feststellen. Er hatte sich vorher scharf,
analytisch, ab und zu mit beißendem Humor ausgedrückt. Jetzt
spürte man eine gewisse Emotionalität in seinen Worten, wenn
er vom »Sehnen und Hoffen« der Massen sprach, von »Leben
und Wärme«, die der Bewegung durch den Massenstreik zuströmen würden. Aber nicht nur wie, auch was er sprach, ließ
auf jener Sitzung, auf der er vom Jenaer Parteitag berichtete, die
Anwesenden, und besonders die Gewerkschaftsführer, aufhor-
chen:

»Das Eigenleben, die Selbständigkeit der Massen, die Aktionssteigerung ist das Moment, das in dieser großen Sache vorwärtsdringen muß.« Und: »Kann man nicht auch sagen: vom Streik zur Organisation, anstatt umgekehrt?«[3]

Besonders das letzte drückte ein Verhältnis von Massenaktion und Organisation aus, das so manchem Partei- und Gewerkschaftsführer einen Schauer über den Rücken jagte, denn es bedeutete ein In-Frage-Stellen der gewohnten, von oben nach unten gerichteten Denkweise. Bisher hatte Levi seine Kritik an den Parteiinstanzen mehr als taktische Kritik geäußert. Der Mangel an Aktionen zur Abwehr der Heeresvorlage, den er für die Lethargie der Parteimitglieder verantwortlich gemacht hatte, war von ihm anfangs mehr als taktisches Versagen, als Unvermögen des Vorstandes interpretiert worden, Aktionen zu organisieren und die Massen mitzureißen. Jetzt schien es, als solle diese Kritik ihren Platz in einer grundsätzlicheren Auffassung von der Dialektik von Massenaktionen und Organisation bekommen. Was er später über das Verhältnis von Partei und Masse, Aktion und Organisation gesagt hat, hat seine Wurzeln hier, in dieser Zeit vor dem Ersten Weltkrieg.

Levi war kein Theoretiker. Er hat die Stationen seines Denkprozesses nirgendwo in einer Abhandlung dargelegt. Es gibt praktisch keine rein »theoretische« Schrift von ihm. Will man über die Herausbildung seiner Positionen etwas erfahren, so kann man das nur, indem man alle Nuancen seiner Artikel und seiner Redebeiträge auf Parteiveranstaltungen, mit denen er auf anstehende politische Fragen reagierte, untersucht und ihre innere Entwicklung herausarbeitet. Der Prozeß der Entwicklung seiner Positionen führte von der Kritik an einzelnen Phänomenen der Vorkriegs-Sozialdemokratie zu einer prinzipiellen Auffassung der Struktur und Aufgabe von Massenparteien, jener

»nicht geschlossenen Massenparteien, die [. . .] niemals bewegt werden können auf Befehl eines Zentralkomitees, auf Befehl einer Zentrale, die bewegt werden können einzig und allein in dem unsichtbaren Fluidum, in dem sie stehen, in der psychologischen Wechselwirkung mit der gesamten übrigen proletarischen Masse. Sie bewegen sich nicht auf ein Kommandowort: sie bewegen sich in der Bewegung derselben proletarischen Klasse, deren Führer und Leiter sie dann in der Bewegung sein müssen. Sie sind von ihnen abhängig wie jene von ihnen [. . .]«.[4]

Er sagte dies im Jahre 1921, auf dem Höhepunkt seiner Auseinandersetzungen mit der KPD. Jahre der politischen Arbeit in dieser Partei lagen hinter ihm, Jahre des Streits um die politische Organisation des Proletariats, den er mit den Bolschewiki und deren Anhängern in Deutschland geführt hatte. Und er verwies in diesem Streit auf Rosa Luxemburgs Organisationsvorstellungen, wie sie sie im Jahre 1904 gegen Lenin formuliert hatte:

»Grundverschieden sind die Bedingungen der sozialdemokratischen Aktion. Diese wächst historisch aus dem elementaren Klassenkampf heraus. Sie bewegt sich dabei in dem dialektischen Widerspruch, daß hier die proletarische Armee sich erst im Kampfe selbst rekrutiert und erst im Kampfe auch über die Aufgaben des Kampfes klar wird. Organisation, Aufklärung und Kampf sind hier nicht getrennte, mechanisch und zeitlich gesonderte Momente, wie bei einer blanquistischen Bewegung, sondern sie sind nur verschiedene Seiten desselben Prozesses.«[5]

Der Prozeß der Entwicklung seiner Positionen wurde selbstverständlich nicht nur durch das Zusammentreffen mit Rosa Luxemburg entschieden. Es waren auch in ganz großem Maße die politische Arbeit und die Erfahrungen in der Frankfurter Organisation, wie später in Spartakusbund und KPD, die ihm bei der Herausbildung seines prinzipiellen Standpunktes zu Hilfe kamen.
Aber in dem Moment seiner Annäherung an die Positionen der radikalen Linken lernte er Rosa Luxemburg persönlich kennen und lieben.
Das beflügelte ihn, wie es ihn beeinflußte.

*Rosa Luxemburg*

ROSA LUXEMBURG
Führerin des Spartakusbundes
in Berlin

*Rosa Luxemburg in einer zeitgenössischen Karikatur.*

Nach dem ersten Prozeß in Frankfurt haben sie sich näher kennengelernt und sind ungefähr ein halbes Jahr sehr eng befreun-
det gewesen. Sie besuchten sich so oft wie möglich und schrieben sich manchmal täglich. Niemand in der Partei wußte davon;
beide scheinen es bewußt verschwiegen zu haben. Ihre Briefe an
ihn waren ohne namentliche Anrede und meist ohne Unterschrift. Ob das wegen der »Konspiration« oder aus anderen
Gründen geschah – darüber könnte man nur spekulieren. Sicher
ist, daß Rosa Luxemburg es vermied, von ihrer engen Beziehung zu ihm zu sprechen. Im März 1914 schrieb sie ihm:

»Allerdings war gerade der Mann mit dem großen Schnurrbart da, als Dein Telegramm ankam. Ich hütete mich aber instinktiv, von Dir zu sprechen, und als er mich nachher frug, ob mir mein Rechtsanwalt gefalle, gab ich eine gemessene Antwort.«[6]

Rosa Luxemburg hütete sich »instinktiv«, von Levi zu sprechen, d. h. von ihrer Liebe zu ihm. Die Beziehung zu ihrem Anwalt und Parteigenossen hatte rein sachlich zu sein. Alles andere ging niemanden etwas an.

Bis heute haben nur sehr wenige Menschen von der engen Liebesbeziehung zwischen den beiden erfahren. Die, die es wußten, schwiegen. Die Zusammenarbeit in der Partei war eine Sache, war Politik; das andere, die Liebesbeziehung, war privat und sollte, da die Akteure selber darüber nicht geredet hatten, am besten vergessen werden. Das Festhalten an der Trennung von »privat« und »politisch« funktionierte auch hier perfekt. Zumindest in den Köpfen. Denn eigentlich wurde gerade an diesem Beispiel deutlich, wie entscheidend die Begegnung mit bestimmten Menschen und die Beziehung zu ihnen das Lebensschicksal des einzelnen bestimmen kann. Welch ausschlaggebende Bedeutung hat diese »private« Seite der Beziehung zu Rosa Luxemburg für Paul Levis Leben bekommen! Wie stark sind seine politischen Handlungsweisen vom Zeitpunkt seiner Beziehung zu ihr von Rosa Luxemburg geprägt worden. Wer wollte leugnen, daß die Vehemenz der Beziehung, die Kraft und Tiefe der Liebe zwischen beiden dabei eine Rolle gespielt haben. Die strikte Trennung von »privater« und »politischer« Ebene ist künstlich. Es ist indes in der politischen Wissenschaft weitgehend verpönt, den privaten Hintergrund der Akteure zu beleuchten. Nur in einigen wenigen Fällen darf darüber gesprochen werden. Sind die Hauptpersonen erst berühmt genug, so werden schließlich alle ihre Lebensäußerungen und Beziehungen zu anderen Menschen für die Nachwelt interessant. So ist es z. B. bei der Freundschaft zwischen Marx und Engels. Hier sind alle privaten Handlungen zwischen den beiden längst mit dem Verdikt »politisch« belegt und dürfen ausführlich betrachtet werden. Im übrigen scheint mir die Rolle von Freundschaften aber, bekommen sie eine derartige Bedeutung für den einzelnen wie für die Geschichte, noch ganz ungenügend von der politischen Wissenschaft und der Geschichtswissenschaft beachtet.

Levis Antriebsfeder, die Quelle seiner politischen Handlungen der nächsten Jahre, vielleicht sogar bis zu seinem Tod, ist diese Beziehung zu Rosa Luxemburg gewesen. War er bis zur Begegnung mit ihr ein begabter Anwalt und ein engagierter, differenziert denkender Politiker gewesen, so entwickelte er sich unter dem Einfluß dieser Beziehung zu einem radikalen Kämpfer, der vorübergehend die Kraft für eine Führerrolle hatte und sie – immer im Namen Rosa Luxemburgs – auch wahrnahm. Es ist unwahrscheinlich, daß Levi ohne seine Freundschaft zu Rosa Luxemburg nach dem Tod von Liebknecht, Luxemburg und Jogiches KPD-Vorsitzender geworden wäre.

In den Briefen, die sie ihm in diesen Monaten vor Ausbruch des Ersten Weltkrieges schrieb, ist von einer Trennung zwischen privaten und politischen Dingen nichts zu spüren. Sie nahm intensiv Anteil an seinem Leben, kommentierte die Frankfurter Angelegenheiten, verfolgte in der Presse seine Prozesse, ermahnte ihn in gesundheitlichen Dingen und sorgte sich um seine Eßgewohnheiten. Ebenso berichtete sie von ihren Stimmungen, von ihren politischen Aktivitäten und von der Situation in Berlin. Als Beispiel für die Verwobenheit beider Ebenen, der »privaten« und der »politischen«, sei einer ihrer Briefe hier wiedergegeben:

ohne Datum
[um den 20./21. 4. 1914][1]

»Nach einer schauderhaften Parteiarbeit für Polen (in Radek-Sachen! . . .)[2] muss ich Dir einige Worte schreiben, um wieder Sonne und Lebenslust zu fühlen. Liebling, wärst Du für einen Moment bei mir!

Gestern abend hat mir ›Kurtchen‹[3] drei Stunden über die Partei vorgejammert – Stadtverordnetenjammer, Berliner Jammer etc. etc. Heute früh hat Klara[4] einen ihrer Wutausbrüche gehabt und wieder einmal gedroht, aus der Partei auszutreten. Daraufhin nahm ich eine herrliche Dusche, zog mich an und ging ins Feld. Südende badet in Grün, Weiß und

Rosa. Die Sonne strahlte und im Vorgarten schlug (um 10 Uhr früh!) die erste Nachtigall. Übrigens habe ich für die Nachtigall gar nichts übrig, wie für die meisten weltbekannten Schönheiten. Gerade ihre vielen Register u. der stete Wechsel ihres Gesanges machen auf mich den Eindruck eines künstlichen Spielzeugs. Viel inniger wirkt auf mich das eintönige Quirlen der Lerche (auch sie hörte ich schon im Feld heute). Und erst wenn mein lieber Pirol kommt und in weichen feuchten Tagen seinen kurzen aufleuchtenden Ruf schmettert! Dann geht mir im Herzen das helle Licht u. Wonne auf – wie wenn wir mein Liebling tief in die Augen blickt . . . Süsser!.«

In den letzten Tagen vor Ausbruch des Krieges und im Krieg selbst wurden ihre Briefe dann im Ton geschäftsmäßiger und distanzierter. Das Ende der Liebesbeziehung? Wir kennen ihre Briefe aus dem Gefängnis, die sie an Hans Diefenbach schrieb. Möglicherweise nahm er dann die emotionale Stelle in ihrem Herzen ein, die Levi bis dahin besetzt hatte.[7] Die politische Zusammenarbeit ging weiter. Wir wissen nichts über die Beziehung zwischen Levi und Luxemburg in den letzten Monaten ihres Lebens, als sie sich, aus dem Gefängnis entlassen, im November 1918 noch bis zu ihrem Tode in die Revolution stürzte. Aber Levi war in dieser Zeit in Berlin und, nach dem Bericht von Mathilde Jacob, auch immer mit Rosa Luxemburg zusammen.[8] Auch er selber berichtet in einem Nebensatz, daß sie Weihnachten 1918 zusammen verbracht haben.[9] So scheint es möglich, daß sich beide wieder fanden und die Liebesbeziehung wieder auflebte. Vielleicht war es auch nicht so, und die Beziehung war inzwischen »nur noch« freundschaftlich und vertrauensvoll. Wie auch immer – das Gewesene verband beide, und Levi hat später bei nahen Mitarbeitern und Freunden den Eindruck hinterlassen, daß seine Beziehung zu Rosa Luxemburg von entscheidender Bedeutung in seinem Leben gewesen ist.[10] Will man über Levi schreiben, so muß man auch über seine Beziehung zu Rosa Luxemburg schreiben.
Im Ersten Weltkrieg, der für die Entwicklung Deutschlands eine neue, entscheidende Etappe bedeutete und zum Zusam-

menbruch des Kaiserreichs und der Revolution von 1918/19 führte, kämpfte er gemeinsam mit dem Kreis um Rosa Luxemburg und Karl Liebknecht im Spartakusbund. Die Impulse, Erwartungen und Hoffnungen, die Levi in dieser Zeit bewegten, wurden gespeist aus der Quelle seines Zusammentreffens mit Rosa Luxemburg: als Geliebter, als Anwalt, als Schüler und als Freund.

# 6. Der Krieg

## 1. Kriegsgegner von Anfang an

Levi wurde mitten in der Agitation gegen den Militarismus vom Ausbruch des Ersten Weltkriegs überrascht. Noch am Tage des Attentats von Sarajewo, am 28. Juni 1914, war er ganz mit der Vorbereitung des zweiten Luxemburg-Prozesses beschäftigt gewesen; und in den Tagen und Wochen danach hatte er seine Reisen gemacht und Vorträge über den Prozeß gehalten.

Natürlich sprach er in seinen Reden die Kriegsgefahr an; trotzdem wissen wir nicht, wie konkret sie sich wirklich für ihn darstellte. Rosa Luxemburg, die sich am 29. Juli 1914 in Brüssel aufhielt und an einer Sitzung des Internationalen Sozialistischen Büros [ISB] teilnahm, stand eher auf der Seite derjenigen, die nicht glaubten, daß die deutsche Regierung tatsächlich in diesem Moment den Krieg wolle.[1] Trotzdem aber rechnete sie, zurück von Brüssel, mit dem Krieg. Leider fehlen uns für Levis Position in diesen letzten Tagen vor Kriegsbeginn eindeutige Aussagen.

Wir wissen nur aus zwei Briefen, die Rosa Luxemburg an ihn schrieb, daß seine Stimmung verzweifelt und deprimiert gewesen sein muß. Das mag allerdings nicht nur an den Ereignissen gelegen haben – in diesen Tagen schien auch die Liebesbeziehung zwischen ihm und Rosa Luxemburg zu Ende. Am 31. Juli schrieb sie ihm, gerade zurück von der Sitzung des ISB in Brüssel:

»[...] sei doch nicht so verzweifelt, wir brauchen jetzt frischen Mut und kühlen Kopf, um zu *handeln*. Ich schrieb Dir nicht, weil ich seit zwei Wochen wie in einer Mühle bin.

Kaum aus Brüssel von der Russenkonferenz[2] zurück, war ich belagert von Russen und Polen, dann kam ein Telegramm, daß Mittwoch früh wieder in Brüssel Sitzung ist. Dienstag früh mußte ich also losziehen. Dort in Brüssel kam ich natürlich nicht zum Atmen und heute bin ich erst hier. *Aus dem Kongreß wird wohl nichts, da der Krieg vor der Tür steht [. . .].«*[3]

Und einige Tage später, nachdem der Krieg schon begonnen hatte:

»Deine tiefpessimistische Stimmung thut mir sehr weh. So und von diesen Standpunkten darf man eine weltgeschichtliche Wendung nicht betrachten. Wir erleben so Grosses und Neues, daß man alle früheren alltäglichen Maßstäbe zum alten Eisen werfen muß. Was und wie zu tun wäre, kann man nur reden [. . .] Kurtchen hat schon Abschied genommen, mein armer Diefenbach auch. Trotz allem muss man frisch u. munter bleiben, sonst kann man nichts ausrichten. Also Kopf hoch [. . .].«[4]

Auch in Frankfurt warfen die kommenden Ereignisse bereits ihre Schatten voraus, als nach zwei großen Massenversammlungen gegen den Krieg[5] plötzlich, am 30. Juli, eine Mitgliederversammlung zusammentrat, die über den nächsten Parteitag verhandeln sollte. Die Stimmung in dieser Versammlung war aggressiv. Levi warf den Gewerkschaften und besonders der sozialdemokratischen Reichstagsfraktion vor, nicht offensiv genug gegen den Militarismus zu kämpfen. Die Fraktion habe viel zuviel zu einem Zusammengehen mit bürgerlichen Parteien geneigt und sei so Schritt für Schritt zurückgewichen.[6]
Auch zwei andere Vertreter des linken Flügels, Robert Dißmann und Gustav Hammer, polemisierten heftig gegen die Untätigkeit der Fraktion in der Frage der Abwehrmaßnahmen gegen den Krieg. Genauso gereizt antworteten die Anhänger der Parteirechten auf diese Angriffe. Die Schärfe in den Auseinandersetzungen und die Flügelbildung, die sich auf dieser Sitzung andeutete, sollte sich in den nächsten Wochen und Monaten verstärken.

Auch wenn Levi durch die Ereignisse tief deprimiert war, so
lähmte ihn das nicht lange: gleich nachdem die gesamte sozialdemokratische Reichstagsfraktion am 4. August 1914 die
Kriegskredite mitbewilligt hatte[7], begann er, in Frankfurt das
Terrain für eine Opposition gegen die Kriegskreditbewilligung
in der Partei zu sondieren. Levi schwankte keinen Moment in
seiner Gegnerschaft zum Krieg; weder ließ er sich von der
Kriegsbegeisterung hinreißen, noch glaubte er an die Notwendigkeit eines »Verteidigungskrieges gegen den Zarismus«. Es
gab nur wenige Menschen in diesen Wochen, die derart klar gegen den Krieg Stellung bezogen. Interessant ist, daß diese Haltung auch von Levis Vater berichtet wird. Zeigte sich hier wieder die Fähigkeit und Bereitschaft, für die Überzeugung, und
sei sie noch so unbequem, auch die völlige Außenseiterrolle in
Kauf zu nehmen? Beide scheuten diese Rolle nicht. Der Vater
hielt an der ehemals kritischen Haltung des Freisinns gegenüber
dem Militarismus fest, der Sohn weigerte sich, unter dem Druck
der Verhältnisse mit der Antikriegs-Haltung der Vorkriegszeit
zu brechen. Diese Gemeinsamkeit verband Vater und Sohn und
ließ sie während des Krieges einen Briefwechsel führen, in dem
sie ihre Gedanken über die Möglichkeiten der weiteren Entwicklung austauschten.[8]

Nach dem Kriege wurde in Hanauer und Frankfurter Zeitungen in Leserbriefen eine Diskussion über die Haltung einiger
Frankfurter Sozialdemokraten bei Kriegsausbruch geführt. In
den Tagen nach dem 4. August hatten demnach mehrere Besprechungen stattgefunden, an denen jeweils Paul Levi und Robert Dißmann teilnahmen. Der Schreiber einer Zuschrift erin-
nerte sich besonders an eine Sitzung kurz nach Kriegsausbruch
im Gewerkschaftshaus in den Räumen des »Jugendheims«. Hier
soll Levi tatsächlich der einzige gewesen sein, der gegen die
Kriegskredite Einspruch erhob; er habe seine Einstellung damit
begründet, nur eine Niederlage Deutschlands ermögliche die
Demokratisierung des Landes. Die Sozialdemokratie dürfe daher nichts tun, was diese Niederlage aufhalte.[9] Solche ketzeri-
schen Gedanken in einem Moment, da fast die gesamte Partei
der festen Überzeugung war, Deutschland müsse vor dem
Überfall des Zarismus gerettet werden! Und es war sicher ein

Unterschied, ob man diese Position im Schweizer Exil vertrat, wie Lenin, oder ob man sie in einer Frankfurter Parteiversammlung aussprechen mußte. Auch Robert Dißmann, der als Frankfurter Parteisekretär in den Sitzungen des Parteiausschusses die Haltung der Parteilinken vertrat und sich gegen den immer stärker werdenden Druck des Parteivorstandes zur Wehr setzte[10], hat in diesen ersten Tagen nach Kriegsausbruch nicht derart klar Position beziehen können; als im September 1914 eine Besprechung in Frankfurt stattfand, an der auch Rosa Luxemburg und Karl Liebknecht teilnahmen, versuchte er noch, Verständnis für die Haltung der Reichstagsfraktion am 4. August zu finden. Rosa Luxemburg soll über seine Haltung empört gewesen sein.[11]

Ende August schrieb sie über Dißmanns Haltung einen Brief an Paul Levi, der wegen der in ihm enthaltenen interessanten allgemeinen Erörterungen über die Situation hier ganz wiedergegeben wird:

»Als der Brief kam, wollte ich gerade telegraphieren um zu fragen, warum ich solange ohne Nachricht bin. Der Bericht über D's[1] Auffassung hat mir die betrübende Gewissheit gegeben, dass die Klärung der Ansichten doch viel schwieriger ist, als ich schon ohnehin annahm. Die Unterscheidung der Kriegsbewilliger aus gutem Herzen und solcher aus bösem Herzen, der Kriegspatrioten ohne Chauvinismus und mit Chauvinismus ist gut zur persönlichen Einschätzung der Leute, leider aber untauglich als politische Orientierungslinie. Übrigens ist das bei B.[2] u. den Hanauern einfach Reflex der Stellung Hochs[3], der in der Fraktion dieselbe Ansicht vertrat. Ich denke, ihre Auffassung wäre anders u. wird anders sein, wenn sie die Sachlage innerhalb der Fraktion aus anderm Munde erfahren. Hier, wo es sich um den Lebensnerv, um das Sein oder Nichtsein des int. Sozialismus handelt, können *Nüancen* in der Bewilligung nicht massgebend sein. Dass übrigens die Scheidung in Bewilliger aus Muss und Bewilliger aus freudigem Herzen keinen Schuss Pulver wert ist, beweist die Tatsache, daß *kein einziger* zugeben wird, er habe anders, als aus eherner Zwangslage, vor vollendete Tatsachen gestellt, zugestimmt. Was dann übrigbliebe, ist das Lesen in den Herzen und Nieren der Menschen, *entgegen* ihren eigenen Erklärungen. Über *Motive* kann in solchen Fällen von welthistorischer Bedeutung nicht geurteilt werden, sondern über Handlungen. Ausserdem hat fast *jeder* von den Bewilligern etwas andere Motive vorgeführt, es liessen sich da nicht zwei, sondern sechs, acht Gruppen unterscheiden, und die angebliche Demarkationslinie verwischt sich im Sande. Das, was man jetzt der ›Rechten‹ vorwerfen will, sind nur die Consequenzen der Bewilligung, und die von D. empfohlene Unterscheidung läuft dann in letzter Linie auf Kriegspolitik mit Consequenz und ohne Consequenz hinaus. Ich bin unter allen Umständen für Consequenz und verspreche mir nichts als Jammer von dem Vorhaben, die Kriegsbewilligung zu schlucken und die Consequenzen zu verdammen. Übrigens hoffe ich baldigst, über das Alles mit Dir u. D. sprechen zu können. Am liebsten möchte ich, dass du Dr. Obuch[4] nach Frankfurt zitierst. Versuche das jetzt gleich zu bewerkstelligen, dann telegraphiere ich, wann ich komme und Du benachrichtigst rechtzeitig O. und D. – Vielleicht kommt Karl Liebkn. mit mir, er hat Lust. Also auf Wiedersehen bald!«[12]

Dißmanns unsichere Haltung zeigt, wie groß die Verwirrung unter den Linken war. Es handelte sich bei den Parteigenossen, die in diesen Monaten eine klare Haltung gegen die Kriegskreditbewilligung und gegen die Vaterlandsverteidigung einnahmen, um eine kleines, versprengtes Häuflein. Zunächst galt es, in Frankfurt klare Fronten zu schaffen und die Oppositionellen zu sammeln. Das gelang hier außerordentlich früh; in der allgemeinen Parteientwicklung begann die Frage der Kriegskreditbewilligung erst seit Ende 1915/Anfang 1916 über die kleinen Gruppen der Funktionäre und Vertrauensmänner hinaus größere Massen der Mitglieder zu bewegen. In Frankfurt, das von linken Kreisen wie Hanau, dessen Parteisekretär Schnellbacher zur radikalen Opposition um Rosa Luxemburg gehörte[13], und Höchst und Friedberg, zwei späteren USPD-Kreisen, umgeben war, stand diese Frage schon früher auf der Tagesordnung. Gleich nach Kriegsbeginn kündigte sich ein Streit um das

Frankfurter Parteiorgan, die »Volksstimme«, an, der schließlich mit Hilfe des Parteivorstandes im Jahre 1917 zugunsten der »Vaterlandsverteidiger« entschieden wurde.[14]

Den Grundstein für diesen Streit hatte ein Bezirksparteitag im Jahre 1908 mit einem neuen Statut für die »Volksstimme« gelegt; demnach sollte sich die Preßkommission, die die Geschäftsführung und die redaktionelle Leitung der Zeitung zu überwachen hatte, proportional zur Mitgliederstärke aller Kreise zusammensetzen. Damit waren aber die Frankfurter Vertreter gegenüber den anderen Kreisen in der Minderheit; und das, obwohl der Frankfurter Verein die überwiegenden Kosten der Zeitung trug. So protestierten die Frankfurter Delegierten auf jenem Bezirksparteitag heftig gegen die neue Regelung und behielten sich für die Zukunft das Recht vor, »über geschäftliche Angelegenheiten zu bestimmen«.

Kurz nach Kriegsausbruch kam es dann auch zum offenen Konflikt zwischen der Frankfurter Redaktion mit den rechtsstehenden politischen Redakteuren Max Quarck und Richard Wittrisch und der mehrheitlich von linken Delegierten der umliegenden Kreise besetzten Preßkommission. Max Quarck, seit 1912 Reichstagsabgeordneter für Frankfurt, hatte gleich zu Beginn des Krieges seine Auffassung über den Krieg und die Haltung der Sozialdemokratie dargelegt. Am 28. Oktober 1914 war ein Artikel von ihm erschienen, den er zuerst in »Het Volk«, dem holländischen Parteiblatt, veröffentlicht hatte. Darin hatte er die Meinung vertreten, Deutschland sei unschuldig vom Feinde überfallen worden und nun als wirtschaftlich und technisch fortschrittlichstes Land verpflichtet, für seine weitere »freie Entfaltung« zu kämpfen. Die Interessen der sozialistischen Bewegung seien »auf Gedeih und Verderb« mit dem Schicksal des deutschen Volkes verbunden.[15] Quarck ging also noch über die »Pflicht zur Vaterlandsverteidigung« hinaus und verlangte von der Sozialdemokratie den Glauben an Deutschlands Kulturmission. Auch Richard Wittrisch vertrat den Standpunkt der Mehrheit der Reichstagsfraktion, die aus »Vaterlandspflicht« am 4. August für die Kriegskredite gestimmt hatte. Um gegen den »vaterlandstreuen« Kurs der »Volksstimme« vorzugehen, versuchten die linken Mitglieder der

Preßkommission eine Umbesetzung der Redaktion: Richard Wittrisch sollte das Feuilleton übernehmen (dessen Redakteur, Oscar Quint, eingezogen war) und an seine Stelle der radikale Carl Minster von der »Niederrheinischen Arbeiterzeitung« in Duisburg treten. Diese Aktion, die anscheinend bei einem Treffen in Levis Büro am 18. September 1914 unter Teilnahme von Minster, Rosa Luxemburg, Karl Liebknecht und einigen Frankfurter und Hanauer Genossen beschlossen worden war[16], gelang nicht, obwohl die Gegner der Umbesetzung zunächst in der Preßkommission niedergestimmt wurden. Denn der Frankfurter Vorstand und die Frankfurter Vertrauensleute konnten durchsetzen, daß die Frage der Umbesetzung der Redaktion erst nach Kriegsende behandelt werde.[17] Am 17. 11. schrieb Rosa Luxemburg enttäuscht zu den Frankfurter Angelegenheiten an Paul Levi:

»Von Dism.[1] habe ich heute den Brief. Auch jetzt noch keine Kurage gegen den kleinen Lumpazi Wittr.[2] vorzugehen, auch jetzt noch Umstände, Vorsicht, Diplomatie, wo es sich darum handelt, ein kleines Lümplein am Ohr zu fassen [. . .]. Und mit solchen Leuten soll man die Welt aus den Angeln heben. Ich habe bald keine Geduld u. keine Hoffnung, mit *der* Armee mal Siege zu erringen. Auch ich weiß keinen ›festen und unerschrockenen‹ Mann, der unter den zehn von D.[3] in blaue Möglichkeiten eingewickelten Bedingungen den Posten ›vielleicht‹ übernimmt [. . .]«[18]

Die Frage um die Umbesetzung der »Volksstimme« bildete den Beginn nicht nur der Auseinandersetzung um die politische Linie des Parteiorgans, sondern auch der künftigen Spaltung der Sozialdemokratie in Frankfurt und den umliegenden Kreisen. Das Statut der »Volksstimme« wurde schließlich unter Einschaltung des Berliner Parteivorstandes wieder so umgeändert, daß der Frankfurter Verein die Majorität hatte. Damit war der Kampf um die politische Linie des Organs im Sinne der Mehrheitssozialdemokraten entschieden.[19]

In Frankfurt war es, trotz dessen anfänglicher Schwankungen, vor allem der rührigen Arbeit Robert Dißmanns zu verdanken, daß sich die Oppositionellen bereits wenige Monate nach Kriegsbeginn selbständig organisierten, wesentlich früher als in vielen anderen Großstädten. Dißmann gelang es, mit Hilfe von Tony Sender[20], einen in Frankfurt noch nicht bestehenden Ortsverein des Freidenker-Verbandes zu gründen und unter diesem Schutzschild die Oppositionellen zu sammeln.[21] Die erste Versammlung des Freidenker-Verbandes – Ortsgruppe Frankfurt – wurde bereits am 26. Oktober 1914 einberufen.[22] Die Versammlungen fanden meist zu unverfänglich klingenden Themen statt, um nicht die Aufmerksamkeit der Polizei zu erregen; als dies aber doch passierte, griff man zu einem alten bewährten Mittel aus der Zeit des Sozialistengesetzes: man organisierte Wanderungen, auf denen man wichtige Besprechungen abhielt.[23] Levi machte persönlich aus seiner Gegnerschaft zum Krieg keinen Hehl. Als er Ende Oktober 1914 vom »Ausschuß für Volksvorlesungen« einen Brief erhielt, in dem die Mitarbeiter angehalten wurden, die »Zurückbleibenden über die weltgeschichtliche Bedeutung der kriegerischen Ereignisse aufzuklären« und »ihre Begeisterung und ihren Mut wachzuhalten«[24], antwortete er mit großem Zorn:

»Ich kann es als die Aufgabe wirklicher Volksbildung nicht ansehen, die Begeisterung wachzuhalten für den furchtbarsten Menschenmord, den die Weltgeschichte je gesehen hat.«[25]

Er wurde daraufhin aus der Liste der Mitarbeiter dieser, der Sozialdemokratie nahestehenden Bildungseinrichtung gestrichen.[26]

In dieser Zeit wurde Levi Stadtverordneter in Frankfurt. Bei der Ergänzungswahl für den Bezirk Rödelheim am 28. November bekam er alle gültigen Stimmen. Es war eine »Burgfriedenswahl«, das heißt, ohne Wahlkampf und ohne Gegenkandidaten. Seine Amtszeit begann am 1. Januar 1915 und dauerte bis zum Mai 1919; aber er war in dieser Zeit nur insgesamt zwölfmal bei den Stadtverordneten-Versammlungen anwesend.[27] Seine Mitarbeit beschränkte sich im wesentlichen auf den Rechtsausschuß in den Jahren 1915–1917, soweit er in diesem Zeitraum in

Frankfurt war.[28] Im Jahre 1915 meldete er sich in der Stadtverordneten-Versammlung zweimal zu Wort, einmal, als es um die
Einrichtung eines Einigungsamtes zwischen Mietern und Ver-
mietern ging, und ein anderes Mal, als die Gewährung einer
Teuerungszulage an städtische Arbeiter auf der Tagesordnung
stand.[29] Insgesamt war diese Tätigkeit für sein politisches Engagement nicht bedeutend. Ich will deshalb hier auch nicht näher
darauf eingehen. Es ist verschiedentlich behauptet worden, Levi
habe schon vor dem Kriege für den Reichstag kandidiert[30], das
entspricht nicht den Tatsachen. Lediglich bei den Wahlen zur
Stadtverordneten-Versammlung in Frankfurt für den III. Bezirk im November und Dezember 1912 hatte er schon einmal
kandidiert, aber gegen den bürgerlichen Kandidaten verloren.[31]
Wichtiger als die Stadtverordnetentätigkeit war für ihn die Opposition gegen die Kriegspolitik der Partei. Bis in den April
1915 hinein hielt er verschiedene Vorträge gegen den Krieg[32];
das konnte nicht lange gutgehen: am 24. April wurde er als
Landsturmknecht zu einem Bataillon in Bestwig, Kreis Me-
schede, eingezogen. Von dort aus kam er zum Landwehr- und
Infanterieregiment Nr. 80 nach Markirch im Elsaß, das dort bis
1918 lag, ohne einen einzigen Schuß abzugeben. Levi blieb
nicht so lange dort. Er erreichte durch einen langsamen Hun-
gerstreik, daß er immer wieder in Lazarette eingeliefert werden
mußte und schließlich, am 6. Mai 1916, als »dienstunbrauchbar« entlassen wurde.[33] Trotz dieser Entlassung ließ ihn aber
das Militär nicht aus den Augen: im Mai 1917 mußte er erneut
zur Musterung und wurde für den Rest des Krieges als »dau-
ernd verwendungsfähig Heimatbehörde« zum Landsturmba-
taillon Nr. 18/27 nach Limburg an der Lahn einberufen. Nach
dem Krieg führte er deshalb einen Schadenersatzprozeß gegen
den preußischen Militärfiskus; sein Gesundheitszustand sei
zum Zeitpunkt seiner erneuten Einberufung derart schlecht gewesen, daß man ihn offenkundig nur als politischen Gegner
habe treffen wollen.[34]

## 2. »Der Krieg ist ein bloße Fortsetzung der Politik mit anderen Mitteln«[35]

Dieser Satz von Clausewitz, der von den Kriegsgegnern gerne gegenüber der Haltung der Parteiführung ins Spiel gebracht wurde[36], entsprach ganz Levis Auffassung. Es mußte in der allgemeinen Verwirrung der Begriffe und Vorstellungen über den Ausbruch des Weltkrieges Klarheit darüber geschaffen werden, daß es sich um ein von der Internationalen Sozialdemokratie lange vorausgesagtes Resultat der kapitalistischen Wirtschaftsordnung handelte, und nicht etwa um einen plötzlichen »Überfall des Zarismus« oder gar um einen »Rassenkrieg«.[37]

»Es ist ein beliebte Methode, den Krieg, um ihn populär zu machen, als Verteidigungskrieg zu bezeichnen«, hieß es in einem im Jahre 1915 verbreiteten Flugblatt der Gruppe um Rosa Luxemburg.[38] Gerne verwiesen die Gegner der Kriegskreditbewilligung auf Kautskys auf dem Essener Parteitag im Jahre 1907 geäußerten Zweifel, ob man wirklich in jedem Falle unterscheiden könne, wann ein Verteidigungs- und wann ein Angriffskrieg vorliege: »Wir haben uns nicht von dem Gesichtspunkt leiten zu lassen, ob Angriffs- oder Verteidigungskrieg, sondern davon, ob ein proletarisches oder demokratisches Interesse in Gefahr ist.«[39]

Wie Karl Kautsky im Jahre 1907, so war Levi im Jahre 1915 der Meinung, daß diese Begriffe »Angriff« und »Verteidigung« im Grund nichts taugten, um die Lage richtig einzuschätzen. Denn, so referierte er in einem seiner Frankfurter Vorträge im April 1915, sie seien »an sich der Politik fremd« und stammten aus der Kriegswissenschaft.[40] Aber selbst dort sei es schwierig, eindeutige Unterscheidungen zu treffen: ein Verteidiger könne in bestimmten Situationen des Gefechtes zum Angreifer, ein Angreifer aber zum Verteidiger werden. Vor allem müsse man den Unterschied zwischen der Strategie und den taktischen Mitteln Angriff und Verteidigung kennen. Die Strategie bediene sich jeweils dieser taktischen Mittel. Levi hat später, im Jahre 1920, rückschauend diese Auffassung in bezug auf den Verlauf des Weltkrieges konkretisiert: er wies darauf hin, daß der französische Kriegsplan eigentlich schon lange vor dem deutschen, nämlich 1873, entwickelt worden sei. Damals habe Major Ferron in seinem Buch »Considérations sur le systéme défensif de la France« gefordert, die gesamte Ostgrenze Frankreichs so zu befestigen, daß ein Durchbruch nicht möglich sei. Der deutsche Gegner müsse dann diese Festungslinie umgehen; ihm bleibe, da auch der Weg durch die Schweiz aus geographischen und militärischen Gründen schwierig sei, nur der Weg durch Belgien. Und dieser Weg müsse ihm durch die völlige Entfestigung der französischen Nordgrenze geradezu schmackhaft gemacht werden.

> »Sind nun die Deutschen auf diese Weise jenseits des französischen Festungsgürtels an der Ostgrenze angelangt und vermögen die Franzosen die Deutschen nicht zu schlagen, so ziehen sie sich nicht auf Paris zurück, sondern dem östlichen Festungsgürtel entlang nach Süden–Südwesten. Sie würden damit entweder die Hauptstadt entsetzen, indem sie den Feind zwängen zu folgen, oder sie würden ihn, wenn er trotzdem nach Paris maschierte, in der Flanke und in der Rückzugslinie bzw. Verbindungslinie bedrohen. Dieser exzentrische Plan gab dann weiter die Möglichkeit zu einem überraschenden Angriff, sobald die Deutschen in der Linie Verdun–Paris eindringen, bzw. wenn sie diese Linie überschritten hatten.«[41]

Der wirkliche Verlauf des Krieges bestätigte dann die Richtigkeit der französischen Strategie. Deutlich wurde: die Franzosen »diktierten den Deutschen, obgleich selbst in der Defensive, das Handeln«.[42] Die Taktik, der Rückzug der Franzosen, war nur ein Mittel ihrer Strategie. Durch den »Siegesrausch« angesichts des »flüchtenden« Franzosen handelte der deutsche Generalstab im großen und ganzen so, wie es der französische Kriegsplan vorausgesehen hatte. Aber der Unterschied zwischen Strategie und Taktik gelte auch auf politischem Gebiet, betonte Levi in seinem Frankfurter Vortrag im April 1915. Die politische Strategie der herrschenden Klassen in den europäischen Ländern sei der Krieg zum Zwecke der Erweiterung ihrer Kapitalmärkte. Man müsse die Geschehnisse in ihrer historischen Dimension betrachten, anstatt auf die gegenseitigen, ständig wechselnden Beschimpfungen der kriegführenden Länder hereinzufallen. Levi polemisierte stark gegen diese »kleinliche und lächerliche Betrachtungsweise«, die man Ereignissen von so ungeheurer Tragweite angedeihen lasse. Nur weg von

> »jener lächerlichen Art von Betrachtung [. . .], die in unseren Zeitungen [. . .] die übliche ist: mit herrschenden Schlagworten hin und her zu werfen, heute gegen den russischen Tatarenstaat, morgen gegen die Zarismusverbündeten Franzosen, gestern, heute und morgen gegen den englischen Krämergeist!«[43]

Als besonderes Beispiel für eine solche Argumentation führte er die Äußerungen über Japan an:

> »Als kurz nach Kriegsausbruch durch die Zeitungen die Nachricht ging, Japan würde sich Österreich und Deutschland anschließen und also in Ostasien Rußland überfallen, da sprachen unsere Zeitungsschreiber in wohlgefälligem Bariton von dem ritterlichen Volk der Japaner, dem Wachsen europäischer Zivilisation im fernen Osten, dem ›Preußen des Ostens‹. Und in Berlin nahm man ein paar von ihnen auf die Schulter, trug sie über die Linden, zog vor die japanische Botschaft und jubelte, wie man sonst nur angestammten Herrscherhäusern zuzujubeln pflegte, bis sich aber acht Tage später herausstellte, daß die Japaner zwar einen Überfall machten, nur nicht auf Rußland, sondern auf Deutschland, da war aus jenen Rittern über Nacht geworden: die gelben Affen, die Schakale, die Diebe, Räuber und was alles. Die ›Preußen des Ostens‹ wurden feierlich degradiert in die ›Engländer des Ostens‹ [. . .]«[44]

Angesichts solcher Äußerungen war es nötig, wieder auf die Betrachtungsweise zurückzukommen, die die Sozialdemokratie »in Jahrzehnten politischer Arbeit«[45] angewandt hatte. Hatte man denn die Kenntnisse über die inneren Strukturen des kapitalistischen Systems so vollständig vergessen, daß man nicht mehr in der Lage war, die richtige Erklärung für den Ausbruch des Weltkrieges zu finden? Levi wollte wieder an die Hintergründe erinnern und hielt Vorträge über die historische Entwicklung des Kapitalismus in Deutschland.[46] Er schilderte seinen Zuhörern, wie sich die Schutzzölle, die nach der liberalen Theorie der 30/40er Jahre des 19. Jahrhunderts zunächst nur zum Schutz der inländischen Industrie vor der ausländischen Konkurrenz gedacht waren, im Laufe des Jahrhunderts zu »Trutzzöllen« entwickelten. Mit ihrer Hilfe wurden die deutschen Unternehmer in die Lage gesetzt, ihre Waren auf dem Weltmarkt zu ungeheuer niedrigen Preisen anzubieten; im Inland hielten sie die Preise einheitlich hoch. Je mehr Ware im Ausland verkauft wurde zu einem Preis, der gerade nur die Produktionskosten deckte, desto höher wurde der Profit im Inland. Kapitalbildung vollzog sich, so erklärte Levi, durch die Einrichtung der Aktienbanken sehr viel schneller als vorher, und aus dem Zollgebiet wuchs ein einheitliches organisches Gebilde hervor. Durch die Ansammlung von Kapital durch die Banken war es bald deutschen und ausländischen Unternehmern nicht mehr möglich, im eigenen Land allen Mehrwert zu Profit zu machen: der Kapitalexport entstand. »Der Kapitalist muß aber versuchen, die Orte, an denen er sein Kapital hat, dem eigenen Zollgebiet – nationalem Staat – anzugliedern. So erleben wir das Schauspiel, daß die national organisierten Kapitalistengruppen in der Welt sich gegenüberstehen. Bei diesen Kämpfen rufen sie den Staat [. . .]«[47]

Dieser Krieg war kein Verteidigungskrieg. Alle kapitalistischen Mächte waren an seinem Ausbruch schuld. Er entsprang den tiefen imperialistischen Gegensätzen, dem Versuch der einzelnen nationalen Kapitalistengruppen, ihre »nationalen Ziele höher zu stecken«, wie es einer der bekanntesten Wortführer des deutschen Imperialismus, Paul Rohrbach, ganz offen ausgedrückt habe.[48]

Der Weltkrieg war oft genug von der deutschen und internationalen Sozialdemokratie prophezeit und die Verantwortung dafür den imperialistischen Kräften zugewiesen worden. Auch in der von Hugo Haase verlesenen Reichstagserklärung der sozialdemokratischen Fraktion am 4. August 1914 hieß es:

»Wir stehen vor einer Schicksalsstunde. Die Folgen der imperialistischen Politik, durch die eine Ära des Wettrüstens herbeigeführt wurde und die Gegensätze unter den Völkern sich
verschärften, sind wie eine Sturmflut über Europa hereinge-
brochen. Die Verantwortung hierfür fällt den Trägern dieser
Politik zu; [. . .] wir lehnen sie ab. Die Sozialdemokratie hat
diese verhängnisvolle Entwicklung mit allen Kräften be-
kämpft [. . .]«[49]

Was nützt aber diese verbale Erklärung, so fragte Levi seine Zuhörer, wenn sie durch die Bewilligung der Kriegskredite und die
Politik des Burgfriedens verdrängt wurde? »Und so hat derselben Fraktion *Tat*: die Bewilligung von fünf, dann noch einmal
fünf, dann zehn Milliarden Kriegskrediten in ›Gemeinschaft
mit dem gesamten Volke‹, der Burgfrieden mit allen seinen
Konsequenzen, jenes Wort längst verschüttet mit vielem Anderen, was ehedem sozialdemokratisch war, und wir müssen versuchen, aus den Trümmern wieder alles das herauszusuchen
[. . .]«.[50]
Zu den verschütteten Traditionen der Sozialdemokratie zählte
Levi auch ihren Internationalismus. »Ein internationaler Sozialdemokrat wartet nicht, bis die Regierung Friedensaktionen will.
Im Augenblick des Krieges ist schon der Zeitpunkt der Frie-
densaktion gegeben«[51], notierte er sich zu Kautskys Aufsatz
»Die Internationalität und der Krieg«, in dem der Verfasser behauptet hatte, die Internationale sei nur ein »Friedensinstru-
ment« und »kein Werkzeug im Krieg«.[52] Wenn man der Auffassung war, daß der Krieg nur eine Fortsetzung der Politik mit
anderen Mitteln darstellte, so war nicht einzusehen, warum
man plötzlich auf das ganze Waffenarsenal der Sozialdemokratie gegen diese Politik verzichten sollte.[53] Eine dieser Waffen
war vor dem Krieg die Internationale gewesen. Jetzt galt es, sie
aus dem Trümmerhaufen hervorzugraben und zu neuem Leben
zu erwecken.

## 3. In der Schweiz

Die erste internationale Konferenz der oppositionellen Sozialdemokraten fand vom 5. bis 8. September 1915 in dem Schweizer Ort Zimmerwald statt. Zehn Delegierte aus Deutschland nahmen daran teil, darunter Ernst Meyer und Bertha Thalheimer, die zur Gruppe »Internationale« gehörten, Julian Borchardt, der Vertreter der kleinen Gruppe »Internationale Sozialisten Deutschland« um das Organ »Lichtstrahlen«, die Reichstagsabgeordneten Ledebour, Herzfeld, Vogtherr und der preußische Landtagsabgeordnete Adolph Hoffmann.[54] Auch Karl Liebknecht war eingeladen worden, konnte aber nicht kommen, da er als Armierungssoldat eingezogen worden war.[55] Die Konferenz verabschiedete nach langen Verhandlungen einstimmig ein Manifest, in dem das Ziel ausgedrückt wurde, »die zerrissenen Fäden der internationalen Beziehungen neu zu knüpfen und die Arbeiterklasse zur Selbstbestimmung und zum Kampfe für den Frieden aufzurufen«.[56] Die »Zimmerwalder Linke«, die von Lenin, Sinowjew und Radek angeführt wurde, war mit ihren Versuchen, die Pflicht zur Verweigerung der Kriegskredite in das Manifest aufzunehmen und die Gründung einer neuen Internationale anzugehen, gescheitert. Innerhalb der deutschen Delegation bejahte nur Julian Borchardt ihre Resolutionsvorschläge.[57]

Die »Zimmerwalder Linke« stimmte dann zwar für das Manifest der Mehrheit, gab aber ihre Bedenken dagegen zu Protokoll: es fehle eine »klare Charakteristik der Hauptkampfesmittel gegen den Krieg«.[58]

Als die zweite Zimmerwalder Konferenz am 24. April 1916 in Kienthal zusammentrat, waren einige entscheidende Veränderungen in der Entwicklung der deutschen Sozialdemokratie eingetreten. Die 18 sozialdemokratischen Reichstagsabgeordneten, die am 21. Dezember 1915 zum ersten Mal die Kriegskredite verweigert hatten[59], hatten eine Erklärung zu ihrem Stimmverhalten abgegeben, in der sie ihren Friedenswillen und ihre Gegnerschaft gegen Eroberungspläne erklärten. Karl Liebknecht nannte zwar die öffentliche Abstimmung gegen die Kredite einen »Schritt voran«; aber er geißelte die Halbheiten der

117

abgegebenen Erklärung: es fehlten die klare Ablehnung des »Burgfriedens« und die Anerkennung des internationalen Klassenkampfes; die Erklärung grenze an eine Anerkennung der Politik des 4. August 1914, unterlasse jede geschichtliche Charakterisierung des Krieges und sei nur schwer mit Zimmerwald in Einklang zu bringen.[60] Die Gruppe »Internationale« hatte, enttäuscht von der vorsichtigen Haltung des gemäßigten Flügels der Opposition, ein eigenes Programm aufgestellt, in dem es unter anderem hieß, es müsse eine neue Arbeiter-Internationale geschaffen werden, die an die Stelle der durch den Krieg zertrümmerten Zweiten Internationale treten solle.[61] Diese Auffassung wurde zu einem besonderen Konflikt innerhalb der deutschen Opposition, denn es gab unterschiedliche Vorstellungen über die Rolle der Internationale und den Charakter des Krieges. Während die radikale Minderheit in der Opposition glaubte, daß die Internationale durch den Krieg unbrauchbar geworden sei und sich die Nutzlosigkeit ihrer Konzeption erwiesen habe, sah die gemäßigtere Mehrheit der Opposition lediglich Verstöße einzelner Mitgliedsparteien gegen die Beschlüsse der Internationale, die, ohne sich wirklich im »Verteidigungskrieg« befunden zu haben, die Kriegskredite bewilligt hatten. In den Augen der Mehrheit war also keine neue Internationale nötig, und sie wehrten sich gegen die Schaffung einer neuen, zentralisierten Internationale, wie sie in den »Leitsätzen über die Aufgaben der internationalen Sozialdemokratie« der Gruppe »Internationale« gefordert wurde.[62]

Von der deutschen Opposition kamen nach Kienthal insgesamt sieben Delegierte. Drei davon vertraten die radikale Opposition, davon einer, Paul Frölich, die »Bremer Linksradikalen«, und zwei, August Thalheimer und Ernst Meyer, die Gruppe »Internationale«. Die anderen vier standen für die gemäßigte Opposition.[63]

Auf der Konferenz zeigte sich bei den wichtigsten Verhandlungspunkten, der Erörterung der Friedensfrage und der Einberufung des Internationalen Sozialistischen Büros (ISB), daß es Uneinigkeiten wie innerhalb der deutschen Opposition auch in anderen Ländern gab.[64]

Interessant war die Haltung der Gruppe »Internationale« zum

ISB. Sie lehnte zwar die Einberufung des ISB ab, forderte jedoch nicht die sofortige organisatorische Neugründung einer dritten Internationale, wie die »Zimmerwalder Linke«. Die Resolution der Gruppe besagte, daß eine neue Internationale nicht künstlich ins Leben gerufen werden könne, sondern »nur aus dem revolutionären Klassenkampf der proletarischen Massen in den wichtigsten kapitalistischen Ländern geboren werden« könne.[65]

Die Mehrheit der Opposition, die Anhänger der Gruppe Ledebour-Hoffmann, traten für eine Versammlung des ISB ein. Schließlich wurde ein Kompromiß verabschiedet, der die Exekutive des ISB verurteilte, aber das Recht der Parteien anerkannte, von sich aus die Einberufung des ISB zu verlangen und an den Sitzungen teilzunehmen oder nicht teilzunehmen.[66]

Levi kam, nachdem er im Mai 1916 als »dienstunbrauchbar« aus dem Heeresdienst entlassen worden war, im Sommer desselben Jahres[67] zu einem längeren Erholungsaufenthalt in die Schweiz. Seine Schwester lebte dort in dem Kanton Graubünden, in der Nähe von Davos. Man kann annehmen, daß er nicht zu reinen »Erholungszwecken« dorthin fuhr, wenngleich er gesundheitlich nach den Strapazen seines Hungerstreiks sehr mitgenommen war; sicher spielte auch die Überlegung eine Rolle, mit den in der Schweiz lebenden internationalen Sozialisten Kontakt aufzunehmen und eine Verbindung zu den Kriegsgegnern des Kreises um Rosa Luxemburg herzustellen.

Obwohl Levi nur in wenigen offiziellen oder inoffiziellen Dokumenten, die die Zimmerwalder Bewegung betreffen, namentlich auftaucht, gibt es mancherlei Hinweis darauf, daß er in Verbindung mit Radek, Lenin und anderen Mitgliedern der »Zimmerwalder Linken« stand und besonders im Jahre 1917 auch an den Zusammenkünften dieser Gruppierung teilnahm.

Im Dezember 1916 scheint er sich mit Ines Armand, der Freundin und Mitarbeiterin Lenins, getroffen zu haben. Lenin schreibt darüber in einem Brief an Ines Armand: »Wie dumm, daß Levi den Parlamentarismus angreift! Dumm!! Und das will ein ›Linker‹ sein!! Mein Gott, wieviel Wirrwarr ist in den Köpfen.«[68]

Was immer Ines Armand Lenin über diese Zusammenkunft berichtet haben mag – diese Äußerung erstaunt angesichts der Positionen, die Levi gegenüber parlamentarischen Formen in der Vorkriegszeit eingenommen hat. Hauptziel der sozialdemokratischen Tätigkeit war für ihn damals die Massenaktion gewesen; aber auf parlamentarische Mittel wollte er dennoch nicht verzichten. War hier ein Bruch in seinem Denken eingetreten? Hatte ihn die Erfahrung mit der Kriegskreditbewilligung durch die sozialdemokratische Reichstagsfraktion zum radikalen »Anti-Parlamentarier« gemacht? Wir haben erst im Dezember 1918 wieder eine dezidierte Äußerung zu diesem Thema[69] und müßten uns für die Zwischenzeit auf Spekulationen einlassen. Wichtig scheint indes, den Faktor der Radikalisierung seiner Gedanken durch das Kriegserlebnis, durch Kriegskreditbewilligung und Burgfriedenspolitik für seine weitere Entwicklung im Auge zu behalten.

Bei seinem Aufenthalt in der Schweiz lernte er Lenin, Radek, Sinowjew und andere der »Zimmerwalder Linken« kennen. Er nahm an zwei Zusammenkünften teil, die sich mit der Trennung von Robert Grimm, dem Sekretär der Zimmerwalder Konferenz, beschäftigten, und stand in dieser Frage ganz auf der Seite von Lenin und Radek.[70] Lenin hat sich später, nach dem Bruch Levis mit der KPD, an diese Schweizer Zeit erinnert und ihn längere Zeit noch in Schutz genommen.[71]

Lassen wir Levi selbst beschreiben, wie er den Ausbruch der russischen Revolution im Februar 1917 erlebte[72]:

» Es war an einem Februartag des Jahres 1917. Ich wohnte in einem kleinen Häuschen außerhalb von Davos-Dorf, in einem Häuschen daneben Karl Radek [. . .] Wir pflegten, wenn ich in Davos war, morgens nach Davos-Platz durch den Schnee zu stapfen und die Depeschen zu lesen, die die Schweizer Telegraphenagentur dort anschlagen ließ; das war da oben die unmittelbarste Verbindung mit der sogenannten Welt. An jenem besagten Morgen also gingen Radek und ich wieder nach Davos-Platz [. . .] und fanden dort zwei Telegramme. Das erste Telegramm aus Deutschland: der deutsche Sprachverein hatte an den Reichskanzler die Aufforderung erlassen, daß der künftige Frieden nur in deutscher

Wichtigkeit parlamentarische
Mittel für linke Oppos

Sprache abgefaßt werden dürfe. Das waren ihre Sorgen. Das zweite Telegramm: in Petersburg sind Bewegungen entstanden; es heißt, der Zar sei abgedankt.

Wir wußten genug.«

Radek und Levi beschlossen, am nächsten Tag nach Zürich zu reisen, wo Lenin wohnte. Levi schrieb weiter:

»Die Nachricht von der Revolution hatte nicht nur uns in die Spiegelgasse getrieben: ich glaube, es war Sinowjew aus Bern herübergekommen, ich glaube es war auch Bronski da, der gerade an diesem Tage den dümmsten Artikel seines Lebens geschrieben hatte – im Züricher ›Volksrecht‹, daß diese ganze russische Revolution nur eine bürgerliche Komödie sei – jedenfalls es saßen auf Betten, Koffern, Stühlen und standen in den Ecken Menschen über Menschen.

Auf dem Tisch lag – ich erinnere mich noch genau – ein Buch, das mit geheimer Schrift aus Schweden gekommen war, und vor dem Buch saß Lenin und entwickelte die seltsamsten Ideen. Fest stand für ihn *nur eines*: er mußte nach Rußland um jeden Preis. Aber wie? [...] Ein paar Wochen später [...] tauchte der Plan auf, sich offiziell an die deutsche Regierung zu wenden und Durchlaß zu begehren.«

Der Plan ging auf. Lenin konnte schließlich in einem plombierten Wagen, ausgestattet mit einem Visum der deutschen Militärbehörde, die Reise durch Deutschland antreten.[73] Vorher hatte er sich von internationalen Sozialisten bestätigen lassen, daß es seine Aufgabe sei, diese Möglichkeit der Rückreise nach Rußland wahrzunehmen, um dort gegen den russischen und deutschen Imperialismus zu kämpfen. Für die Deutschen hatte Levi unterschrieben.[74] Die Abreise beschrieb Levi folgendermaßen:

»Als alles geregelt und der Fahrplan festgelegt war, saßen wir die letzte Nacht in einem Fremdenzimmer des Volkshauses, um die letzten Dinge zu besprechen. Lenin hinterließ seine Instruktionen für seine zurückbleibenden engeren Parteigenossen und schrieb wer weiß noch was. Ich erinnere mich, in jener Nacht noch irgendeinen Aufruf entworfen zu haben [...]. So gegen sieben gingen wir an die Bahn [...] fast als letzter stieg Lenin ein. Ich sehe ihn noch, wie er auf der Plattform des Wagens stand und sich mit den zwei oder drei Zurückbleibenden unterhielt. Ich weiß noch, wie ich ihm, als der Zug schon anfuhr, zurief: Na, also, feste druff! und er fast wehmütig lächelnd antwortete: ja, ja, feste druff ... Das nächste Mal habe ich Lenin erst wieder im Sommer 1920 in Petrograd gesehen, als zweihunderttausend Menschen vor ihm vorbeizogen.«[75]

Bald nach der Abreise Lenins verließ auch Levi die Schweiz. Er ging zurück nach Deutschland, wo er ab Mai 1917 bei einer Militärbehörde in Limburg/Lahn den Dienst aufnehmen mußte. So oft wie möglich fuhr er im folgenden Jahr nach Berlin, um mit den Führern der Spartakusgruppe Kontakt zu halten.

### 4. Spartakus und die Frage einer neuen Partei

Levi konnte durch seine Einberufung zum Militär und seinen Schweizer Aufenthalt nicht kontinuierlich und unmittelbar an der Entwicklung und Herausbildung der Positionen der Oppositionellen um Rosa Luxemburg mitwirken. Aber bis zu seiner Einberufung stand er in engem Kontakt mit Berlin, und während der Militärzeit hatte er die Möglichkeit, zu den Stadtverordnetenversammlungen in Frankfurt am Main zu fahren und dabei Informationen über den Stand der Opposition zu erhalten.[76]

Im September 1914 hatte Rosa Luxemburg ihn gefragt, ob er einige notwendige Reisen machen könne, »um mit den Leuten Fühlung zu nehmen u. mit uns Verbindungen herzustellen? München, Karlsruhe, Hof, vor allem?«[77] Der kleine Kreis der Oppositionellen begann sich zusammenzuschließen und »Fühlung« mit Gleichgesinnten aufzunehmen. Das war schwer unter den Bedingungen des Krieges und des Burgfriedens; man hatte mit dem erbitterten Widerstand des Parteivorstandes und auch der Militärbehörden zu rechnen. Karl Liebknecht, der als einziger bei der zweiten Abstimmung über die Kriegskredite am 2. Dezember 1914 im Reichstag öffentlich mit »Nein« stimmte, stieß jetzt zu dem Kreis um Rosa Luxemburg[78], außer ihm gehörten Franz Mehring, Julian Marchlewski, Leo Jogiches, Clara Zetkin, August Thalheimer, das Ehepaar Käte und Hermann Duncker, Ernst Meyer, Wilhelm Pieck dazu. Alle versuchten, ebenso wie Levi in Frankfurt, durch Vorträge und Veranstaltungen die Parteigenossen über die Ursache des Krieges aufzuklären und auf den Standpunkt der Opposition zu ziehen.

Am 18. Februar 1915 mußte Rosa Luxemburg ihre Gefängnisstrafe antreten, zu der sie in dem Frankfurter Prozeß verurteilt worden war. Levi konnte noch am 5. März an einer Sitzung teilnehmen, die in Wilhelm Piecks Wohnung in Berlin stattfand und auf der die Herausgabe der ersten Nummer der Zeitschrift »Die Internationale« endgültig beschlossen wurde.[79] Am 12. März sah er in Berlin Rosa Luxemburg, die für zwei Tage aus dem Gefängnis beurlaubt worden war, um »häusliche Angelegenheiten« in Ordnung bringen zu können. Leo Jogiches, Karl Liebknecht, Franz Mehring und andere politische Freunde nutzten diese Gelegenheit, um sich mit ihr zu besprechen.[80] Zehn Tage nachdem die »Internationale« erschienen war, mußte er in den Krieg. Die Herausgabe der ersten Nummer der Zeitschrift war ein wichtiger Schritt auf dem Wege eines engeren organisatorischen Zusammenschlusses der radikalen Oppositionellen um Rosa Luxemburg innerhalb der Sozialdemokratie. Das Hauptziel war die Klärung der Ansichten, die Darstellung der eigenen Position in Abgrenzung von der als zu schwach und unvollständig empfundenen Haltung der gemäßigten Oppositionellen wie Kautsky, Haase und Ledebour. Es sollte gezeigt werden, daß die sozialistische Internationale zusammengebrochen war und welchen Anteil die deutsche Sozialdemokratie daran hatte. Nur aus der »Selbstkritik des Proletariats« würden, wie Rosa Luxemburg schrieb, die Internationale und ein Friede, der den Interessen der Proletarier entspreche, geboren werden können.[81]

Fühlungsnahme, Aufklärungsarbeit, Schulung – das war die Aufgabenstellung der Gruppe »Internationale«. Dazu war es zweckmäßig, daß sich die Gesinnungsgenossen fester zusammenschlossen, aber das Zusammenschließen war nicht Selbstzweck; man wollte keine neue Organisation gründen. Und obwohl die Gruppe und besonders Rosa Luxemburg betonten, daß eine neue Internationale mit ganz anderem Charakter, anderem Organisationsaufbau und viel weitergehenden Funktionen entstehen müsse[82], dachte man nicht daran, jetzt, sofort den Bruch mit den alten Kräften anzugehen und organisatorische Vorbereitungen für den Neuaufbau zu treffen. Die Gruppe konnte den Massen die Orientierungslinien geben; Voraussetzung für eine neue revolutionäre Organisation war aber ein Lernprozeß der Massen, ein Begreifen und Eingestehen der fehlerhaften Haltung zum Krieg und zu den Führern der Sozialdemokratie, und es war die revolutionäre Aktion des Proletariats selber, die sich schließlich zur Organisation entwickeln würde.

In dieser Haltung lag viel mehr Kompromißbereitschaft gegenüber dem Anhang und den Führern der gemäßigten Opposition, als sich aus den scharfen Angriffen der Gruppe »Internationale« ahnen läßt. So viel Potential wie möglich sollte von den schwankenden, unentschlossenen, aber gefühlsmäßig auf der »richtigen« Seite stehenden Massen herübergezogen, überzeugt werden.

Hier war ein wesentlicher Unterschied der Gruppe »Internationale« zu Lenin.

Lenin – im Schweizer Exil – war ungeduldig. Die Klärung und Abgrenzung der Standpunkte gegen die »Zentristen«, die schwankenden und gemäßigten Kräfte der Opposition, sollte schneller vorangehen; prinzipielle Erklärungen waren nach seiner Meinung wichtiger als der Versuch gemeinsamer »Aktionsresolutionen«.[83] Zur Klärung der Ansichten trug aber in Deutschland ein Protestschreiben vom 9. Juni 1915 bei, das von Karl Liebknecht, Ernst Meyer, Heinrich Ströbel, Julian Marchlewski und Hermann Duncker initiiert worden war. Ein erster Entwurf zu diesem Protestschreiben gegen die Kriegspolitik des Parteivorstandes, den Liebknecht verfaßt hatte, wurde zunächst von Ströbel, der auch Kautsky und Bernstein für die Aktion gewinnen wollte, abgelehnt, da er zu scharf sei. Die zweite, endgültige Fassung verfaßten Karl Liebknecht, Ernst Meyer, Franz Mehring, Marchlewski, Ströbel, Georg Ledebour, Gustav Laukant, Hermann Duncker und der Hamburger Linksradikale Heinrich Laufenberg.[84] Das Protestschreiben, das also von einem breiten Spektrum der Opposition – von dem gemäßigten Georg Ledebour bis zum Linksradikalen Heinrich Laufenberg – getragen wurde, ging mit der Bitte um Unterschrift an fast alle Partei- und Gewerkschaftsführer im Land. Es erhob Anklage gegen die Politik des 4. August und verlangte die Rückkehr zu den bisherigen Grundsätzen der Partei: Parteivorstand und Fraktion sollten endlich »ohne Zaudern dem Parteiverderben Einhalt tun, den Burgfrieden aufsagen und auf der ganzen Linie den Klassenkampf nach den Grundsätzen des Programms und der Parteibeschlüsse, den sozialistischen Kampf für den Frieden eröffnen«. Über tausend Parteifunktionäre setzten ihre Unterschrift darunter.[85]

Kurz darauf erschien ein von Haase, Bernstein und Kautsky veröffentlichter Aufruf »Das Gebot der Stunde«, der als eine modifizierte Fassung des Protestschreibens vom 9. Juni angesehen werden kann.[86] Der Ton dieses Aufrufs war gemäßigter als der des Protestschreibens; er enthielt keine direkten Angriffe auf Parteivorstand und Fraktion. Beide Aktivitäten, das Protestschreiben und der Aufruf, signalisierten die zunehmende öffentliche Abwendung der Parteiopposition in ihren verschiedenen Schattierungen von der Politik des Parteivorstandes. Auch in der Reichstagsfraktion stieg die Antikriegsstimmung. Immer mehr Abgeordnete sprachen sich in den Fraktionsverhandlungen gegen die Bewilligung der Kriegskredite aus. Im März 1916 standen sich Befürworter und Gegner der Bewilligung fast paritätisch gegenüber.[87] Um sich von der parlamentarischen und gemäßigten Opposition stärker abzusetzen und die radikalen Strömungen auch organisatorisch fester zusammenzuschließen, hielt die Gruppe »Internationale« am 1. Januar 1916 in Berlin eine Reichskonferenz ab, auf der die von Rosa Luxemburg im Gefängnis ausgearbeiteten »Leitsätze« mit einigen Änderungsvorschlägen von Karl Liebknecht gebilligt und die regelmäßige Herausgabe »politischer Briefe« beschlossen wurde, die bald »Spartakusbriefe« hießen.[88]

Auf dieser Reichskonferenz waren auch Vertreter der Bremer Linksradikalen anwesend, die sich in einigen Punkten von den Anhängern der Gruppe »Internationale« unterschieden. Dies betraf besonders ihren Wunsch, so bald wie möglich eine neue, linksradikale Partei zu gründen. Sie konnten sich damit nicht durchsetzen, und es kam zu einer gewissen Entfremdung zwischen ihnen und der Gruppe »Internationale«.[89]

Die Frage einer neuen linksradikalen Partei war nicht der einzige Streitpunkt zwischen den radikalen Strömungen, die sich links von der am 24. März 1916 konstituierten Sozialdemokratischen Arbeitsgemeinschaft (SAG), aus der im Jahre 1917 die USPD hervorging, herauskristallisierten. Aber sie war die Kernfrage. Die Gruppe »Internationale«, die bald nach der Herausgabe ihrer »Spartakusbriefe« Spartakusgruppe genannt wurde, mußte sich gegen rechts wie gegen links rechtfertigen, daß sie nicht spalten wolle. Karl Liebknecht schrieb am 30. März 1916 im »Spartakusbrief«:

> »Nicht Spaltung oder Einheit, nicht neue Partei oder alte Partei heißt die Parole, sondern Zurückeroberung der Partei von unten auf durch Rebellion der Masse, die die Organisation und ihre Mittel in eigne Hände nehmen müssen, nicht durch Worte, sondern durch Taten der Rebellion.«[90]

Auch auf der Reichskonferenz der Gesamtpartei, die vom 21. bis 23. September 1916 in Berlin tagte, sprach sich die Vertreterin der Gruppe »Internationale«, Käte Duncker, nicht für eine Spaltung der Partei oder eine Neugründung aus. Sie rief mit ihrem Satz: »Wir werden getrennt marschieren, aber wir werden gemeinsame Gegner vereint schlagen, und heute kommt es uns mehr auf das gemeinsame Schlagen an«[91] bei den Bremer Linksradikalen Protest hervor. Deren Organ »Arbeiterpolitik« bezeichnete diese Äußerung als im höchsten Maße geeignet, »Verwirrung in den eben erst unter größter Mühe begonnenen Klärungsprozeß zwischen Linksradikalen und Parteizentrum zu bringen«.[92] Die Spaltung der Sozialdemokratie kam von anderer Seite; schrittweise wurden die Oppositionellen vom Parteivorstand aus der Organisation gedrängt.[93] Am 7. Januar 1917 fand in Berlin eine Reichskonferenz der Opposition statt, an der auch 34 Mitglieder der Spartakusgruppe teilnahmen. Als Vertreter der Spartakusgruppe erklärte Ernst Meyer zu dem Problem des Verbleibens in der Organisation der Sozialdemokratie:

> »Die Zugehörigkeit zu der gegenwärtigen Sozialdemokratischen Partei darf von der Opposition nur solange aufrecht erhalten werden, als dies ihre selbständige politische Aktion nicht hemmt noch beeinträchtigt. Die Opposition verbleibt in der Partei, nur um die Politik der Mehrheit auf Schritt und Tritt zu durchkreuzen und zu bekämpfen, die Massen vor dem Deckmantel der von der Sozialdemokratie betriebenen imperialistischen Politik zu schützen, und um die Partei als Rekrutierungsfeld für den proletarischen, antimilitaristischen Klassenkampf zu nutzen.«[94]

Solange die Opposition den Klassenkampf gegen den Parteivorstand führen könne, betonte Meyer, so lange könne man in der Partei verbleiben. In dem Augenblick aber, in dem man darin gehemmt werde, wolle man die Partei verlassen. Umgekehrt trete die Gruppe »Internationale« jedoch nicht für die Spaltung ein. Meyer fuhr fort:

> »Es kann ein Moment kommen, wo man sagt, daß die Spaltung zu einem Mittel werden kann, den Klassenkampf zu verschärfen. Wir betrachten die Organisation also nicht als das einzige Kampffeld, sondern als eins der Kampffelder, die noch bestehen.«[95]

Auch dieses Auftreten der Spartakusgruppe auf der Reichskonferenz stieß auf die Kritik der Bremer Linksradikalen.[96] Wichtiger aber war, daß der Parteivorstand der Sozialdemokratischen Partei die Konferenz zum Anlaß nahm, die Unvereinbarkeit der Opposition mit der Parteizugehörigkeit zu erklären.[97] Damit stellte sich die Frage für alle radikalen Strömungen, wie sie in Zukunft – außerhalb der Partei – verfahren wollten. Und auch in dieser Entscheidung wurden die unterschiedlichen Auffassungen deutlich: während die Spartakusgruppe, besonders Rosa Luxemburg und Leo Jogiches, darauf drängten, sich der neu zu gründenden USPD anzuschließen, proklamierten die Linksradikalen von Bremen und Hamburg die Gründung einer eigenen linksradikalen Partei.[98] Leo Jogiches begründete die Haltung der Spartakusgruppe im Februar 1917 wie folgt:

>»Für eine gemeinsame Partei sprechen andererseits dieselben Rücksichten, die für unser Verbleiben in der alten Partei maßgebend waren: Es gilt ebenso, die neue Partei, die größere Massen in sich vereinigen wird, als Rekrutierungsfeld für unsere Ansichten, für die entschiedene Richtung in der Opposition auszunutzen; es gilt ferner, der A.-G. [Arbeitsgemeinschaft] den geistigen und politischen Einfluß auf die Massen innerhalb der Partei selbst streitig zu machen; es gilt schließlich, die Partei als Ganzes durch rücksichtslose Kritik, durch unsere Tätigkeit in den Organisationen selbst wie auch durch unsere selbständigen Aktionen vorwärtszutreiben, eventl. auch ihrer schädlichen Einwirkung auf die Klasse entgegenzuwirken.«[99]

Diese Ansichten waren unter den Spartakusanhängern und den Linksradikalen heftig umstritten. Wie verhielt sich Levi in dieser Frage? Er schrieb am 3. März 1917 in der Bremer »Arbeiterpolitik«, von der Redaktion als »hervorragender Genosse der Gruppe Internationale« angekündigt, einen aufschlußreichen Artikel[100], der die Unsicherheit seiner Position deutlich machte: Hoffnung auf die Sozialdemokratische Arbeitsgemeinschaft? Ja und nein, aber eher nein . . .
Zunächst spottete er über die Versuche der aus der Partei herausgedrängten gemäßigten Oppositionellen, gegen den Ausschluß rechtlich zu argumentieren:

>»Die die sozialdemokratischen Instanzen und die Arbeitsgemeinschaft trennenden Gegensätze werden ausgetragen unter der Form der Auslegung der §§ 24ff. der Organisationsstatuten. Diese Paragraphen sind der Fels, auf dem Haase die Kirche der Zukunft will aufbauen. Der Parteivorstand ist

aber ein ›hartnäckiger und verstopfter Sünder‹. Auf Haases ›Bezugnahme‹ auf den § 24 streckt Ebert die Zunge heraus, beruft sich Haase auf § 25, so macht ihm Ebert eine lange Nase, stützt Haase sich nun gar auf § 26 dieser heiligen Codicis so bezieht sich Ebert gegenbeweislich – auf Götz von Berlichingen. Dieser Prozeß hat damit geendigt, daß im abgekürzten Verfahren – im Wege der einstweiligen Verfügung, würden die Juristen sagen – die Firma Haase vor der Tür saß.«

Es handele sich nicht um eine rechtliche oder organisatorische Frage, sondern um eine Machtfrage. Für die Teile der Opposition, die links von der SAG stünden, sei das Verhältnis zur Organisation »nur ein Mittel in dem Sinne, wie etwa ein Arbeiter in einen gelben Betrieb geht, um dort politische Arbeit zu leisten«. Die Arbeit im Kreis der Opposition sei »kein Kampf um ›Recht‹, sondern ein Kampf um politische Gedanken, kein Kampf um die ›ordnungsgemäße Verwertung‹ gezahlter Beiträge, sondern um politisches Handeln«. Organisatorischer Kampf sei immer nur ein Teil des gesamten politischen Kampfes, der Kampf um die Organisation seit dem Hinauswurf aus der SPD im Januar sinnlos geworden: »Noch weiter der Massen Blick auf dieses Kampfobjekt lenken, heißt sie von der Niederlage zu ebenso sicheren künftigen Niederlagen führen und heißt die Demoralisation in die eigenen Reihen tragen.« Andererseits bestünde aber auch jetzt noch die Möglichkeit, in der Organisation zu kämpfen:

»[. . .] um von innen heraus das Ungetüm zu zersetzen, um politische Aktionen zu stören, um die Maschine zu sabotieren. Das mag gehen, hat aber die große Gefahr, daß in der Diaspora die Kräfte sich zersplittern.«

Was not tue, sei die »einheitliche Leitung und Sammlung« der oppositionellen Kräfte:

»Die Organisation der Linken durchs ganze Reich muß Tat werden.«

Die große Frage war allerdings, ob man sich darüber mit der Arbeitsgemeinschaft würde verständigen können. Levi war eher pessimistisch. Die Zeiten seien vorbei, wo es taktische Gemeinsamkeiten zwischen denen, die den Krieg prinzipiell, und denen, die ihn als Angriffskrieg bekämpfen, gegeben hätte. Jetzt sei das anders: »Selbst für den Kampf des Tages und der Stunde ist keine Gemeinsamkeit mehr. Man tauscht kein Schwert gegen einen Pappsäbel um der Gleichheit der Waffen willen und wegen der ›Gemeinschaftlichkeit‹ des Kampfes.« Trotzdem wollte Levi nicht alle Hoffnungen in die Arbeitsgemeinschaft fallenlassen. Er beendete seinen Artikel mit dem Hinweis darauf, wo diese Hoffnungen lagen:

> »[...] was ehrlicher revolutionärer Wille ist, schlecht erkanntes aber echt gefühltes proletarisches Interesse in den Scharen der Arbeitsgemeinschaft – das muß jetzt erwachen.«

Die Redaktion der Bremer »Arbeiterpolitik« machte eine redaktionelle Anmerkung, daß sie sich nur in einem Punkt von Levi unterscheide: »Worin wir von ihm abweichen, ist nur die Auffassung, daß ein Teil der Arbeitsgemeinschaft sich noch zu dem Standpunkt der Linksradikalen entwickeln könnte.«[101] Levis Verhältnis zu den Bremer Linksradikalen war aufgrund seiner Bekanntschaft mit Radek in der Schweiz eher versöhnlich. Das Parteiproblem war für ihn, ebenso wie für die anderen Spartakusführer, inhaltlicher und nicht organisatorischer Art, bzw. es war ein Problem, das sich nicht organisatorisch lösen ließ. Die Hoffnung, eine eigene selbständige Partei der Linken im ganzen Reich zu schaffen, war natürlich da. Inhaltliche Übereinstimmung mit den USPD-Führern gab es so gut wie keine. Es kam alles darauf an, an jedem Punkt der politischen Auseinandersetzung die Gegensätzlichkeit der Positionen deutlich zu machen. Niemand verachtete den »Sumpf« mehr als Rosa Luxemburg.[102] Eine neue, in diesem Augenblick gegründete Organisation aber hätte Kräfte gefordert, Energien geschluckt, die noch zur inhaltlichen Überzeugungsarbeit notwendig waren. So nahm die Spartakusgruppe an dem Gründungsparteitag der USPD teil, der vom 6. bis 8. April 1917 in Gotha stattfand. Ihr

Gotha Gründg USPD

Vertreter Fritz Rück betonte, daß die Gruppe an der Propagierung ihrer Ziele festhalte. Eine Trennung von der Arbeitsgemeinschaft nach dem Krieg werde nur dann nötig sein, wenn ihre Politik »nicht nach den Grundsätzen der Gruppe Internationale geführt wird«.[103] Rück forderte eine starke Selbständigkeit der Bezirke: ihre Haltung dürfe nicht von der Zentrale vorgeschrieben werden.[104]

Auch wenn in bestimmten Orten Anhänger der Gruppe »Internationale« die Zusammenarbeit mit der Arbeitsgemeinschaft ablehnten, stehe die Mehrheit »auf dem Standpunkt, daß unsere Haltung sich nicht nach den Organisationsfragen, sondern nach der Politik der Arbeitsgemeinschaft richten wird«[105], sagte Rück.

Besondere Aufrechterhaltung der Organisation ihrer Gruppe, Wahrung des freien Rechts der Kritik an der Haltung der unabhängigen Partei und Wahrung des Rechts eigener Propaganda und eigener Aktionen – das waren die Bedingungen, unter denen die Spartakusgruppe zum Anschluß an die USPD und zur Mitarbeit bereit war. Dieses Verhältnis zur USPD dauerte bis zur Gründung der KPD im Dezember 1918.[106]

## 5. Levis Stellung zur russischen Revolution

Es gab eine wichtige politische Frage, in deren Beurteilung sich Levi in den Jahren 1917/18 von Rosa Luxemburg unterschied. Diese Frage betraf die Einschätzung der russischen Revolution und die damit verbundenen Hoffnungen und Erwartungen.

In einem Punkt waren sich die radikalen Kriegsgegner in Deutschland einig: die Entwicklung in Rußland mußte ein Auftakt sein für die kommenden revolutionären Bewegungen in Deutschland und Westeuropa. Das deutsche Proletariat wurde, wie Levi im Frühjahr 1917 schrieb, durch den Ausbruch der russischen Revolution geradezu »in die Pflicht genommen«. Er schrieb am 1. Mai 1917 in der von Willi Münzenberg herausgegebenen Zeitschrift »Jugend – Internationale« unter seinem Pseudonym »Hartstein« einen Artikel, der sich mit den Aufgaben des deutschen Proletariats beschäftigte.[107]

Am 4. August 1914 habe das deutsche Proletariat sein »Erstge-
burtsrecht« in der Internationale verloren, da es die Interessen
von »eintausend Parteispekulanten, Kriegslieferanten auf dem
Gebiet des Parteiwesens« mit dem Heil des internationalen Proletariats verwechselt habe. Nun, nach dem Ausbrechen der russischen Revolution brauche es nicht mehr zu führen, sondern
nur noch zu folgen. Wiederum sei aber eine Situation eingetreten, in der es für die Zukunft der Internationale entscheidend
sei, wie sich das deutsche Proletariat verhalte: »Wieder hat das
deutsche Proletariat seine Schicksalsstunde; wird es sie erkennen?«

Die Regierungsverantwortlichen in Deutschland seien durch
die Ereignisse verunsichert und redeten von »Neuorientie-
rung«. Damit sei aber lediglich eine preußische Wahlrechtsän-
derung gemeint, die dem Proletariat den Wind aus den Segeln
nehmen solle. »Hartstein« war sich jedoch gewiß, daß das deutsche Proletariat durch solche »Reformen« nicht aufzuhalten
sei.

Der Hunger und die Zeichen aus Rußland, so schloß er, würden
es an seine internationale Pflicht erinnern.

   Es ist schon beschrieben worden, wie Levi den Ausbruch der
russischen Revolution in der Schweiz miterlebte. Die Tatsache,
daß er daran mitgewirkt hatte, Lenin die Reise nach Rußland
durch Deutschland zu ermöglichen, war Ausdruck nicht nur einer äußeren Beteiligung, sondern auch seiner inneren Verbundenheit mit Lenin; er hatte keine Erfahrungen mit ihm wie Rosa
Luxemburg, die Lenin aus der Vorkriegszeit, aus den Auseinandersetzungen zwischen Polen und Russen in der RSDRP
kannte.[108] Levis Verhältnis zu Lenin war unbelasteter. Genauso
verhielt es sich mit Radek. Natürlich waren ihm Rosa Luxemburgs Animositäten Radek gegenüber bekannt, er wußte auch
von den Aktivitäten der SDKPiL-Führung und besonders von
Leo Jogiches vor dem Ersten Weltkrieg, Karl Radek auch aus
der deutschen Partei ausschließen zu lassen.[109] Aber was sollten
»die alten polnischen Geschichten«[110] jetzt, da man sich vereint
in der kleinen Schar der radikalen Oppositionellen gegen den
Krieg wiederfand und wo so große Aufgaben wie die Revolution in Rußland und in Deutschland bevorstanden? Die Vor-

gänge in der russischen und polnischen Arbeiterbewegung der Vorkriegszeit beeinflußten ihn nicht in seiner Haltung gegenüber der russischen Revolution. Er hat später geschrieben, daß er diesen Vorgängen eigentlich fremd gegenüberstand:

>Wir alle sind ja der russischen Arbeiterbewegung in früheren Jahren nie recht nahe gekommen. Sie spielte sich in anderen Formen ab als die europäische. Sie entwickelte sich auf dem Boden eines feudalen Absolutismus. Die Ausdrucksformen der übrigen europäischen Arbeiterbewegung, die auf bürgerlich-demokratischen Boden wuchs, Parlament, Gewerkschaft, Presse, Partei, Genossenschaft, waren ihr fast oder ganz fremd. Sie lebte in der Illegalität und so entwikkelte sie sich in literarischer Form: die Stationen ihrer Entwicklung waren – von den Ereignissen von 1905 abgesehen – Resolutionen und meistens Spaltungen von wegen Resolutionen [...]«[111]

Jetzt, im Jahre 1917, gab das russische Proletariat das Fanal zur Weltrevolution. Die einzige Möglichkeit, den Weltkrieg mit einem wirklichen und dauerhaften Frieden zu beenden, war auch in Deutschland die Umwälzung der kapitalistischen Gesellschaft in eine sozialistische. Für diese Umwälzung waren durch den Ausbruch der russischen Revolution die Weichen gestellt. Das war das Begeisternde, Hoffnungsvolle an der russischen Revolution.
Einzelne Kritikpunkte an der bolschewistischen Taktik mußten zurückgestellt werden.
Nach der Oktoberrevolution in Rußland gab es von mehreren Spartakus-Führern begeisterte Stellungnahmen.[112] Von Levi wissen wir, daß er im Sommer 1918 versuchte, Rosa Luxemburg von weiterer Kritik an der Entwicklung der russischen Revolution abzuhalten.
Man kann davon ausgehen, daß ihre Vorbehalte gegen Lenin aus der Vorkriegszeit ihren Blick schärften für Schwierigkeiten, in denen sich die Bolschewiki befanden. Sie stand mit ihrer Einschätzung innerhalb der Spartakusgruppe ziemlich allein. Nach dem Frieden in Brest-Litowsk, der am 3. März 1918 unterzeich-

net wurde, erschien erst im September desselben Jahres in den Spartakusbriefen ein Artikel von ihr, der sich äußerst kritisch mit den Vorgängen auseinandersetzte. Die Redaktion der Spartakusbriefe stellte dem Artikel eine redaktionelle Vorbemerkung voran, die zeigte, daß Rosa Luxemburgs Kritik umstritten war:

> »Der Artikel spricht Befürchtungen aus, die auch in unseren Kreisen vielfach vorhanden sind – Befürchtungen, die aus der objektiven Lage der Bolschewiki, nicht aus ihrem subjektiven Verhalten entspringen. Wir bringen den Artikel vornehmlich wegen seiner Schlußfolgerung: ohne die deutsche Revolution keine Rettung der russischen Revolution, keine Hoffnung für den Sozialismus in diesem Weltkrieg. Es bleibt nur die eine Lösung: der Massenaufstand des deutschen Proletariats.«[113]

Die Bolschewiki traf keine Schuld; die objektive Lage erforderte die Revolution in Deutschland – und die hatte noch nicht stattgefunden. Das war auch Rosa Luxemburgs Meinung, wenn sie am Schluß ihres Artikels schrieb, es gebe »nur eine Lösung der Tragödie, in die Rußland verstrickt« sei: »den Aufstand im Rücken des deutschen Imperialismus, die deutsche Massenerhebung, als Signal zur internationalen revolutionären Beendigung des Völkermords«.[114] Aber sie war die einzige, die offen auf Gefahren des Weges, den die Bolschewiki mit dem Brester Frieden eingeschlagen hatten, hinwies. Dieser Friedensabschluß, so schrieb sie, sei Ausdruck des Bedürfnisses nach einem Frieden um jeden Preis gewesen, um eine Atempause für den Ausbau der proletarischen Diktatur in Rußland zu gewinnen und den Ausbruch der internationalen Revolution abzuwarten. In der Realität handele es sich jedoch um eine Kapitulation des russischen Proletariats vor dem deutschen Imperialismus. Mit dem Brest-Litowsker Frieden sei eine enorme Stärkung der imperialistisch-alldeutschen Politik eingetreten und damit die Chance einer revolutionären Erhebung in Deutschland geschwächt.

Rosa Luxemburg war, nach dem Zeugnis Ernst Meyers, der die

Spartakusbriefe nach der Verhaftung von Leo Jogiches herausgab, über die redaktionelle Vorbemerkung äußerst empört. Sie verfaßte einen weiteren Artikel, der noch schärfer mit der Taktik der Bolschewiki ins Gericht ging. Ernst Meyer hielt den Artikel für die Veröffentlichung ungeeignet, ebenso wie Levi, der sich bereit erklärte, Rosa Luxemburg in ihrem Breslauer Gefängnis zu besuchen und die Gründe, die gegen eine Veröffentlichung sprachen, darzulegen.[115] Lassen wir Levi selbst berichten:

> »Im Sommer 1918 schrieb Rosa Luxemburg Artikel für die Spartakusbriefe aus dem Breslauer Gefängnis, in denen sie sich kritisch mit der Politik der Bolschewiki auseinandersetzte. Es war die Zeit nach Brest-Litowsk, die Zeit der Zusatzverträge. Ihre Freunde hielten die Veröffentlichung damals nicht für opportun und ich schloß mich ihnen an. Da Rosa Luxemburg hartnäckig auf der Veröffentlichung beharrte, reiste ich im September 1918 zu ihr nach Breslau, wo ich sie nach langer, ausführlicher Unterredung im Gefängnis zwar nicht überzeugte aber bestimmte, von dem Druck eines neuerlich von ihr geschriebenen Artikels gegen die Taktik der Bolschewiki Abstand zu nehmen.«[116]

Indes ließ sie sich nicht davon abhalten, eine ausführliche Kritik an den Vorgängen in Rußland zu schreiben. Mathilde Jacob, die Sekretärin Rosa Luxemburgs, überbrachte Levi die Nachricht, Rosa schreibe die Broschüre für ihn – und wenn sie nur ihn damit überzeugt haben werde, so sei ihre Arbeit nicht vergeblich geleistet.[117]

Die Veröffentlichung dieser Broschüre zur russischen Revolution durch Levi im Jahre 1922 hat viel Furore gemacht. Clara Zetkins und Adolf Warskis zuerst aufgestellte Behauptung, Rosa Luxemburg habe ihre Einstellung zur russischen Revolution nach Kriegsende geändert[118], wird bis zum heutigen Tage von der Geschichtsschreibung der DDR wiederholt.[119] Levi selbst hat 1921 auf die Erklärung Clara Zetkins geantwortet, »Zeit zum gründlichen Studium«, wie von Zetkin behauptet, sei Rosa Luxemburg nach ihrer Haftentlassung nicht geblieben: sie

habe ihre Zeit von morgens bis abends in Redaktionslokalen und Druckereien verbracht und »in einer Hetze von einem Hotelzimmer in das andere«. Levi schrieb:

> »Sie hatte die ganze Zeit, bis zu ihrem Tode, keine Muße, weder zu einem gründlichen, noch zu einem oberflächlichen Studium, und vor allem – sie hatte gar nicht die technischen Mittel dazu. Die russische Botschaft, aus der sonst Material zu bekommen war, war zu. Irgendeine Verbindung mit Moskau bestand nicht. Rosa Luxemburg fand in den Tagen ihrer letzten ›Freiheit‹ nicht einen Fetzen Material, den sie nicht schon in Schutzhaft gekannt hätte.«[120]

Auch der von Clara Zetkin vielbeschworene »Meinungsaustausch mit Genossen, die mit den Verhältnissen in Rußland ganz vertraut waren«, hatte nach Levis Darstellung gar nicht stattgefunden. Für Karl Radek habe sie nur Ekel empfunden, im übrigen unter seinem Eindruck gesagt, man brauche keinen »Kommissar für Bolschewismus«.[121] Levi fuhr fort:

> »Viel bezeichnender als da, wo sie sich mit Unmut äußerte, sind ihre Worte da, wo sie mit einer großen Sympathie sprach. Sie sprach mit mir – es wird wohl am Heiligabend 1918 gewesen sein – lange über Dsirschinsky, von dem sie mit größter Achtung und Sympathie sprach. Sie schloß dann, sie fühle sich selber gewissermaßen befleckt dadurch, daß es Dsirschinsky sei, der alle die Dinge drüben mit seinem Namen decke.«[122]

Im Sommer 1918 kam Levi, wie Mathilde Jacob in ihrem Bericht »Von Rosa Luxemburg und ihren Freunden [...]« schreibt, »aus innerster Überzeugung, der russischen Revolution zu dienen«[123], nach Berlin. So gut es ging, hielt Levi die Verbindung zu den russischen Revolutionären. Seine guten Beziehungen zu Lenin und Radek kamen ihm dabei zugute. Für das Verhältnis zwischen Levi und Radek im Jahre 1918 bezeichnend ist ein Brief, den Radek unter seinem Pseudonym »Struhthahn« am 25. Oktober 1918 an Levi schrieb. Er ist auch wegen seiner Hintergrundinformation über die Motivationen Lenins von großem Interesse und soll im Anhang dieses Kapitels erstmals veröffentlicht werden.

## Anhang: Brief Karl Radeks an Paul Levi[1]

Moskau, den 25. Oktober 1918.

Lieber Genosse Lewi!

Ich brauche Ihnen nicht zu sagen, wie sehr ich mich gefreut habe, als ich Ihren Brief kriegte. Ich hatte immer furchtbare Angst, dass Sie noch irgendwo im Dienst des lieben Vaterlandes kaputt gehen. Und besonders freut es mich, dass Sie in Berlin wirken werden. Ich werde Ihren Brief heute noch Lenin zeigen, der mich paarmal fragte, wo Sie sind. Und jetzt zu den Sachen selbst.

1. Ich werde für Sie zweimal in der Woche im besonderen Paket die Literatur senden lassen. Heute geht es schwer, da ich im Bett liege und Ihren Brief erst nachmittags gekriegt habe. Also Dienstag kriegen Sie das Ding, auch Broschüren für Sie und Rosa, von der wir hoffen, dass Sie bald frei sein wird.

2. Was Sie an den Dingen nicht verstanden, so spielte natürlich in die prinzipielle Linie auch vieles Persönliche mit, eben weil die Linie eine Linie des Rückzuges war und erforderte sie desto sichere Hand. Diese Hand hatten wir weder hier noch in Berlin. Lenin steht sehr respektlos der sogenannten Diplomatie gegenüber. Nachdem er sich entschlossen hatte, Zugeständnisse zu machen, stand er auf dem Standpunkt, dass alles unterzeichnet werden soll, was den Deutschen nur Papierwerte gibt, da doch entweder in dieser Ehe wir oder sie zusammenbrechen und in keinem Falle die Wechsel gezahlt werden. Da ich Gegner dieser Politik war auch während des Intermezzos, hielt ich eine aktive Verteidigung für möglich, während er befürchtete, dass ich konterkarieren werde. Die Ausführung der Politik lag hier in den Händen Tschitscherins[2], eines ausgezeichneten Menschen, aber sehr behutsam, der in der gegebenen Situation direkt ängstlich war, um einen Zusammenstoss zu vermeiden, von dem er überzeugt war,

dass wir dabei kaputt gehn.– Ueber die deutschen Machenschaften und Vorbereitungen wussten wir mehr, als es in die Öffentlichkeit durchdrang. Es war eine starke Strömung in der deutschen Regierung, uns zu sprengen. Der Leiter der deutschen Kontspionage Major Hein war von dem Oberost zu diesen Zwecken kommandiert und der Hunger im Februar war so gross, dass er die Aktivität der Massen schwächte, militärische Kräfte hatten wir somit nicht. Die Lage war sehr brenzlich. In Berlin hatte Joffe[3] die Sache in der Hand, ein nicht dummer Mensch, aber einer, den das diplomatische Gegacker vollkommen im Kopfe verdreht hat. Er hat ein gutes persönliches Verhältnis zum Auswärtigen Amt und das war sein Verhängnis, er konnte weder als Cato noch als Götz von Berlichingen sprechen und schuf somit verschiedene Impucheravidia gegen uns in der sozialistischen Meinung, so die lakaienhafte Erklärung in der Vossischen Zeitung gegen die blödsinnigen linken S. R. Sachlich ist die Politik Lenins von der Geschichte vollkommen gerechtfertigt worden. Der deutsche Imperialismus ist geschlagen, wir sind jetzt stärker als jemals, haben eine schlagfertige Armee, die mit jedem Tag erstarkt. Und wenn wir euch in der Erklärung vom 3. Oktober[4] sagten, dass wir uns vorbereiten, um der deutschen Revolution mit Brot und Menschen zu dienen, so ist das keine Phrase. Wir werden Krassnow und Denikin[5] schlagen, die Ukraine in die Hände nehmen und da haben wir Brot für uns und für euch, wenn ihr die Macht nehmt. Die Aufgaben sind kolossal und die Gefahren ungeheuer. Die Entente wird versuchen, uns zu umzingeln. Es ist gar nicht ausgeschlossen, dass die Japaner marschieren, obwohl ich annehme, dass eben die Grösse des Sieges der Entente sie zurückhalten wird. Ich rechne auf einen Desent in Odessa, wie auf einen Vormarsch der Verbündeten in Rumänien gegen uns. Gelingt es uns, früher als sie in der Ukraine zu erscheinen, so haben wir die Situation gewonnen für uns und für euch. Die Ukraine ist unser Einfallsgelände in das Gebiet der europäischen Revolution. Polen und Litauen haben keine Argrarfrage im brenzlichen Sinne, deshalb ist die Isolierung dieses Gebietes viel schwieriger: Ost-Galizien, Rumänien und Ungarn haben Massen landlosen Bauerntums und die Donau ist seit langem der Weg der Völker. Darum ist für uns die ukrainische Frage die Hauptfrage und ich mache Sie aufmerksam auf die absolute Notwendigkeit, die Scheidemann und David immerfort anzugreifen, dass sie von der Ukraine ihre Truppen nicht zurückziehen, das muss ein besonderer Angriffspunkt sein. Die deutsche Regierung hält die Truppen im Osten nicht nur aus Angst vor den Bolschewikis, weil sie glaubt, dass die Alliierten das wünschen. Sie spielt sozusagen den Treuhändler, der diese Länder behält für die Alliierten – Hindenburg als Cunctator –. Das ist der soziale Inhalt der Geschichte.

Ich lasse jetzt jede Sache, die ihr herausgebt hier noch einmal drucken und in den okkupierten Gebieten verbreiten, aber dazu ist notwendig, dass ihr eine Frontzeitung herausgebt; der Spartakus ist für die Front zu wenig. Selbstverständlich wäre es von ungeheurer Wichtigkeit, wenn Sie als Kontaktmann hier sitzen würden. Suchen Sie in irgendeiner Form auf irgendwelche Weise zu kommen. Ich halte es bei dem Vertrauen, das Karl und Rosa zu Ihnen hat und bei unserem Verhältnis für ausserordentlich wichtig, wenn Sie hier wären, um die Verbindung mit Ihren Leuten aufrecht zu erhalten. Grüssen Sie Karl herzlich von mir. Ich habe ihm nicht geschrieben, weil ich weiss mit wievielen Briefen er jetzt bombardiert sein wird. Er soll mir verzeihen, was ich in meinen Artikeln über ihn erwähnte – das er der Liebling der Frauen war – das war mit Absicht, um seine Frau etwas zu reizen. Ich lege Ihnen den Artikel bei wie auch die letzte Note an Wilson, unsern alten Freund, bei deren Verfassung ich immer schmunzelnd an Sie dachte. Ich grüsse Sie herzlichst und auch Liebknecht, den Sie in meinem Namen besonders herzlich grüssen sollen. Ich gebe jetzt ein Flugblatt aus unter dem Titel: Was hat der Kaiser, was hat Scheidemann und was hat Liebknecht gesagt und wie es dann gekommen ist. Es wird alles sehr schön a Abrahám a Sankta Clara geschrieben sein.

Ihr Struhthan.

Ab 1916  Nov 1918
Spartakusbrief (Spartakusbund)

1918 Wahlrecht: gleiches für
    Preußen

General Ludendorff führer der
    Oberst Heeresleitg

1917 Kriegseintritt Amerikas

2 russische Revolution (Febr.

10.1918 Verfassg der Weimarer

Nov. Revolution

# 7. Eine Partei wird gegründet

*SPD Mehrheitssozialdem.*

## 1. Der Zusammenbruch kündigt sich an

Die Arbeit bei der Militärbehörde, zu der Levi nach seiner Entlassung aus dem Heeresdienst herangezogen wurde, ließ ihm genug Zeit für seine politische Betätigung.[1] Bis zu seiner längeren Übersiedelung nach Berlin im November 1918[2] hielt er sich oft in Berlin auf und arbeitete mit Ernst Meyer, der nach der Verhaftung Leo Jogiches' im März 1918 die Herausgabe der »Spartakusbriefe« übernommen hatte[3], in der Leitung der Spartakusgruppe zusammen. Nebenbei kommentierte er verschiedene wichtige Ereignisse der Politik in dem Stuttgarter USPD-Organ »Der Sozialdemokrat«, wobei er sein Pseudonym »Hartlaub«, unter dem er nur für USPD-Zeitungen schrieb, benutzte.[4] Seine Artikel richteten sich meist in scharfer Form gegen die Politik der Mehrheitssozialdemokratie; gelegentlich aber auch gegen die der USPD.

In einem dieser Artikel beschäftigte er sich mit der Ablehnung einer Gesetzesvorlage zum gleichen Wahlrecht in Preußen. Er bezeichnete es als ein »Schweineglück« für die USPD Fraktion im preußischen Landtag, daß die Vorlage am 2. Mai 1918 durch die Konservativen zu Fall gebracht worden war. Denn im Falle einer Annahme der von ihm als ganz und gar unzulänglich empfundenen Wahlrechtsreform hätten sich die Unabhängigen der erneuten Bewilligung zwar nicht materieller, aber doch »moralischer« Kriegskredite schuldig gemacht. Bis in das Jahr 1917 hinein, schrieb Levi, habe der »moralische« Kredit von 1914, der aus Schlagworten wie »Verteidigung des angegriffenen Vaterlandes« oder »Nur noch Deutsche« gespeist worden sei, noch vorgehalten. Dann aber sei neuer »moralischer« Kredit notwendig geworden, und Bethmann Hollweg habe ihn sich mit der Vorlage zu einer preußischen Wahlrechtsreform erhofft.[5] Tatsächlich war die Frage des preußischen Wahlrechts eine der wichtigsten Fragen der letzten beiden Kriegsjahre, an deren Behandlung sich die vorhandenen Macht- und Kräfteverhältnisse in Deutschland abzeichneten. Besonders der »operettenhafte Schluß«[6] des Kampfes um die Wahlrechtsreform in Preußen hat gezeigt, wie unmittelbar die politischen Entscheidungen in dieser Zeit mit der jeweiligen Kriegslage zusammenhingen. Im September 1918, als die militärische Niederlage Deutschlands nicht mehr zu verheimlichen war, hatte auch die Oberste Heeresleitung unter General Ludendorff nichts mehr gegen das gleiche Wahlrecht in Preußen einzuwenden. Solange noch die Ludendorffsche Offensive im Westen Erfolg gehabt hatte, waren die Konservativen und Nationalliberalen des preußischen Abgeordnetenhauses ebenso wie die OHL immer gegen das gleiche Wahlrecht angetreten und hatten seine Einführung verhindert.

Levi hatte diese Zusammenhänge durchschaut. In schwierigen Situationen, wenn sich der soziale Zündstoff bedrohlich angesammelt hatte, wurde die Wahlrechtsreform Volk und Parteien zur Besänftigung vorgehalten. Verbesserte sich dann rein äußerlich der Erfolg der OHL und ihrer Kriegsstrategie wieder, so wurde die Zusage revidiert und zurückgezogen. So war es hintereinander mit den Versuchen Bethmann Hollwegs im Juli 1917 und mit denen des Grafen Hertling im Dezember 1917 und im Mai 1918 geschehen.[7] Die Entwicklung seit 1917 mit dem Kriegseintritt Amerikas, den beiden russischen Revolutionen, der zunehmenden Kriegsmüdigkeit der Massen, der Friedensresolution Erzbergers, dem Hunger, den sozialen Unruhen und Streikbewegungen – diese Entwicklung hatte immer wieder die Regierung gezwungen, mit dem politischen »Geschenk« des gleichen Wahlrechts zumindest zu winken. Hätte man das »Geschenk« angenommen, so die Auffassung Levis und seiner Freunde, wäre das einer Einverständniserklärung mit dem weiteren Kriegführen gleichgekommen.[8] Levis Haltung war in allen Fragen kompromißlos; ob es sich um die Bemühungen der österreichischen Regierung um einen Friedensschluß im September 1918 handelte, die er ablehnte, da man nicht durch »moralische Gesetze« oder ein Gebilde wie den Völkerbund, sondern nur durch die Abschaffung des Kapitalismus Kriege verhindern könne[9]; oder ob er im Oktober 1918 die Entmachtung Kaiser Wilhelms als einen Akt der Bourgeoisie, die dadurch ihre Macht erhalten wolle, darstellte[10]: immer rief er zur totalen Verneinung und Ablehnung der Politik der Regierungen und der Parteien auf und forderte den Klassenkampf, die Entfachung von Massenkämpfen. Hauptgegner seiner Artikel waren nicht mehr die alten herrschenden Klassen, deren Politik man leicht erkennen und auf ihre Interessen zurückführen konnte, sondern die Sozialdemokratie. Denn sie führte das Geschäft der Bourgeoisie sehr viel gefährlicher, weil undurchschaubarer für die Massen, aus.[11] Alle politischen Zugeständnisse, die den alten Machtverhältnissen abgerungen wurden, waren schlecht. Sie hielten nur die Revolution der Massen auf, streuten ihr Sand in die Augen. Levis Kritik an der sozialdemokratischen Politik war gnadenlos. Mit Spott und Verachtung kommentierte er ihre Versuche, eine Revolution zu verhindern. Beim Eintritt der Mehrheitssozialdemokraten in das »Oktoberkabinett« sprach er von der »Scheidemannschen Revolution«, die »nicht blutiger [...] als die Neuwahl des Vorstandes in einem Militärverein« verlaufen solle.[12]

Tatsächlich waren die Führer der Sozialdemokratie im Oktober 1918 mit der »Oktoberverfassung« am Ende ihrer Wünsche. Weitere Bewegungen und Unruhen lehnten sie ab, da sie nur blutig verlaufen würden. Die sozialdemokratische Parteispitze empfand den Novemberumsturz dann auch als schädlich; er kam nicht zustande durch die Revolutionsstrategie einer Partei und vollzog sich nicht nach einem Organisationsplan. Die Revolution war das spontane Werk der kriegsmüden Soldaten und Arbeiter. Die örtlichen Führer von SPD, USPD und Gewerkschaften schlossen sich den spontan gebildeten Arbeiter- und Soldatenräten an und nahmen die Leitung in ihre Hände, ohne die Anweisungen ihrer Parteizentralen abzuwarten.[13] So führte die Revolution im November praktisch ohne Zutun der Leitung der sozialdemokratischen Partei innerhalb weniger Tage zum Zusammenbruch des Militär- und Polizeiapparates, zur Kapitulation der alten Gewalten. Auch die zahlenmäßig schwache Spartakusgruppe hat den Ausbruch der Revolution nicht mitbestimmen, geschweige denn mitinitiieren können. Aber sie drängte darauf, die Unzufriedenheit und Meutereien im Heer und bei der Marine auszunutzen und in den bewaffneten Aufstand überzuleiten.[14] Indes war den nicht inhaftierten Führern der Gruppe in Berlin offenbar klar, wie gering die eigenen Einflußmöglichkeiten waren. Sie wußten, daß die Kraft der Spartakusgruppe nicht ausreichte, um auch nur eine ausreichende Agitation zu betreiben.[15]

Auch Levi schrieb am 5. November in einem Kassiber an Rosa Luxemburg, den Mathilde Jacob in das Gefängnis in Breslau schmuggelte, daß der Gruppe »augenblicklich jeder Mechanismus fehlt, der selbständig Massen in Bewegung setzen« könne.[16]

Die Begeisterung über Karl Liebknechts Entlassung aus dem Zuchthaus, sein triumphaler Empfang am 23. Oktober 1918 in Berlin und die vorausgegangenen Demonstrationen für ihn dürfen nicht darüber hinwegtäuschen, daß die Spartakusgruppe in jenen Tagen nicht die Kraft gewesen ist, die den Gang der Ereignisse hätte bestimmen können. Liebknecht war ein Symbol für die Friedenssehnsucht der Massen; seine Freilassung kündigte das bevorstehende Ende des Krieges an.

Aber mit seiner Rückkehr setzte in Berlin eine starke Aktivität unter den Spartakusanhängern ein.[17] Allerdings war ihr Einfluß unter den revolutionären Obleuten, der kleinen, aber wichtigen Gruppe der Berliner Metallarbeiter, trotz Liebknechts Namen nicht stark genug, um die Vorstellungen der Spartakusgruppe von der allmählich sich steigernden Massenaktion durchzusetzen, die schließlich zum Sturz der Regierung und zum Bruch des alten Systems führen würde.[18] Liebknechts Vorschläge wurden im »Arbeiterrat« teilweise als »revolutionäre Gymnastik« bezeichnet.[19]

In dem Kassiber für Rosa Luxemburg schilderte Levi die Lage in Berlin, wie sie sich ihm darstellte. Er war nicht besonders vertraut mit den Verhältnissen in der Berliner Arbeiterbewegung, aber Karl Liebknecht und Ernst Meyer legten, so schrieb er, Wert darauf, daß er ganz nach Berlin übersiedelte.[20] Karl Liebknecht, Ernst Meyer und Wilhelm Pieck führten im revolutionären Vollzugsausschuß mit den Berliner Obleuten und mit den Spitzen der USPD Verhandlungen, wann am besten »losgeschlagen« werden sollte.[21] Die Spartakusgruppe, berichtete Levi, solle in »allernächster Zeit« eine Tageszeitung mit 34000 Abonnenten bekommen; mit Bremen stünde man in Verhandlungen über die »Arbeiterpolitik«, allerdings wolle man sich an diesem Organ nur beteiligen, wenn Julian Borchardt ausgeschlossen würde.[22] In der nächsten Zeit, meinte Levi, würden folgende Fragen aktuell: »Militärfrage und Fragen der Volksbewaffnung; Frage, ob Sowjets oder Konstituante, Frage der Diktatur des Proletariats.«[23]

## 2. Revolution und Konterrevolution

Einige Tage später hatte die Revolution Berlin erreicht. Rosa Luxemburg wurde aus dem Gefängnis in Breslau entlassen und traf am 10. November in Berlin ein.[24] Leo Jogiches wurde von Levi und einem Freund ganz einfach aus dem Gefängnis herausgeholt. Levi hat das später in einem Artikel beschrieben:

»Man brauchte keine große Legitimation. Etwas Gepolter, die Tür ging auf, der Aufseher frug nach unserem Begehr. ›Die politischen Gefangenen heraus‹. ›Es sind keine da.‹ ›Doch, Leo Jogiches zum mindesten.‹ ›Einen Augenblick, der Direktor wird gleich kommen.‹ Und er kam: er war ganz klein; er habe nur noch den einen, Leo Jogiches, die anderen seien alle heraus; wir möchten doch keinen Lärm machen und die Kriminellen nicht beunruhigen. Wir meinten, wir müßten den Leo Jogiches gleich selber holen; so gingen wir, gefolgt vom Direktor und zwei Aufsehern, wir zwei allein, durch das weite Gefängnis, in die Krankenabteilung, wo jener lag. Sie hätten uns natürlich alle zwei, wie wir da drin waren, mit einsperren können. Damals aber waren die noch königlichen preußischen Beamten brav; sie gaben uns unseren Freund heraus [. . .]«.[25]

Die Spartakusführer waren also alle wieder frei. In den ersten Tagen der Revolution ging es vor allem darum, eine Druckerei zu finden, wo man die »Rote Fahne« herausbringen konnte. Spartakusanhänger besetzten das Gebäude des »Berliner Lokalanzeigers«, am Abend des 9. November erschien die erste Nummer. Am 10. November die Nr. 2, dann wurde die Redaktion aus dem Gebäude der bürgerlichen Zeitung vertrieben.[26] Levi hat auch diese Episode in seinem Artikel beschrieben; demnach hatten sich die Soldaten, die eigentlich die Spartakusredakteure bewachen sollten, von der Gegenseite »kaufen« lassen; und die Drucker und Setzer weigerten sich, für die »Rote Fahne« zu arbeiten. Levi wertete dies später als eine Episode, die fast ein »Symbol der Revolution« gewesen sei.[27] Erst am 18. November konnte die nächste Nummer der »Roten Fahne« wieder erscheinen. Eine andere Druckerei war gefunden.

Inzwischen hatte, am 11. November, im Hotel »Excelsior« eine Sitzung stattgefunden, auf der sich die Spartakusgruppe den Namen »Spartakusbund« gegeben hatte. Zu den 13 Zentralmitgliedern gehörte auch Levi, der außerdem neben Rosa Luxemburg und Karl Liebknecht in der Redaktion der »Roten Fahne« arbeiten sollte.[28]

Der Spartakusbund sollte keine neue Partei sein. Rosa Luxemburg und Leo Jogiches wollten solange wie möglich in der USPD bleiben; das Ziel war, sich mit dem linken Flügel der Partei, mit Männern wie Ernst Däumig und Emil Eichhorn gegen die Führung zu verbünden und die USPD auf die politische Linie des Spartakusbundes zu bringen.[29] Das sollte auf einem Parteitag geschehen, dessen Einberufung der Spartakusbund bis Ende Dezember lautstark forderte.[30]

Bei den großen Massenveranstaltungen, die der Spartakusbund im Dezember in Berlin einberief, trat Levi neben Rosa Luxemburg und Karl Liebknecht meistens als dritter Redner auf.[31] Als der Reichsrätekongreß der Arbeiter- und Soldatenräte vom 16. bis 21. Dezember zusammentrat, waren von 489 stimmberechtigten Delegierten nur zehn Spartakisten und über die Hälfte Anhänger der Mehrheitssozialdemokratie.[32] Ein Antrag, Rosa Luxemburg und Karl Liebknecht als Gäste zuzulassen, wurde abgelehnt.[33]

Levi stand während des Kongresses in einem Fenster des Abgeordnetenhauses, in dem der Kongreß tagte, und sprach mit donnernder Stimme zu der großen Massenversammlung, die sich dort am 16. 12. zusammengefunden hatte. Das Proletariat stehe in diesem Augenblick vor seiner größten geschichtlichen Aufgabe, rief er. Vielleicht werde der Rätekongreß dieser Aufgabe nicht gerecht, versäume, die Räte als höchste politische Macht in der sozialistischen Republik zu verankern, und beschließe die Einberufung der Nationalversammlung. Dann werde das Proletariat auch mit diesem Kongreß fertig, wie es mit den alten Kräften fertig geworden sei.[34] Starke Töne; die ganze Demonstration war einberufen worden, um wenigstens von außen Druck auf die Delegierten ausüben zu können. Die Mehrheit der Arbeiter- und Soldatenräte sprach sich für die Einberufung der Nationalversammlung aus. Bis zu ihrer Einberufung sollten allerdings durchgreifende Reformen stattfinden, um die Errungenschaften der Revolution dauerhaft zu sichern. Der Kongreß beauftragte die Regierung mit der »Sozialisierung aller hierzu reifen Industrien«[35], besonders des Bergbaus. Außerdem sollten sofortige Maßnahmen zur Entwaffnung der Konterrevolution in Angriff genommen werden.[36]

Ende Dezember zerbrach das Regierungsbündnis zwischen USPD und SPD. Die allgemeine Demokratisierung war ausgeblieben, und der Ton der SPD-Führung gegen links wurde immer schärfer.

Stark polemisierte aber auch die »Rote Fahne« gegen USPD und SPD. Levi hatte daran beträchtlichen Anteil. Schon im November hatte er geschrieben: »Was kann die Regierung der Scheidemänner tun, damit das deutsche Proletariat, das Proletariat der Welt lebe? Nur eines kann sie: Sterben!«[37] Und seine Aussage: »Nicht wenn Wilhelm von Hohenzollern, nicht wenn Hindenburg oder Ludendorff: wenn Herr Philipp Scheidemann am Boden liegt, das wird der erste große Sieg der sozialistischen Revolution sein«[38], hatte den Hauptfeind deutlich gemacht. Unter dem Titel »Eberts Hochverrat an der deutschen Revolution« erschien am 28. 11. ein anklägerischer Artikel von Levi in der »Roten Fahne«, der der Regierung Ebert-Scheidemann vorwarf, mit den Entente-Gegnern gemeinsame

Sache gegen das deutsche Proletariat zu machen. Überall an den Plakatsäulen finde sich der Spruch: »Ordnung bringt uns Brot, Unordnung bringt Hungersnot.« Es sei der einheitliche Wille von Konservativen bis Regierungssozialisten, den »Konterrevolutionären aller Schichten«, das Proletariat durch Hunger zur Raison zu bringen. Levi versuchte in dem Artikel nachzuweisen, daß Ebert den Entente-Gegnern die Bedingung »angetreten« habe, »Ruhe und Ordnung« in Deutschland abzuwarten, bevor die Hunger-Blockade aufgehoben werde. Er schrieb:

> »Die ›soziale‹ Regierung Ebert-Scheidemann ist es gewesen, die Wilson veranlaßt hat, die Bedingung von ›Ruhe und Ordnung‹ für den Fall der Lebensmittellieferung zu stellen.«[39]

Die »Ebert-Scheidemann« bildeten einen Wall gegen die Interessen des Proletariats, hinter dem sich heimlich die deutsche Bourgeoisie formiere:

> »Die im Kern sich bildende Räteorganisation wird zur tatsächlichen Ohnmacht zurückgeführt, indem sie auf reine Kontrolltätigkeit beschränkt wird, die sozialistische Organisation der Industrie, begonnen durch die Wahl von Arbeiterräten, wird erwürgt durch die Verleihung staatlicher Allmacht an die Gewerkschaften und durch die ›Sozialisierungskommission‹, dem lebendigen Willen der Arbeiterschaft zum Kampfe um ihre wirtschaftliche Machtstellung wird mit dem Gebot entgegengetreten, wonach der Mensch sechs Tage arbeiten solle, der Begierde des Proletariats um politische Macht hält man den Köder der Nationalversammlung vor.«[40]

Die anstachelnden, anklägerischen, teilweise schreienden Artikel der »Roten Fahne« sollten die Massen »vorwärtstreiben«, sie in Bewegung bringen, damit die Revolution nicht bei »Ebert-Scheidemann« steckenbleibe. Der Ton, in dem Levi schrieb, muß ihn in seinem Denken selbst aufgewühlt, ihn selbst angestachelt haben. Es war dies sicherlich die radikalste Phase seines Lebens.
Allerdings hatten sich die Spartakusführer nach dem Beschluß

des Rätekongresses, für die Wahlen zur Nationalversammlung einzutreten, auf die neue Situation einzustellen. Weder Rosa Luxemburg noch Liebknecht noch Levi wollten sich isolieren. Nun mußten auch die Spartakusanhänger dazu gebracht werden, die Situation, so wenig sie ihnen auch gefiel, auszunutzen. Das bedeutete, daß über die Wahlen zur Nationalversammlung neu nachgedacht werden mußte. Die bisherige Alternative: hier Rätesystem, dort bürgerliche Demokratie alleine reichte nicht mehr. Es galt jetzt, die Wahlen zur Nationalversammlung für die Entwicklung hin zur sozialistischen Republik zu nutzen.[41]

## 3. Der Gründungsparteitag der KPD

### a) Welcher Name?

Nachdem sich gezeigt hatte, daß die USPD-Führung nicht bereit war, dem Drängen des Spartakusbundes nach Einberufung eines Parteitages nachzugeben, setzte sich im Spartakusbund der Gedanke, eine neue Partei zu gründen, endgültig durch. Am 22. Dezember beschloß die Spartakuszentrale die Einberufung einer Reichskonferenz.[42] Noch einmal wurde in einem Brief an den USPD-Vorstand ein Parteitag gefordert – man konnte indes sicher sein, daß sich die Parteiführung nicht würde überreden lassen. Sie lehnte erwartungsgemäß zwei Tage später ab.[43] Durch den immer deutlicher werdenden Willen des Spartakusbundes, nun doch eine eigene Partei zu gründen, kam es zu einer Annäherung auch mit den anderen linksradikalen Gruppierungen; eine Reichskonferenz der »Internationalen Kommunisten Deutschlands« beschloß am 24. 12. die Vereinigung mit dem Spartakusbund und die Gründung einer kommunistischen Partei.[44] Bei einer Abstimmung über den Namen der neuen Partei am 29. 12. 1918 unterlagen Rosa Luxemburg und Leo Jogiches mit ihrem Vorschlag, sie »Sozialistische Partei« zu nennen, gegenüber einer Gruppe von Zentralmitgliedern, darunter Karl Liebknecht, die auf dem Namen »Kommunistische Partei« bestand. Levi, der sich der Stimme enthielt, entschied letztlich die Abstimmung in diesem Gremium. Später beriet noch eine Kommission darüber.[45] Mit vier zu drei Stimmen wurde unter den Zentralemitgliedern der Name beschlossen, der schon äußerlich deutlich die Verbindung zu den russischen Kommunisten dokumentieren und den Bruch mit der Sozialdemokratie und den Sozialisten der II. Internationale hervorheben sollte. Laut einem Teilnehmer der Abstimmung soll Levi seine Stimmenthaltung damit begründet haben, es sei ihm »gleichgültig, wie die Partei sich nenne«.[46] Rosa Luxemburg habe argumentiert, daß mit dem von ihr vorgeschlagenen Namen besser »die Verbindung zwischen den Revolutionären des Ostens und den Sozialisten Westeuropas, die heute noch in reformistischem Fahrwasser schwimmen, herzustellen sei«. Der Name »Kommunistische Partei« würde den Prozeß der Ablösung der westeuropäischen Sozialisten vom Reformismus erschweren.[47]

In diesem Namenskonflikt war eine ganze Menge Zündstoff angelegt, der sich Jahre später auch entfalten sollte. Und Levi enthielt sich in diesem Moment der Stimme! Das zeigte, daß er hin- und hergerissen war. Er kannte ja die Vorbehalte Luxemburgs und Jogiches' gegen Lenin – »die alten polnischen Geschichten«[48] –, konnte sie sich aber nicht zu eigen machen. Andererseits sah er die Argumente von Rosa Luxemburg für den von ihr vorgeschlagenen Namen sicherlich ein, beziehungsweise wollte und konnte sich ihnen nicht verschließen. Auch die Argumente für den demonstrativen Namen »Kommunistische Partei« mußten ihm zusagen; er hatte in den vergangenen Wochen in der »Roten Fahne« oft genug den Vorreiter gespielt, sich mit äußerstem Radikalismus von allem, was nur im entferntesten mit dem »Reformismus« der Sozialdemokratie zu tun hatte, auseinandergesetzt. Nein – an der Namensfrage sollte sich der Streit nicht entzünden. Wahrscheinlich befürchtete er langwierige und grundsätzliche Auseinandersetzungen, wenn er, seinem Gefühl nach, mit Rosa Luxemburg und Leo Jogiches stimmte. Also enthielt er sich der Stimme; für den Namen »Kommunistische Partei« konnte er jedenfalls nicht stimmen.

*b) Die wichtigste Entscheidung:*
*für oder gegen die Wahlen zur Nationalversammlung?*

Der Gründungsparteitag der KPD, der am 30. 12. 1918 im Preußischen Abgeordnetenhaus zusammentrat, setzte sich aus 83 Spartakusdelegierten, 29 Hamburger und Bremer Linksradikalen, drei Vertretern des Roten Soldatenbundes und einem Vertreter der Jugend zusammen. Karl Radek hielt als Vertreter der Bolschewiki die Begrüßungsansprache.[49]

Die wichtigste Frage, der sich der Parteitag widmen mußte, war die nach der Beteiligung an den Wahlen zur Nationalversammlung. Paul Levi hielt zu diesem Tagungspunkt das Referat. Darauf und auf die anschließende Diskussion will ich näher eingehen, denn hier kristallisierten sich die verschiedenen Tendenzen und Richtungen unter den Delegierten deutlich heraus, die den weiteren Ablauf des Parteitages prägen sollten.

Paul Levi gab in seinem Referat zu bedenken, daß man im Eifer des Gefechts und der Agitation gegen die Nationalversammlung versäumt habe, sich auf den Fall vorzubereiten, der eintrete, wenn die Entscheidung des Kongresses der Arbeiter- und Soldatenräte zugunsten der Wahlen ausfalle. Obwohl eine starke Stimmung gegen die Nationalversammlung herrschte, müsse diese Frage nun »kühl und ruhig überlegt werden«.[50] Man sei sich, meinte Levi, in der Haltung zum Rätesystem einig:

> »Die ganze Macht müßte sich stützen auf die Räteregierung und gegen die Nationalversammlung [. . .]. Es ist eine Selbstverständlichkeit, daß der Gedanke der Räteverfassung, kommend aus dem Osten, dem revolutionären Proletariat vorgedacht im Osten, eine faszinierende Gewalt haben mußte auf die Sinne des deutschen Proletariats. Es ist eine Selbstverständlichkeit, das Proletariat ist sich tief bewußt, daß nur auf dem Boden des Rätesystems es kommen kann zu einer wirklichen Erfassung, zu einer wirklichen Ergreifung der politischen Macht im Staate und in der Gesellschaft [. . .]. Und es ist weiter für uns alle eine Selbstverständlichkeit, nur in dieser Betätigung selbst, nur in dem lebendigen Ergreifen aller

staatlichen und wirtschaftlichen Gebilde wächst in dem Proletariat selbst der Gedanke des Sozialismus.«[51]

Auch bestehe keine Differenz in der Auffassung der Nationalversammlung als eines »Paniers der Gegenrevolution«[52], in dem sich die Bourgeoisie »ein gefügiges Instrument« schaffen werde. Und trotzdem fordere die Zentrale des Spartakusbundes die Parteimitglieder auf, an den Wahlen zur Nationalversammlung teilzunehmen, weil man um alle Positionen, die die Gegenrevolution aufrichte, kämpfen müsse. An dieser Stelle seiner Rede wurde Levi durch heftige Zwischenrufe und Proteste unterbrochen. Auf den Einwand, daß das Parlament eine »Schwatzbude« sei und man hier nur Energien verschleudere, antwortete er:

»Bedenken Sie die Geschichte des Parlamentarismus des Deutschen Reichstags. Worin lag seine Schwäche? Seine Schwäche und die Schwäche der Sozialdemokratie im Reichstag bestand darin, daß sie revolutionär wirken sollte in einem Parlament zu einer Zeit, wo keine revolutionäre Situation bestand [. . .]. Man beschränkte sich darauf, zu reden und zu prophezeien von der deutschen Revolution. Und jener klaffende Widerspruch zwischen einer revolutionären Phraseologie und einer mangelnden revolutionären Situation in der Arbeiterschaft und dem Staate, der mußte im letzten Ende die sozialdemokratische Fraktion in jene äußere Untätigkeit hineintreiben, die wir alle miteinander am deutschen Reichstag verabscheuen.«[53]

Heute habe sich dagegen die Situation geändert, hinter den Vertretern des Proletariats stehe tatsächlich Macht.

»Sie sehen im Parlamente immer nur jenes lendenlahme Gebilde, das das Parlament war und sein mußte, solange das Proletariat nicht in einer revolutionären Situation war. Es ist heute ein anderes Ding geworden. Ihre Vertreter würden heute in das Parlament eintreten, nicht zum Reden, nicht zum Schwatzen [. . .]. Sie werden stehen und fechten müssen mit der Androhung der offenen Gewalt, die hinter diesen proletarischen Vertretern steht.«[54]

Levi betonte in seinem Referat, daß mit einem Auseinanderjagen der Nationalversammlung noch nichts gewonnen sei, denn man könne damit nicht die reale Macht der Bourgeoisie brechen. Es sei falsch, für ganz Deutschland einen so fortgeschrittenen Zustand der Revolution anzunehmen, wie er in höchstens drei Zentren (Berlin, Rheinland-Westfalen, Oberschlesien) bestehe.

> »Aber sind die drei Bezirke Deutschland? Ich sage nein. Ich sage, hinter dieser Macht, die die Nationalversammlung aufheben will und in der Auflösung glaubt bekunden zu können den völligen politischen Niederbruch der Bourgeoisie, muß mehr stehen als diese drei Zentren, von denen ich eben sprach und von denen Sie glauben, daß sie ein Abbild geben der deutschen Verhältnisse.«[55]

Auch die Bolschewiki hätten sich an den Wahlen zur Nationalversammlung beteiligt und zu dem Mittel der gewaltsamen Auflösung erst gegriffen, als die Nationalversammlung »objektiv überholt war durch den Zustand, in dem Rußland sich befand«[56], und sie wirklich die Macht hinter sich gehabt hätten. Levi, der immer wieder durch Zwischenrufe unterbrochen wurde, konstatierte dann bei seinen Parteigenossen eine »höchst äußerliche und rohe Auffassung [. . .] von den Begriffen Revolution und Konterrevolution«.[57] Man müsse, anstatt sich der Illusion hinzugeben, daß die Macht der Gegenrevolution durch ein einfaches Zerschlagen an einem beliebigen Punkt gebrochen werden könne, jede einzelne Position der Bourgeoisie angreifen. Ein Boykott der Wahlen zur Nationalversammlung werde die Massen, die durch die Revolution politisiert und aktiviert worden seien, die »innerlich mit uns sympathisieren, die innerlich mit uns stehen«[58], ins Gegenlager treiben. Man müsse davon ausgehen, daß die Nationalversammlung zum zentralen politischen Geschehen in Deutschland werde und das politische Interesse, auch ihrer Gegner, wecken müsse. »Sie wird in das Bewußtsein der Proletarier eintreten, und gegenüber dieser Tatsache wollen Sie draußen stehen und von draußen wirken?«[59] Diese Frage sei für die nächste Zeit entscheidend. Es sei sinnlos, die Nationalversammlung auseinanderzujagen, da sie an jedem beliebigen Orte wieder zusammentreten könne. Die deutsche Bourgeoisie sei eben noch zu stark und schaffe sich hier ein neues Organ, um die Revolution zu unterdrücken. Dort, wo die Bourgeoisie noch einmal alle ihre Kräfte konzentriere, könne man nicht beiseite stehen, dort müsse man kämpfen:

>Es ist unsere Pflicht, in jenes Gebäude einzudringen [...], auch soweit den Kampf aufzunehmen, wie wir ihn aufnehmen würden in jeder anderen Situation, wo die Bourgeoisie uns die Stirne bietet. Es kommt auf nichts anders heraus als darauf, da, wo die Bourgeoisie sich aufbaut, wo sie noch einmal alle Kräfte zusammenballt, noch einmal bereit ist, den Kampf aufzunehmen, da sagen Sie, wir machen da nicht mit? Und ich sage Ihnen, Sie werden mit dieser Entscheidung sich selbst und unserer Bewegung den größten Schaden zufügen.«[60]

In der Diskussion wurden die Argumente für eine Beteiligung an den Wahlen zur Nationalversammlung auf verschiedenen Ebenen geführt. Fritz Heckert, Käthe Duncker u. a. zeigten die Gefahr der Selbstisolation auf, in die die Partei gerate, falls sie den Boykott der Wahlen proklamiere. Große Schichten des Volkes (Frauen, Jugendliche) seien zum ersten Mal wahlberechtigt, und gerade bei ihnen würde man mit einem Wahlboykott auf ein völliges Unverständnis stoßen, sie damit in das Lager der Gegner treiben.[61] Auch könne man die Vorbereitungen zu den Wahlen für eine Agitation gegen die Nationalversammlung und für eine Aufklärung über ihren Charakter nutzen.[62] Alle Fürsprecher der Wahlbeteiligung gingen auf das Problem der »Unreife der Massen« ein. Sie schlossen die Möglichkeit nicht aus, daß man sich auch auf eine längere Phase mit Niederlagen einrichten müsse. Man könne sich mit der Beteiligung an den Wahlen auf den langen und mühevollen Kampf mit der Bourgeoisie um entscheidende Positionen vorbereiten. Levi, Rosa Luxemburg und Karl Liebknecht (allerdings Liebknecht in seinen Formulierungen recht zurückhaltend und vorsichtig[63]) sahen in der Nationalversammlung und in den Wahlen gegenüber dem alten Reichstag etwas qualitativ Neues. Sie sahen im Zustandekommen dieser Institution ein Ergebnis der vorangegangenen Auseinandersetzungen, stellten sich also auf eine neue Situation ein und begnügten sich nicht mit den altbekannten antiparlamentarischen Schimpfwörtern (»Schwatzbude«, »parlamentarischer Kretinismus«). Sie suchten nach neuen Mitteln in der Bekämpfung dieser als Ausdruck der konzentrierten und organisierten Macht der Gegenrevolution erkannten Einrichtung. Rosa Luxemburg sprach mit ihrem Satz: »Des Volkes Willen ist das höchste Gesetz« aus, daß es sich da um ein Bedürfnis der (wenn auch unreifen) Massen handele, dem man sich zu stellen habe:

> »Unsere nächste Aufgabe ist es, die Massen zu schulen, diese Aufgaben zu erfüllen. Das wollen wir durch den Parlamentarismus erreichen. Das Wort soll entscheiden. Ich sage Ihnen, gerade dank der Unreife der Massen, die bis jetzt nicht verstanden haben, das Rätesystem zum Siege zu bringen, ist es der Gegenrevolution gelungen, die Nationalversammlung als ein Bollwerk gegen uns aufzurichten. Nun führt unser Weg durch dieses Bollwerk hindurch. Ich habe die Pflicht, alle Vernunft dagegen zu richten, gegen dieses Bollwerk anzukämpfen, hineinzuwirken in die Nationalversammlung, dort mit der Faust auf den Tisch zu schlagen. Des Volkes Wille ist das höchste Gesetz.«[64]

Keiner dieser Redner, die für Wahlbeteiligung sprachen, akzeptierte die Alternative: Parlamentarismus oder Rätesystem, wie sie von der Gegenseite verstanden wurde. Diese kämpfte tatsächlich gegen »einen Popanz« (Levi), den sie sich selbst aufgebaut hatte.

Die Gegner einer Beteiligung an den Wahlen gingen – bis auf Eugen Leviné – von dem platten Entweder-Oder aus, das Luxemburg »grobkörnig« nannte.[65] Entweder man beteilige sich an den Wahlen und betreibe damit eine opportunistische »Kompromißpolitik«[66] und werde damit die »Bewegung einlullen«, indem man dem Arbeiter den Stimmzettel in die Hand gebe; oder aber man verfolge weiterhin die reine »konsequente« Verfechtung des Rätegedankens und verhindere damit den Rückfall in den Opportunismus und die Preisgabe der revolutionären Ziele. Der großen Mehrheit der Gegner stellte sich die prinzipielle Ablehnung der Nationalversammlung als einer konterrevolutionären Einrichtung und das gleichzeitige Eintreten für eine Beteiligung an den Wahlen zu ihr als ein Widerspruch dar, den sie nicht »überwinden« konnte.[67] Leviné war der einzige auf der Seite der Gegner der Wahlbeteiligung, der durch eine etwas andere Argumentation auffiel. Er bezeichnete die Situation als eine »frühe Stufe der Revolution«, in der die Massen noch nicht an die Seite der Kommunisten getreten seien. Er schätzte den Einfluß der Partei auf die Massen im Falle sowohl der Beteiligung an den Wahlen als auch des Boykotts gering ein.[68] Allerdings war er der Meinung, daß, wenn der Partei die Organisation der Kämpfe im Betrieb und auf der Straße gelänge, die Massen bald zu diesen Formen zurückfinden würden. Er ging davon aus, daß die Massen schon bald von der Nationalversammlung so enttäuscht sein würden, daß sie den Weg zur KPD fänden.

Die Mehrheit der Gegner der Beteiligung an den Wahlen (zugleich die Mehrheit der anwesenden Delegierten) beurteilte die Situation in Deutschland zu diesem Zeitpunkt so, als stünde der Sieg der Revolution in kürzester Zeit bevor. Die meisten von ihnen richteten sich auf das »letzte Gefecht« ein, auf den Moment, da man die Macht an sich reißen werde.[69] Einerseits überschätzten sie maßlos ihren eigenen Einfluß auf die Massen[70], andererseits unterschätzten sie entsprechend die wachsende Gegenrevolution; sie vertraten auch, wie Levi in seinem Referat sagte, eine »höchst äußerliche Auffassung« des Verhältnisses von Revolution und Konterrevolution. Dementsprechend klang in den Argumenten der Gegenseite die Vorstellung an, daß die Führung die Massen verraten wolle und man sich dagegen zu wehren habe.[71]

Es war Levi relativ schnell gelungen, von dem »Radikalismus« der Novembertage zu einer differenzierten Analyse der politischen Situation zu kommen. Der Mehrheit der Delegierten des Parteitages gelang dies nicht. Die Beteiligung an den Wahlen zur Nationalversammlung wurde mit 62 zu 23 Stimmen abgelehnt.[72] Leo Jogiches soll daraufhin verlangt haben, von der Gründung der Partei überhaupt abzusehen[73], ließ sich dann aber besänftigen.

Entscheidend für die weitere Gestalt der KPD war noch eine andere Entscheidung, die mit dem Beschluß über die Wahlfrage zusammenhing: Es ging um Zusammenarbeit mit den Berliner Obleuten, ja, um einen möglichen Übertritt dieser Gruppe zur KPD. Liebknecht und Pieck führten am Rande des Parteitages mit Vertretern der Gruppe Gespräche und unterrichteten den Parteitag darüber.[74] Eine Einigung kam nicht zustande: die von den Obleuten gestellten Bedingungen schienen den Spartakus-Vertretern unannehmbar. Einmal verlangten die Obleute die Aufhebung des Anti-Wahl-Beschlusses, zum anderen wollten sie eine paritätische Beteiligung an der Programmkommission und an Presse und Flugblättern der Partei. Darüber hinaus forderten sie die Streichung des Namens »Spartakusbund« und den Verzicht auf die dem Spartakusbund nach ihrer Ansicht anhaftende »Putschtaktik«. All diese Dinge wurden von den Delegierten des Parteitages nicht ernsthaft in Erwägung gezogen. Als Liebknecht die Forderungen der Obleute wiedergab, gab es Lachsalven. Das war wieder eine Selbstüberschätzung der jungen Partei. Allgemein herrschte die Ansicht vor, daß die Massen auch ohne die Führer (auch die Obleute galten als »Führer«) den Weg zur KPD finden würden. Über das Scheitern der Verhandlungen mit dieser, wenigstens für Berlin zahlenmäßig durchaus ernst zu nehmenden Gruppierungen sah man »großzügig« hinweg.

Die auf dem Parteitag vorherrschende »linkskommunistische«[75], »ultralinke« oder »utopisch-radikale«[76] Tendenz wurde nicht nur von den ehemaligen Internationalen Kommunisten Deutschlands getragen, sondern fand auch unter den Spartakus-Delegierten eine breite Basis. In einigen historischen Darstellungen wird diese Tendenz oft mit unverantwortlichem, kriminellem Abenteurertum in Verbindung gebracht.[77] Es verbanden sich hier Traditionen der Linksradikalen in der Vorkriegs-SPD mit syndikalistischen und bolschewistischen Vorstellungen. Die Gruppe um Rosa Luxemburg, zu der auch Paul Levi gehörte, hatte in ihrem Programm ausdrücklich als Voraussetzung einer Machtergreifung durch die Kommunisten den »klaren, unzweideutigen Willen der großen Mehrheit der proletarischen Masse in Deutschland«[78] genannt. Die Mehrheit der Delegierten nahm das Programm zwar an, war aber bereit, sich Illusionen über die wirkliche Stärke der Partei hinzugeben, und neigte zu putschistischem Verhalten. Diese Mehrheit fand ihre Sprecher meist in den Rednern der ehemaligen IKD, bestand aber keineswegs nur aus deren Anhängern. Die spätere parteioffizielle Darstellung charakterisierte diese Tendenz folgendermaßen:

»Neben dem alten Stamm revolutionärer Parteiarbeiter, die schon vor dem Krieg zur linksradikalen Opposition um Rosa Luxemburg gehört hatten, saßen jetzt junge Arbeiter, die im Kriege Träger der revolutionären Propaganda und Aktionen gewesen waren, aber noch zu wenig politische Erfahrungen hatten, Soldaten, angefüllt mit der Erbitterung über alle Leiden und Entbehrungen des Krieges, Pazifisten, die wacker gegen den Krieg gekämpft hatten und durch die Verfolgung nach links getrieben worden waren, Syndikalisten, die in der radikalen Arbeiterbewegung ein fruchtbares Feld für ihre Ideen sahen, Künstler und andere Intellektuelle, die von dem Strom der Revolution hochgeschleudert worden waren, kurz, Elemente, wie sie in jeder Revolution plötzlich in die Bewegung gerissen werden und die ihren politischen Wert erst erweisen mußten. Dieser Zuwachs zeigte sicherlich revolutionäre Begeisterung und Bereitschaft zum Handeln, aber auch allzu dürftige politische Erfahrung und keine theoretischen Kenntnisse. Er urteilte meist *stimmungsgemäß* und beeinflußte damit sehr stark die Mitgliedschaft und die Beschlüsse der jetzigen Tagung.«[79]

Levi schrieb in einem Rückblick über die Zusammensetzung des Gründungsparteitages:

»Die Kommunistische Partei Deutschlands wurde damals gegründet aus Elementen, die nicht homogen waren. Es war die
kleine Schar von Kommunisten, die schon während des Krieges zum Spartakusbund gestanden hatten, es waren die Gruppen, die sich überhaupt erst während der Revolution gebildet
hatten. Tapfere Kämpfer, ehrliche Revolutionäre, aber ohne
jede politische Schulung [. . .].«[80]

In solch heterogener Beschaffenheit geriet die Partei in die
Kämpfe und Bewegungen der Arbeiterschaft in den nächsten
Monaten. Im Januar 1919 verlor sie ihre Führer Rosa Luxemburg und Karl Liebknecht, und im März wurde Leo Jogiches ermordet.
Paul Levi mußte die Führung der Partei übernehmen. Hier
begann eine Phase der härtesten Auseinandersetzungen mit
den Linksradikalen; ein Kampf gegen Syndikalismus und jegli-
che »Putschtaktik«, den er während der ganzen Zeit seines
Wirkens in der KPD führen sollte und der sich schließlich zu einem Machtkampf mit der Kommunistischen Internationale aus-
weitete, in dessen Verlauf Paul Levi aus der KPD ausgeschlossen wurde. Er hat diesen Kampf in dem Bewußtsein geführt, das
»Erbe« Rosa Luxemburgs politisch zu vertreten und weiterzu-
führen. Daß er auch ihr juristischer Nachlaßverwalter wurde,
kam noch hinzu.
Die nächsten Jahre standen unter dem unmittelbaren Eindruck
der Zeit mit Rosa Luxemburg. Der Schwung, mit der Levi die
KPD-Auseinandersetzungen führte, die Härte, mit der er auf
dem Heidelberger Parteitag im Oktober 1919 den größten Teil
der Linksradikalen aus der Partei drängte – all das war Ausdruck seiner Empfindung, daß es sich um »Rosas Partei« handele, in der ihre Vorstellungen so rein wie möglich weiterleben
sollten.
Als er sie nicht mehr wiederfinden konnte, als Rosa Luxemburgs Werk, wie es ihm schien, ganz und gar hinter dem wachsenden Einfluß der Komintern und ihrer deutschen Vertreter
verschwand, mußte er die Partei verlassen.
Vorübergehend bildete er mit einer kleinen Gruppe von Anhängern die Kommunistische Arbeitsgemeinschaft, in der Hoff-

nung, die KPD noch beeinflussen oder aufweichen zu können. Dann trat er wieder in die SPD ein.

Die letzten acht Jahre seines Lebens hat er auf dem linken Flügel der Sozialdemokratie verbracht. Wie vor dem Krieg und vor seiner Begegnung mit Rosa Luxemburg nahm er hier eigenwillige und äußerst kritische Positionen ein. Aber er war inzwischen durch seine Erfahrungen gewachsen zu einem »proletarischen Staatsmann«, wie Arthur Rosenberg schrieb, der eine ebenso »reale wie entschlossene Politik« vertrat: »Er verlangte, daß die sozialistische Arbeiterschaft wieder zum rücksichtslosen Klassenkampf übergehen müsse, wenn sie nicht nur ihre eigene Existenz, sondern auch die demokratische Republik retten wollte. Levi wußte gleichfalls, daß dieses Ziel nur im Rahmen der sozialistischen Massenbewegung, aber nicht durch neue Sektenbildung zu erreichen war.«[81]

Bis zum Schluß hat er versucht, Rosa Luxemburgs theoretische Vorstellungen in die Praxis umzusetzen. Aber er kämpfte als Einsamer, und er konnte ihren Tod nicht verwinden. 1929, im Jahr des Jorns-Prozesses, hat er beschrieben, was er empfand, als ihn im Gefängnis von Moabit in den Januartagen von 1919 die Nachricht vom Tod Rosa Luxemburgs erreichte. Er saß dort in Schutzhaft. Man brachte ihn in ein Büro, und er sah auf dem Tisch die Zeitung liegen, deren Balkenüberschrift folgendermaßen lautete:

»Karl Liebknecht und Rosa Luxemburg von der Volksmenge erschlagen.« »Es gibt Minuten«, so schrieb Levi, »die ein langes Leben aufwiegen; die zwei Minuten nach dem Lesen dieser Zeilen sind solche Minuten gewesen.«[82]

Diese Sätze zeigen, ebenso wie sein Engagement im Jorns-Prozeß, wie nahe ihm bis an sein Lebensende der Verlust Rosa Luxemburgs gegangen ist.

# 8. Die späteren Jahre

> »Aus alten Bänden klingen ihre Worte wie
> für den Tag geschrieben.«
> (Paul Levi, Zum Todestag von Rosa Lu-
> xemburg und Karl Liebknecht, in *Unser
> Weg*, 15. Januar 1922)

Wo findet sich in den folgenden Jahren in Levis Denken und
Handeln dieser gewaltige Einfluß Rosa Luxemburgs? War er
ein gelehriger, ein ungelehriger Schüler? Sinn meiner Untersuchung sollte niemals sein, Levis Positionen auf die Frage: Lu-
xemburgisch oder nicht? zu reduzieren. Das mögen andere besorgen, die Personen gern in Schubladen schieben. Levi war
eine eigenständige, überaus interessante Persönlichkeit, der
eine ausgiebige Forschung zu widmen sich in jedem Falle
lohnte.

Die Beleuchtung seiner späteren Positionen – auch in ihrer Verbundenheit mit dem Gedankengut von Rosa Luxemburg – steht
indes noch aus. Ich will im folgenden nur einige wichtige
Aspekte seines politischen Denkens schlaglichtartig erhellen.
Der zeitgeschichtliche Zusammenhang muß dabei, ebenso wie
wesentliche Handlungsstränge Levis im Bereich der politischen
Justiz, der sozialdemokratischen Wehrpolitik, als Reichstagsabgeordneter und als politischer Journalist, zurückstehen. Hervorgehoben werden sollen nur noch Schwerpunkte seines politischen Handelns. Rußland- und KPD-Kritik, Einheit der Arbeiterbewegung, Schutz der Republik und Stellung der Sozialdemokratie zum Weimarer Staat – das waren die wichtigsten Probleme, denen er sich, oft genug an Rosa Luxemburg erinnernd,
in den letzten Jahren seines Lebens gewidmet hat.

Über die inhomogene Zusammensetzung des Gründungsparteitages der KPD um die Jahreswende 1918/19 ist schon gesprochen worden; auch darüber, daß sich Rosa Luxemburg, Leo Jogiches, Paul Levi und andere, diesem Kreis zuzurechnende Personen, gegenüber der großen Mehrheit der neuen Partei in der Minderheit befanden, was zum Beispiel die wichtige Frage der Beteiligung an den Wahlen zur Nationalversammlung anging. Es ist auch schon oben gesagt worden, daß Leo Jogiches nach der Abstimmung über die Wahlfrage am liebsten die ganze Parteigründung rückgängig gemacht hätte.[1] Rosa Luxemburg und Leo Jogiches gehörten zu denjenigen in der Spartakusgruppe, die am längsten gezögert hatten, den Bruch mit der alten SPD endgültig zu machen. Beide waren auch zunächst dafür gewesen, sich der Sozialistischen Arbeitsgemeinschaft anzuschließen und nicht gleich eine neue Partei der Linken im Reich zu gründen, wie es den Vorstellungen der Bremer Linken zum Beispiel entsprochen hätte.[2]

Es handelte sich hier um unterschiedliche Grundauffassungen über die Gründung und den Charakter einer sozialistischen Massenpartei zwischen den Führern des Spartakusbundes auf der einen und den Bremer Linksradikalen, die mit der »Arbeiterpolitik« ein den Bolschewiki nahestehendes Organ besaßen, auf der anderen Seite. Rosa Luxemburgs und Leo Jogiches' Mißtrauen gegenüber allzu unkritischen Anhängern der Bolschewiki war groß – dieses Mißtrauen hatte auch die russische Revolution nicht aus dem Weg räumen können.

Auf dem Parteitag gab es viele Punkte, an denen die unterschiedlichen, ja gegensätzlichen Vorstellungen deutlich wurden, so zum Beispiel, wenn Frölich für die Hamburger Linksradikalen den von Rosa Luxemburg im Spartakusprogramm vorgesehenen »Anti-Terror«-Paragraphen angriff und ihn als Kritik am Vorgehen der Bolschewiki gegen die Konterrevolution ansah. Er bekannte sich dagegen zu einer bestimmten Art von Terror, der bei der Bekämpfung der Gegenrevolution auch und gerade in Deutschland notwendig sei.[3]

Die Stimmung auf dem Parteitag war äußerst radikal, und Rosa

*Paul Levi*

Luxemburg wie Paul Levi bemühten sich, mäßigend auf die Delegierten einzuwirken. Levi, weil er das radikale Gebahren irrational fand und weil ihm die gewerkschafts- und parlamentsfeindliche Haltung besonders der syndikalistischen Richtungen ganz und gar gegen den Strich ging; Rosa Luxemburg, für die dasselbe galt, fürchtete dazu den allzu starken Einfluß der umjubelten Bolschewiki auf die kritiklose Masse der Parteianhänger. Die Verbindung zwischen den Bolschewiki und den deut-

II. Weltkongreß der Kommunistischen Internationale, Sommer 1920, in
Moskau. Vierter von links (nach Trotzki): Paul Levi.

schen Linksradikalen und Syndikalisten war ihr nicht geheuer.
Noch viel größer war Leo Jogiches' Mißtrauen. Beide hatten
sich lange gesträubt, die neue Partei zu gründen, nun wollten sie
sich nicht majorisieren lassen. Allerdings konnte und wollte sich
Rosa Luxemburg nicht der Begeisterung und revolutionären
Stimmung auf dem Parteitag entziehen. Ihre Rede beinhaltete
Passagen, mit denen sich alle identifizieren konnten, auch Syndikalisten. Sie sprach von den kommenden großen Streikbewegungen, die das Wesentliche des sozialistischen Kampfes aus-
machten und hinter denen der politische Kampf zurücktreten
müsse.[4] Ihre Haltung war nicht vom Gegensatz, höchstens von
etwas Mißtrauen oder vorsichtiger Zurückhaltung gegenüber
den verschiedenen radikalen Richtungen geprägt.
Sie hatte zunächst die russische Revolution kritisiert; aber jetzt
war sie bereit, diese Kritik beiseite zu lassen und nur das Großartige, Mitreißende hervorzuheben. Die deutsche Revolution
würde die russische retten, das war ihre Hoffnung bis zuletzt.
Das hinderte sie nicht, die Erfahrungen der Vorkriegszeit, die
die Bolschewiki und besonders Lenin betrafen, in die neue Zeit

mitzunehmen und sich danach zu verhalten. So setzte sie sich zum Beispiel in der Frage der Gründung einer neuen kommunistischen Internationale durch mit ihrer Meinung, der Zeitpunkt sei noch nicht reif, und die Deutschen müßten gegen eine Gründung stimmen. Sie wollte nicht, daß die Bolschewiki auf die noch gar nicht entwickelten kommunistischen Parteien in Westeuropa einen zu starken Einfluß bekämen.[5]

Levi, der nicht die gleichen Erfahrungen hatte wie Rosa Luxemburg, und ihre Befürchtungen, die die Bolschewiki betrafen, zwar kannte, aber nicht besonders ernst nahm, hat später geschrieben, daß sein politischer »Anschauungsunterricht« erst nach Rosa Luxemburgs Tod begonnen habe.[6] Er meinte damit den Konflikt mit der Komintern-Führung in Moskau, der ihn schließlich aus der KPD trieb.

Ende März 1919 stand er, nach Jogiches' Tod, plötzlich vor der Situation, eine Partei führen zu müssen, die sich in völlig desolatem Zustand befand. Durch Illegalität und Verfolgung gab es kaum Verbindungen der Ortsgruppen untereinander und zur Parteizentrale. Bis zum Heidelberger Parteitag im Oktober 1919 war die KPD mit ihren ca. 100 000 Mitgliedern[7] innerlich zerrüttet und von der großen Masse der Arbeiter isoliert. Der Zwang, sich immer wieder an lokalen Bewegungen zu beteiligen, völlig unkoordinierte Aktionen zu starten, ließ es nicht zu, daß grundsätzliche Klärungsprozesse auf allen Ebenen und in offener Diskussion erfolgen konnten. Mit seinem Heidelberger Kraftakt versuchte Levi, eine Klärung gewaltsam herbeizuführen, indem er mit organisatorischen Mitteln die Syndikalisten und viele andere aus der Partei ausschloß. Sein Ziel war eine große sozialistische Massenpartei mit demokratischen Willensbildungsprozessen, und er versuchte, dieses Ziel verhängnisvollerweise mit ziemlich undemokratischen Mitteln zu erreichen. Hier war er sicher kein »gelehriger Schüler« Rosa Luxemburgs, wenn er auch subjektiv der Meinung gewesen sein mag, er handele in ihrem Sinne. Er wollte Einfluß gewinnen und den Weg frei machen für einen Anschluß der linken USPD-Arbeiter an die KPD; um diese zu gewinnen, mußte er sich von den in seinen Augen unverantwortlichen Elementen in seiner Partei, denen Abenteurertum und Putschtaktik anhingen, trennen. Das waren seine Motive. Die starke Betonung des Zentralismus als Organisationsprinzip der Kommunisten indes[8] war mehr eine Konzession an das Leninsche Organisationskonzept als eine Luxemburgische Auffassung. Parteidemokratie sieht in der Praxis oft anders aus als in der Theorie. Während Levi diktatorisch mit einem ganz großen Teil der Partei verfuhr, vertrat er inhaltlich Luxemburg-Positionen.

Für ihn wie für sie war die Partei die Zusammenfassung der fortschrittlichsten Kräfte der Arbeiterklasse, sie war »der zielbewußteste Teil des Proletariats, der die ganze breite Masse der Arbeiterschaft bei jedem Schritt auf ihre geschichtlichen Grenzen hinweist«[9], wie Rosa Luxemburg im Spartakus-Programm formuliert hatte. Zu Rosa Luxemburgs Lehren gehörte auch seine Überzeugung, daß zur Erlangung der Regierungsmacht der »klare, unzweideutige Wille der großen Mehrheit der proletarischen Masse in Deutschland«[10] unerläßlich sei. Von dieser Grundüberzeugung aus wehrte sich Levi von Anfang an gegen die Kräfte in der Partei, die ohne Rücksicht auf die Bewußtseinslage der großen Massen des Proletariats versuchten, die Revolution zu erzwingen. Eine weitere Grundüberzeugung des Luxemburg-Schülers Levi, die er auf dem Heidelberger Parteitag gegen die Syndikalisten vertrat, war die dialektische Auffassung der Revolution als eines Prozesses, in dem wirtschaftlicher und politischer Kampf nur zwei Seiten ein und derselben Entwicklung seien. Revolutionen konnten nicht mechanisch gemacht, nicht mit einem »Patentmittel« hervorgerufen werden, sondern »Revolution ist der organisch sich gestaltende Befreiungsprozeß der gesamten proletarischen Klasse.«[11] Dazu gehörte der politische Kampf ebenso wie der ökonomische, und es war ein verhängnisvoller Fehler der Syndikalisten, wenn sie die Notwendigkeit des politischen Kampfes leugneten.[12]

Auch ein Jahr später zeigte sich in einer anderen wichtigen Frage Levis Verbundenheit mit Rosa Luxemburgs Auffassungen. Im Sommer 1920 wurde auf dem Zweiten Weltkongreß der Kommunistischen Internationale in Moskau diskutiert, wie sich die Kommunisten zu den bestehenden großen Arbeiterorganisationen in den verschiedenen Ländern zu verhalten hätten. Austreten, eine neue Partei gründen – oder in den Organisationen bleiben und von innen wirken? Es war klar, daß mit dieser Frage die ganze Gründungsgeschichte der KPD aufgerollt wurde. Und siehe da: Levi stellte sich im nachhinein auf Leo Jogiches' und Rosa Luxemburgs Standpunkt und drückte aus, daß es eigentlich besser gewesen wäre, in der USPD zu bleiben. Denn unter der Wirkung der Januar-Ereignisse, der Illegalität und Verfolgung, der die KPD dann ausgesetzt gewesen sei, bestehe kein Zweifel,

> »daß jedenfalls organisatorisch die KPD nicht den Umfang und die Bedeutung erreicht hat, die sie erreicht hätte, wenn sie nach dem Gedanken von Leo Jogiches drei oder vier Monate länger in der USPD geblieben wäre.«[13]

Zurück vom Zweiten Weltkongreß der Komintern, berichtete Levi, man habe dort prinzipiell die gleiche Auffassung vertreten:

> »Solange wir die Möglichkeit haben, in den Organisationen unseren Standpunkt zu vertreten, solange wir die vollständige Freiheit der schärfsten Kritik haben, solange ist es unsere Pflicht, in diesen Organisationen zu bleiben«,[14]

sagte er auf der Zentralausschuß-Sitzung der KPD, die sich mit dem Moskauer Kongreß befaßte.

Levi versuchte hier noch, Beschlüsse des Zweiten Weltkongresses in seinem Sinne auszulegen. Politisch sollte nach seiner Meinung in diesen Massenorganisationen gestritten werden, um die besten Kräfte an sich zu binden. Was auf dem Zweiten Weltkongreß indes besonders diskutiert worden war, waren organisatorische Lösungen. Levi kritisierte die »21 Bedingungen« zur Aufnahme der »zentristischen« Parteien in die Kommunistische Internationale,[15] da sie seiner – von Rosa Luxemburg geprägten – Auffassung des Verhältnisses von Organisation und Politik zuwiderliefen. Es waren mechanische Spaltungen vorgesehen: im Falle einer Abstimmung über den Anschluß an die Dritte Internationale – z. B. in der USPD – war die Richtung, die (aus welchen Bedenken auch immer) gegen die »21 Bedingungen«

stimmte, aus der Partei auszuschließen. Was Levi anstrebte, war dagegen die politische Schulung der USPD-Massen. Sie sollten von den Kommunisten mit Hilfe schonungsloser Kritik an ihren revolutionsabholden Führern aufgeklärt werden. Das gleichzeitige Anbieten des kommunistischen Programms sollte ihnen die einzige Alternative zur Richtungslosigkeit der USPD zeigen und den Weg zur KPD weisen. Das war sein Plan. Obwohl er also auf dem Zweiten Weltkongreß die »21 Bedingungen« kritisierte, erfolgte sein endgültiger Bruch mit Moskau noch nicht in diesem Moment. Das ganze Jahr 1920 über setzte er sich mit aller Kraft für die Gewinnung des linken USPD-Flügels in der beschriebenen Weise ein. Die USPD hatte gerade 1920 einen enormen Mitgliederzuwachs zu verzeichnen. Bei den Reichstagswahlen von Juni 1920 stieg ihr Stimmanteil von 6,38 % (Wahlen zur Nationalversammlung) auf 14,04 %, was einer Zunahme von 111 % entsprach.[16] Diese Partei für kommunistische Politik zu gewinnen, schien eine lohnende Aufgabe. Levi mag der Ansicht gewesen sein, daß er sich, war die gewünschte sozialistische Massenpartei erst da, besser gegen Moskau würde durchsetzen können. Diese Rechnung trog jedoch: von der USPD-Linken ging nach der Spaltung der USPD in Halle im Oktober 1920 ungefähr die Hälfte zur KPD,[17] und gerade diese USPD-Anhänger waren keine »gestandenen Marxisten«, sondern eher das, was man als »Flugsand« der Revolutionsjahre bezeichnen könnte, radikalisierte Massen, die immer bereit waren, sich undemokratischen Führungen zu beugen.[18] So bekam die von Levi heftig bekämpfte putschistische Stimmung in der Partei wieder Auftrieb. Diesmal aber wurde sie von der Komintern-Führung in Moskau ganz offen unterstützt. Diese hatte in den Jahren 1920/21 Schritt für Schritt größeren Einfluß auf die inneren Angelegenheiten der kommunistischen Parteien in verschiedenen Ländern genommen. Der Versuch der Vereinheitlichung dieser Parteien durch die »21 Bedingungen« wirkte sich in Italien – um nur ein Beispiel zu nennen – verheerend aus.[19] Die Schwächung der dortigen Arbeiterbewegung leistete dem Faschismus Vorschub. Schon in diesen Jahren also reichte der Einfluß der Komintern-Führung recht weit. Das Wachsen der kommunistischen Parteien wurde dadurch gehemmt. Ihre Politik geriet in zunehmende Abhängigkeit der einzelnen Abgesandten des EKKI. Groß war die Gefahr, daß die konkreten Interessen der Arbeiterbewegungen der einzelnen Länder den Einfällen der selten des Landes kundigen EKKI-Vertreter geopfert würden. Als die innerparteiliche Opposition gegen Levis auf breite Bündnisse in der Arbeiterbewegung angelegte Politik[20] und seine Komintern-kritische Haltung immer stärker wurde, trat er im Februar 1921 von der Zentrale zurück.[21] Danach bekamen die Funktionäre, die weniger Komintern-kritisch waren, die Chance, die Politik der Partei zu bestimmen. Und so geschah es. Die neue offensive Richtung setzte sich durch, und mit Hilfe einiger Komintern-Emissäre stürzte sich die KPD in die Märzaktion[22], nach deren Kritik Levi schließlich ausgeschlossen wurde.[23]

Als er sich im Prozeß seiner Auseinandersetzungen mit der innerparteilichen Opposition und der Komintern-Führung in Moskau isoliert sah, als die gegenseitigen Beschuldigungen immer heftiger wurden, berief er sich zunehmend auf Rosa Luxemburg. Bisher war sie namentlich in seinen Artikeln wenig genannt worden. Offenbar war ihr Name auch gerade in Kreisen seiner erbittertsten innerparteilichen Gegner, bei der Berliner Opposition nämlich, ganz und gar verpönt. Levi bemerkte das auf einer Funktionärskonferenz in Berlin, auf der er sich mit den Berlinern über die Märzaktion herumschlug, recht resigniert. Er und »die tote Genossin Luxemburg« genössen wohl weniger Vertrauen bei den Funktionären, sagte er dort und führte daher zur Untermauerung seiner Argumente zusätzlich Lenin-Zitate ein.[24]

Die Zeit, in der das Schiff durch Rosa Luxemburgs Anstoß alleine gebraust war, schien jetzt vorbei. Die Stürme und Widerstände wurden immer stärker, und der Seemann brauchte Hilfe.

## 2. Kritik an KPD und Bolschewiki – in der Kommunistischen Arbeitsgemeinschaft (KAG)

»Die Zentrale hat [. . .] noch nicht einmal die simple Kunst jenes Indianerhäuptlings gezeigt, der, um seine Allmacht zu beweisen, jeden Morgen vor Sonnenaufgang vor sein Zelt trat und sagte: Sonne, geh du den Weg, den ich dir weise. Er deutete dabei mit der Hand von Osten nach Westen. Die Zentrale, von denselben Allmachtsgefühlen beseelt, deutete aus Versehen mit der Hand von Westen nach Osten.«[25]

Levis Beispiel mit dem Indianerhäuptling, das er in seiner Broschüre »Unser Weg – Wider den Putschismus« gebrauchte, machte auf eindrucksvolle und witzige Weise den Größenwahn der VKPD-Zentrale im Augenblick der Märzaktion deutlich. Er fuhr in seiner Kritik fort:

> »Sie hat damit das Grundgesetz verletzt, nach dem eine Massenpartei überhaupt nur bewegt werden kann; nur eigner Wille, eigne Einsicht, eigne Entschlossenheit kann sie bewegen; auf Grund dieser Voraussetzung kann eine gute Führung – *führen* […]
> Die Kommunisten haben nicht die Möglichkeit und zumal nicht, solange sie eine solche Minderheit im Proletariat sind, die Aktion *an Stelle* des Proletariats, *ohne* das Proletariat, am Ende gar *gegen* das Proletariat zu machen.«[26]

Auch wenn Levi in seiner Streitschrift vor allem Marx und Lenin (letzteren wohl, um die Verantwortlichen mit ihren eigenen Waffen zu schlagen) als Kronzeugen gegen die Politik der Zentrale heranzog, wurde doch deutlich, in wessen Sinne er schrieb, wohin er zurück wollte. Er beendete die Broschüre mit dem Appell an die Internationale, die KPD nicht daran zu hindern, zu ihrer Vergangenheit und zu den »Lehren ihrer Gründerin« zurückzufinden.
Nach dem Erscheinen der Broschüre wurde er auf der letzten Sitzung des Zentralausschusses der Partei, an der er teilnehmen sollte, noch deutlicher: »Revolutionen kann man nicht machen«, sagte er. Nirgendwo sei im Gedankengebäude Rosa Luxemburgs für eine solche Auffassung Platz. Und die Haltung, man könne »die Geschicke der Revolution und der Partei zwingen«, wie sie zum Beispiel Frölich vertrete, sei völlig unmarxistisch.[27] Außerdem lebe man, fuhr Levi fort, »in Westeuropa in

etwas anderen Verhältnissen« (als in Rußland, wo solch eine Taktik vielleicht möglich war, sollte das heißen), wie Rosa Luxemburg in der Vergangenheit schon deutlich gemacht habe. Und er fügte folgenden Gedankengang hinzu, der hier ausführlich zitiert werden soll, da er in Levis – des Luxemburg-Schülers – Denken eine zentrale Rolle spielte:

> »Die Kommunistische Partei in Rußland vor der Revolution mußte sich ausbilden in einem gesellschaftlichen Körper, in dem die Bourgeoisie überhaupt nicht entfaltet war, sie mußte sich ausbilden in einem Gesellschaftskörper, in dem der eigentliche, natürliche Antipode des Proletariats, die Bourgoisie, erst in Andeutungen existierte, und wo ihr als großer Feind gegenüberstand der agrarische Feudalismus. In Westeuropa sind die Verhältnisse völlig anders. Hier steht das Proletariat vor einer völlig entfalteten Bourgeoisie und steht gegenüber den politischen Folgen der Entfaltung der Bourgeoisie, der Demokratie; [...] unter der Demokratie [...] nimmt die Organisationsform der Arbeiter andere Formen an als unter der Staatsform des agrarischen Feudalismus, unter dem Absolutismus.
> Und so kann in Westeuropa die Organisationsform keine andere sein, als die der nicht geschlossenen Massenpartei.«[28]

Ein Jahr später hat Levi diesen Gedankengang, der die Verschiedenheit der russischen und der deutschen Entwicklung betraf, noch ausführlicher dargestellt. Er hat dabei auch wieder auf die Fehler hingewiesen, den der Spartakusbund 1918 mit dem Austritt aus der USPD begangen habe. In seiner Schrift »Zum Stand der proletarischen Bewegung in Deutschland«, die im Dezember 1922 in der *Roten Revue* in Zürich erschien, erklärte er die historischen Unterschiede zwischen politischer Sekte und dem, was er »offene Massenpartei« nannte:

> »In Rußland war die Industrieproletarierklasse [...] der Zeit nach jung, der Zahl nach gering, gemessen an der Zahl des gesamten Volkes. Sie lebte unter einem mittelalterlich-feuda-

len Absolutismus. Das war in Westeuropa anders. Hier sind die Industrieproletarier zahlreich, sie haben als Klasse eine schon generationenlange Tradition; sie leben auf dem staatlichen Boden der westlichen Demokratie oder – wie in Deutschland vor dem Kriege – einem, der ihm sehr stark angepaßt war. Die Klasse lebte sich legal aus: in Parlamenten, Parteien, Gewerkschaften, Genossenschaften usw. Ihre Wucht war so stark, daß ihr, wie das deutsche Beispiel zeigt, mit Polizeimitteln nicht mehr beizukommen war. In dieser westeuropäischen Klassenentwicklung war das Proletariat das Primäre, der Sozialismus das Sekundäre – beides zeitlich und sachlich gesehen. Der Sozialismus fand eine bestehende Klassenbewegung; in Rußland fand eine entstehende Klassenbewegung den Sozialismus. In Westeuropa war auch proletarische Klassenbewegung außerhalb der sozialistischen Organisationen; in Rußland umfaßte der Sozialismus die gesamte Klassenbewegung. In Westeuropa daher das breite, natürliche, erdentsprossene Klassenleben; in Rußland die Sekte. Es ist nicht der mindeste Zweifel, daß auch Marx, schon in seiner frühesten Zeit, im Kommunistischen Manifest, diese westeuropäische Gestaltung vor Augen hatte und mit ihr rechnete [. . .] Aus dieser verschiedenartigen Gestalt der westeuropäischen Arbeiterbewegung folgt: Tendenzen, Strömungen, Richtungen in der Arbeiterbewegung, die nur sektenmäßig bestehen, bestehen überhaupt nicht; Bestand hat nur, was ›massenmäßig‹ erscheint, d. h. was ein Teil jenes frei dahinflutenden proletarischen Klassenlebens ist. Für Rußland war der Ausgangspunkt die reine Lehre, für Westeuropa die bestehende Arbeitermasse; in Rußland, in der illegalen Zeit, lebte der Gedanke frei, unbeschwert sich aus; in Westeuropa ist der Gedanke sozusagen an die Scholle gebunden, er ist beschwert durch das langsame, zähe und nicht von Rückschlägen freie Erleben der Masse. Aus diesem Grunde heraus waren wir immer der Auffassung, daß es gelte, in den Massen zu bleiben und, mit unseren Gedanken und unter deren Betonung, einen Teil des Massenlebens zu bilden.«[29]

Der aus der KPD ausgeschlossene Paul Levi und seine Anhän-

ger wollten keine neue Partei bilden, um nicht zur Sekte zu ver-
kommen. So scharte man sich zunächst um eine von Levi herausgegebene Zeitschrift *Unser Weg* und versuchte, die Anhänger der KPD wieder auf den richtigen Weg zu bringen. Im September 1921 wurde die Kommunistische Arbeitsgemeinschaft
(KAG) gegründet, die die Funktion haben sollte, von der KPD
und von der USPD gleichermaßen enttäuschte Arbeiter von
dem Schritt in den politischen Indifferentismus abzuhalten und
den kommunistischen Geist hochzuhalten. Die reine Lehre
ohne Massenorganisation also? Und damit, nach Levis eigener
Theorie, bedeutungslos? Das heftige Betonen, man wolle keine
neue Partei sein, schien die eigenen Ängste diesbezüglich auszu-
drücken. Indes mußte erst eine gewisse Zeit verstreichen, bis
Levi und die Seinen (»Leviten«) ihren Weg in die USPD antreten konnten, ein Schritt, der Levi sicherlich von Anfang an klar
gewesen ist. Die KAG sollte sich aber zunächst als politisch
glaubwürdige Gruppe darstellen.
Einen wesentlichen Teil ihrer publizistischen Aktivitäten
machte Levis Kommentierung der KPD-Politik und besonders
der Verhältnisse in der Sowjetunion, die wiederum auf die KPD
zurückwirkten, aus. Er brauchte jetzt kein Blatt mehr vor den
Mund zu nehmen. Er kritisierte offen den von Lenin einge-
schlagenen Weg der Konzessionen, wenn er auch Konzessionen
als solche nicht ablehnte und Verständnis für die schwierige
wirtschaftliche und politische Lage der Bolschewiki hatte, nachdem in Westeuropa die Revolutionen ausgeblieben waren. Sein
Standpunkt war folgender: Lenin sei der Meinung, daß die in
Rußland bestehende Wirtschaft als Substrat für den Kommunismus ungeeignet sei, da vielfach noch die allerrückständigsten
Wirtschaftsformen bestünden. Es müsse nun für die fortge-
schrittenste Staatsform die ihr gemäße Wirtschaftsform geschaffen werden. Und dieser Weg gehe nur über Konzessionen
an Bauern und Kapitalisten. Das sei jedoch keine Konzession
an die Menschewisten, die meinten, die ganze russische Revolution sei falsch, weil zu früh gekommen, sondern Lenin halte
nach wie vor an der Fortführung der proletarischen Revolution
fest. Aber mit welchen Mitteln? fragte Levi. Und er schrieb,
ganz im Geiste Rosa Luxemburgs:

»Wir haben schon in früheren Jahren darauf hingewiesen, wie die russischen Kommunisten von der Vorstellung beherrscht sind, – eine Vorstellung, mit der sie auch die Kommunistische Internationale infiziert haben – als sei die geistige Entwicklung der proletarischen Klasse, die Überwindung des Menschewismus, eine obrigkeitliche Angelegenheit, eine Sache, die durch irgendwelche behördlichen Maßnahmen geregelt werden könne, sei es im Rußland der Sowjetregierung, sei es in der Internationale des Exekutivkomitees. Es ist kein Zufall, daß in dem von der russischen Delegation dem III. Weltkongreß vorgelegten Thesenentwurf über die Taktik zum ersten Male das Wort ›Parteibehörde‹, das bisher immer nur im Kreis der Spötter umgegangen war, in den *offiziellen* Sprachschatz der Internationale erhoben wurde. Und dieser Gedankengang greift jetzt über auf alle anderen Formen der gesellschaftlichen Entwicklung. Rußland braucht einen Kapitalismus als wirtschaftliches Substrat für den Sozialismus. Also wird von Staats wegen ›nach Maßgabe des jeweiligen Staatsbedürfnisses‹, ein Kapitalismus geschaffen. Die Diktatur des Proletariats besteht, aber im harten Winter dieser Diktatur pflanzen einige weise Gärtner Veilchen an geschützten Stellen oder in Gewächshäusern. Wir glauben, die geschichtliche Entwicklung wird alle solche Pläne scheitern lassen. Die geschichtliche Entwicklung geht nicht mechanisch und nicht nach Maßgabe der Beschlüsse eines Zentralkomitees vor sich, sondern in dialektischen Widersprüchen und nur im Kampf der kapitalistischen Tendenzen mit den proletarisch-revolutionären.«[30]

Was hatten die Vorgänge in Rußland für eine Bedeutung für die deutsche Arbeiterbewegung? Auf der Gründungskonferenz der KAG hielt Levi eine aufschlußreiche Rede. Leider, sagte er, habe sich die Hoffnung auf eine große, »sozialrevolutionäre Massenpartei« nicht erfüllt, um derentwillen die Spaltung der USPD in Halle allein ihre Rechtfertigung gefunden hätte. Diese Hoffnung sei durch die Märzaktion der KPD zunichte gemacht worden. Auch die Ereignisse in Rußland trügen zur Schwierigkeit der Lage der deutschen Arbeiter bei: Durch Lenins Annäherung an die Bourgeoisie, durch seine Politik der Konzessionen an den Kapitalismus, entstehe bei den deutschen Arbeitern der Eindruck, daß es auch in Rußland keinen anderen Ausweg mehr gebe als den Kapitalismus. Da die deutsche Kommunistische Partei in völliger Abhängigkeit von Rußland stehe, könne sie den deutschen Arbeitern bald keine Hoffnung mehr geben:

> »Die Arbeiter sehen auf der einen Seite, wie der Sozialreformismus ihnen nichts anderes bringen konnte als den Weg zum Kapitalismus. Und sie sehen auf der anderen Seite, wie der Kommunismus – mag sein unverschuldet und aus schwieriger Lage – nichts anderes brachte als den Kapitalismus. Die SPD, wie die russische Partei, wie damit die deutsche Kommunistische Partei, wissen nur zu sagen: es geht nicht ohne Kapitalismus.«[31]

In Deutschland müsse der kommunistische Gedanke für die Arbeiter gerettet werden. Die Zeit der Parteispaltungen sei jetzt vorüber, der Konzentrationsprozeß der Arbeitermassen müsse beginnen. Der KAG falle die Aufgabe zu, diesen Prozeß zu fördern und Anstöße dazu zu geben. Wie sie das machen sollte, sagte Levi auch:

> »Ohne Antibolschewismus zu treiben, ohne aufzuhören, den Arbeitern immer wieder zu sagen, daß nicht durch eigenes Verschulden, sondern vielmehr durch Ausbleiben der Revolution in Westeuropa sich die neue Politik in Rußland notwendig gemacht hat, muß doch die Kommunistische Arbeitsgemeinschaft Distanz gewinnen zu der Politik der russischen Sowjetregierung, damit die Arbeiter in Deutschland nicht das Gefühl bekommen, daß der Kommunismus – weil in Rußland vorläufig – ihnen überhaupt nichts bringen könne.«[32]

Im selben Monat schrieb Levi an der Einleitung zu der von ihm geplanten Ausgabe der »Russischen Revolution« von Rosa Luxemburg. »Auch ein Klaglied zu sein im Mund der Geliebten ist herrlich«, zitierte er Schiller doppeldeutig (denn wer war die Geliebte – Rosa Luxemburg oder die Revolution? Vielleicht beide). Auch in dieser Einleitung setzte er sich äußerst kritisch mit der Politik der Konzessionen seit Februar 1921 auseinander und fragte nach den praktischen Ergebnissen der Leninschen Auffassungen von der Diktatur des Proletariats, vom Organisationskonzept der Partei und vom Gang der sozialistischen Revolution, die er im Gegensatz zu den Gedanken Rosa Luxemburgs skizzierte.[33] Jetzt war die Stunde der offenen Kritik an den Bolschewiki gekommen. Er konnte sich von der Seele schreiben, was er seit Rosa Luxemburgs Tod Schritt für Schritt in den zwei Jahren KPD-Erfahrung gelernt und teils offen, teils verdeckt angesprochen hatte. Man wird fragen, ob es nicht verhängnisvoll war, daß er Rosa Luxemburgs Schrift in diesem Augenblick, so kurz nach seinen öffentlich ausgetragenen Differenzen mit der Komintern, veröffentlichte. War Levi nicht damit der erste, der die Lehren der Meisterin in die kleinlichen Querelen des Tages herabzog? Mißbrauchte er Rosa Luxemburgs Kritik als Rechtfertigung seines Tuns? Daß er die Schrift herausgab und sie nicht, wie von deutschen und russischen Kommunisten geplant, verschwinden ließ,[34] ist ein unbestreitbares Verdienst. Wie er es tat und zu welchem Zeitpunkt, darüber wird man immer streiten können. Für sein subjektives Empfinden jedenfalls war es notwendig; denn er glaubte die russische und die deutsche Entwicklung an einem Wendepunkt. Der von ihm befürchteten Resignation der Arbeiter wollte er Einhalt gebieten, den kommunistischen Gedanken retten – mit Rosa Luxemburg. So beendete er seine Einleitung mit der Bemerkung, die Bolschewiki hätten den »größten moralischen Fonds«, den die Arbeiterbewegung jemals besessen, in den Händen gehabt. Viel sei von diesem Fonds bereits unnütz und unwiederbringlich geopfert worden. Was er befürchtete, wenn diese Entwicklung anhielt, beschrieb er so:

»Wir glauben, daß die Arbeiterschaft der ganzen Welt seelisch daran verarmen würde, und daß die Arbeit von vielleicht Jahrzehnten nötig sein würde, um wieder aufzubauen, was 1918 war.«[35]

## 3. Schutz der Republik – Die Arbeit in der SPD

Levi hatte in seiner Rußland-Kritik das Thema »Diktatur des Proletariats« angesprochen. Er tat dies in einer Weise, die aufschlußreich ist für sein Staatsverständnis überhaupt. Im Juni 1921 schrieb er in *Unser Weg*:

> »So hat die russische Revolution das Problem der Diktatur des Proletariats in zwiefacher Weise aufgerollt. Sie hat den unversöhnlichen Charakter der proletarischen Diktatur mit der Existenz der Bourgeoisie nicht weniger dargetan, als sie gezeigt hat, wie sie ohne die tätige, hingebende und opferbereite Mitwirkung der breitesten revolutionären Massen nicht bestehen kann. Der Wille, der Glaube, die Kraft der Massen, geformt von den Kommunisten, das ist die Diktatur des Proletariats. Der unversöhnliche Kampf gegen die gegenrevolutionären Klassen ist ihr Ausdruck; die *Demokratie im Proletariat* ist das Leben der *Diktatur des Proletariats*.«[36]

Und in der Einleitung zu »Die Russische Revolution« hieß es, die Diktatur des Proletariats sei die »eroberte Staatsgewalt dann und solange, als der Wille, die Kraft, die Begeisterung, die Siegeszuversicht der proletarischen Klasse hinter ihr steht. Sie ist Zustand und Staatsform zumal, das eine ausgedrückt durch das andere.«[37] In derselben Einleitung stellte er die Frage, ob es möglich sei, daß »auch unter der Decke der proletarischen Form des Staates eine Wandlung möglich sei, dergestalt, daß nicht mehr proletarische, sondern andere Kräfte entscheidend werden?«[38]

Diktatur des Proletariats und Demokratie gehörten für ihn – wie für Rosa Luxemburg – zusammen. Das eine konnte nicht ohne das andere existieren, sonst begann eine schleichende Aushöhlung dessen, was vorher mit Diktatur des Proletariats gemeint war. Diese Überlegung, daß Staatsformen nur durch die Kräfte gehalten und getragen werden können, die sie erkämpft haben, durchzieht wie ein roter Faden Levis Artikel und Reden der folgenden Jahre, wenn er sich zu dem Thema »Schutz der Republik« äußerte. Das tat er seit 1921 in zunehmendem Maße.

Er war in tiefer Sorge um das Schicksal der Weimarer Republik, die er, bei allen ihren Halbheiten und Schwächen, für eine Republik der Arbeiter hielt. Denn die deutsche Arbeiterklasse hatte diese Republik geschaffen. Das Thema beherrschte alle Gebiete seines politischen Wirkens und Schaffens: seine Arbeit in den Parteien USPD und SPD, wie seine Tätigkeit als Reichstagsabgeordneter, bei der Mitarbeit an dem nach der Ermordung Erzbergers und Rathenaus in Angriff genommenen »Gesetz zum Schutz der Republik«, das als wirksame Waffe gegen den Terror von rechts vorgesehen war und sich in der politischen Praxis dann meistens gegen links auswirkte.[39] Außerdem war er im Fememord-Ausschuß des Reichstags, der die politischen Morde der Rechtsradikalen-Völkischen untersuchte.[40]

Besonders zwei Dingen widmete er sich in seinen Reden und Artikeln: der Einheit der deutschen Arbeiterbewegung, die ihm wie nichts anderes am Herzen lag, da sie Voraussetzung für den wirksamen Schutz der Republik sei, und der Kritik an der Entwicklung in der Sowjetunion und an der KPD, die diese Einheit nach seiner Meinung verhinderten.

Schon in den frühen 20er Jahren sah Levi mit hellseherischen Fähigkeiten die Gefahren, die der Republik von rechts drohten, voraus. Seine Analysen des Weimarer Staates zeigen den scharfsinnigen, geistig unabhängigen und doch der Arbeiterbewegung tief verbundenen Politiker, wie man ihn heute wohl vergebens sucht.

Seine politischen Äußerungen in den 20er Jahren sind die eines gereiften Politikers, dem der Einfluß Rosa Luxemburgs noch deutlich anzumerken ist. Er war 1922 in die Sozialdemokratie zurückgekehrt und befand sich dort, wie schon vor dem Krieg, in linker Opposition zum Parteivorstand. Allerdings war er jetzt wesentlich bekannter und einflußreicher auf dem linken Flügel der Partei. Er wurde sozusagen eine Integrationsfigur. Seine politischen Artikel schrieb er in einer eigenen Korrespondenz, die mit einer Auflage von wenigen tausend Exemplaren vor allem dafür gedacht war, daß die in ihr enthaltenen kritischen Artikel in anderen Parteizeitungen nachgedruckt wurden. Die *Sozialistische Politik und Wirtschaft (SPW)* war in den fünf Jahren ihres Erscheinens (sie ging im Oktober 1928 im »Klassenkampf« auf)[41] *das* Organ der innerparteilichen Opposition. In ihr hatte sich Levi ein Instrument geschaffen, mit dem er in großer Regelmäßigkeit zu den aktuellen politischen Fragen Stellung nehmen konnte.

Eines der dort immer wieder abgehandelten Themen war, wie bereits oben gesagt, der Schutz der Republik. Mit diesem Schlagwort war indes kein »Ding an sich« gemeint,[42] sondern die Gefährdung dieses, nach Weltkrieg und Revolution geschaffenen Staates. Levi ließ offen, ob die Republik die einzig mögliche Form des Staates auch für die Diktatur des Proletariats sei, wie Engels in seiner Kritik des sozialdemokratischen Programmentwurfs von 1891 geschrieben hatte.[43]

Aber der Kampf um die Erhaltung dieser Republik war nach seiner Meinung ein Stück Klassenkampf, und ihr Schutz konnte nur von der Arbeiterschaft kommen. Er schrieb:

> »Ein Aufgeben der demokratischen Republik bedeutete für das Proletariat nicht die Wiederherstellung der früheren Staatszustände, sondern etwas Schlimmeres: es bedeutete Reaktion im blutigsten Sinne des Wortes und eine völlige Zerschlagung des Bodens, auf dem die Arbeiterklasse politisch sich in legaler Form betätigen kann.«[44]

Vorläufer, Anzeichen dieser blutigen Reaktion hatte es im August 1922, als Levi diese Sätze schrieb, schon gegeben: den Kapp-Putsch, die Morde an Erzberger und Rathenau, die wachsende Mobilisierung der Freikorps-Bewegung. Von den bürgerlichen Kräften war ein wirksamer Schutz gegen diese Gefahren von rechts nicht zu erwarten. Das stellte die Arbeiterbewegung vor eine schwere Aufgabe: sie mußte einen Staat verteidigen gegen die Kräfte von gestern und ihn erfüllen mit dem Geist von morgen.[45] Daß diese Aufgabe nur von einer einigen Arbeiterbewegung erfüllt werden könnte, die ihre Kräfte nicht im Kampf gegeneinander verschliß, war Levis feste Überzeugung. »Werden die Arbeiterparteien nicht einig, so gehen sie mitsamt zugrunde«, schrieb er in der Begründung seines Wiedereintritts in die SPD im September 1922.[46]

Natürlich wurde der ehemalige Kommunist nicht gerade

freundlich in der SPD empfangen. Aber ungewöhnliche und unbequeme Schritte hatte Levi nie gescheut. Er hielt den Konzentrationsprozeß der deutschen Arbeiterbewegung für derart wichtig, daß dabei persönliche Empfindsamkeiten zurückstehen sollten:

> »Da sind, so wird gesagt, in der Sozialdemokratischen Partei die und jene, die dies und jenes uns angetan haben. Das ist nicht zu leugnen und noch nicht einmal zu beschönigen, aber es macht die Entscheidung über das Schicksal einer Klasse abhängig von der Entscheidung über Personen. Es könnte sein, daß die Personen, die in diesen Jahren gegeneinander gestanden haben, nicht mehr zusammen wirken können: dann müßten die Personen weichen, auf daß die Arbeiterklasse lebe. Und wenn die Arbeiterklasse leben will, so muß sie sich zusammenschließen.«[47]

Gelang dieser Zusammenschluß der Arbeiterbewegung gegen die Feinde von rechts nicht, so mußten große Teile der Arbeiterschaft demoralisiert werden. Im Augenblick einer tiefen sozialen, wirtschaftlichen und politischen Krise konnten dann die Verführungen reaktionärer Ideologien unter diesen Arbeitermassen an Boden gewinnen, wie Levi bereits 1922 am Beispiel des italienischen Faschismus erkannte:

> »[. . .] es ist eine große und starke Volksbewegung, die die Herzen der Millionen ergriffen hat, die irgendwo, sie wissen nicht, ihre Rettung suchen und sich einreihen in den sonderlichen Zug und ihre Lieder singen von Freiheit und Vaterland. Sie sind keine gekauften Landsknechte, kein feiler Pöbelhaufen; denn sie, die heute die Millionenschar des Faschismus ausmachen, führten gestern den Sozialismus auf den Lippen und im Herzen.«[48]

Nach dem 9. November 1923, dem Tag des Hitler-Putsches in Bayern, hatte Levi erneut Gelegenheit, vor den ernsten Gefahren, die der Republik von dieser Seite her drohten, zu warnen. Denn wenn der ganze Putsch auch ein geradezu groteskes

Schauspiel geboten habe, so sei dieses Attentat gegen die Republik doch das bisher schwerste und folgenreichste. Hier sei eine Bewegung zu erkennen, die aus einer tiefen sozialen Krise herauswachse und in Gegnerschaft zur Republik, mit der sie sich nicht identifizieren könne, gerate.[49]

Die Gefahr, daß sich große Teile auch der Arbeiter nicht mehr mit der Republik identifizieren konnten, wuchs, wenn die Regierungen die sozialen Gräben durch ihre Politik noch tiefer aufrissen und allein die Interessen der bürgerlichen Klassen vertraten. Verheerend aber war dann die Beteiligung der Sozialdemokratie an solchen Regierungen. Koalitionsregierungen zwischen Sozialdemokratie und bürgerlichen Parteien desavouierten das Ansehen des Sozialismus in den Augen der Arbeiter mindestens genauso wie die Vorgänge in Rußland. Hier lag der zweite Schwerpunkt in Levis politischer Argumentation.

Der Gegensatz Koalition oder Opposition der Sozialdemokratie stellte sich indes für ihn nicht als abstrakte, ein für allemal gültige Bestimmung. Totale Verweigerung von Koalitionen hielt er, wie die Ablehnung des parlamentarischen Systems überhaupt, für unpolitisch.

Es mußten jedoch bestimmte Bedingungen vorhanden sein, die die Sozialdemokratie zu einer Koalition mit bürgerlichen Parteien veranlaßten. Hier fühlte er sich eins mit Rosa Luxemburg, die in diesem Zusammenhang vor Prinzipienreiterei gewarnt hatte. Bei ihr hieß es:

»Es kann allerdings in der Entwicklung oder vielmehr dem Untergang der kapitalistischen Gesellschaft Augenblicke geben, wo die endgültige Machtergreifung durch die Vertreter des Proletariats noch unmöglich wäre, ihr Anteil an der bürgerlichen Regierung aber als notwendig erschiene, namentlich, wo es sich um die Freiheit des Landes oder um die demokratischen Errungenschaften wie die Republik, handelt, während die bürgerliche Regierung selbst bereits zu kompromittiert und zu desorganisiert ist, um ohne die Unterstützung der Arbeitervertreter das Volk zur Gefolgschaft zu veranlassen. In einem solchen Fall dürfen sich die Vertreter des arbeitenden Volkes selbstverständlich einer abstrakten Prinzipienreiterei zuliebe von der Verteidigung der gemeinsamen Sache nicht drücken.«[50]

Dem schloß sich Levi an.[51] Die Koalitionsregierungen in Deutschland lehnte er jedoch ab. Eine Situation wie von Rosa Luxemburg beschrieben, war nicht vorhanden. Die Koalitionsregierungen dienten nur dazu, soziale Gegensätze zu vertuschen.[52]

Die adäquate politische Ausdrucksform des Sozialismus in diesem historischen Moment war die Opposition. Allerdings meinte Levi nicht jene Art sinnloser Verweigerung, die er bei den Kommunisten im Reichstag festzustellen glaubte, die »ihren Gipfel findet im absoluten Nein und die ihre starrste Folgerichtigkeit in dem Grade sieht, in dem sie ihre Reden mit Schimpfworten voll und von Gedanken leer macht [. . .]«[53]

In Wirklichkeit sei die Opposition, schrieb Levi, die Form, »in der eine anders gerichtete soziale Schicht oder Klasse ihre Willensmeinung über jedes staatliche Problem faßt, indem sie mit der gefundenen Form um die Zustimmung der Mehrheit der Volksgenossen wirbt.«[54]

Selbst im bürgerlichen Staat und selbst von bürgerlichen Parteien sei Opposition keine »öde Negation«, sondern ein politisch lebensbejahendes Instrument. Sozialistische Opposition aber müsse über die bürgerliche Oppositionsrolle, die ihre Ziele bereits in dem Bestehenden verwirklichen könne, hinausgehen: ihre Aufgabe sei es, die Arbeiter »zu jener klassenmäßigen Geschlossenheit« zu führen, ohne die das Proletariat nicht an sein Ziel – Umsturz der bürgerlichen Gesellschaftsform, Aufbau einer sozialistischen Gesellschaft – gelangen könne. »Das aber erreicht die proletarische Partei nur im Kampf; in klarster, einfachster und daher packendster Gegenüberstellung *ihrer* Interessen gegenüber dem Bestehenden sammelt sie ihre Scharen, und eine klarere und einfachere Antithese gibt es nicht als die Opposition.«[55]

Je mehr die Politik der sozialdemokratischen Partei durch ihre Teilnahme an Koalitionen mit bürgerlichen Parteien in die Lage geriet, Verantwortung für ausgesprochen arbeiterfeindliche Maßnahmen übernehmen zu müssen, desto heftiger plädierte

*Geschlossenheit des Proletariats*

eine linke Minderheit der Partei um Paul Levi gegen die Koalitionspolitik und für die Opposition. Der Schutz der Republik und die Oppositionsrolle der Sozialdemokratie standen in engem Zusammenhang. Koalitionspolitik konnte demnach auch Zerstörung der Republik bedeuten. Denn wenn unter der Verantwortung der sozialdemokratischen Reichspräsident Ebert und unter Mitwirkung von vier sozialdemokratischen Ministern der Großen Koalition des Kabinetts Stresemann am 29. Oktober 1923 die Reichswehr in Sachsen einmarschieren und die legal gewählte Arbeiterregierung aus Sozialdemokraten und Kommunisten absetzen durfte – was betrieb die Parteispitze dann anderes als das Geschäft der Konterrevolution? Am 30. Oktober 1923 schrieb Levi erbittert: »Was von den Beauftragten der Republik seit Wochen zum angeblichen Schutz der Republik geschieht, das ist ein so verteufelt Werk, daß es die Reaktion nicht besser machen könnte.«[56] Und er fuhr fort:

> »Die Konterrevolution bedient sich einer bewundernswerten Strategie. ›Zum Schutz der Republik‹ werden beinahe wunschgemäß alle Positionen zerschlagen, die der Reaktion im Wege sind, sie werden zerschlagen um der ›Autorität der Republik‹ Achtung und Haltung zu verschaffen, sie werden im Namen der Republik solange niedergetrampelt und umgelegt, bis weder Autorität noch Republik mehr vorhanden sind und Monarchie und Reaktion sich dann umso bequemer in den leer gewordenen Bau setzen können.«[57]

Zum Berliner Parteitag der Sozialdemokratie im Juni 1924 gab Levi den linken Delegierten in der SPW Orientierungshilfe. Er rollte noch einmal grundsätzlich die Frage auf, welches die Stellung der Sozialdemokratie zu der Republik sei. Die Staatsform an sich beweise für die Klassenlage der Arbeiter noch gar nichts, schrieb er, ebensowenig wie die Tatsache, daß die Arbeiterklasse den Staat geschaffen habe. Die französische Geschichte zeige, welch ein Unterschied bestehe zwischen Staatsform und Staatsinhalt.[58] In Deutschland müßten das die Klassen erst lernen. Zwar habe die Bourgeoisie sich rasch mit den neuen Verhältnissen – Republik – arrangiert und sie in ihrem Sinne zu nutzen gewußt. Sie habe »im Rahmen der Republik und Demokratie ein Regiment kapitalistischer Willkür, schrankenloser politischer und wirtschaftlicher Despotie errichtet, das selbst die Zeiten des Kaisertums in den Schatten stellt. Denn Hand aufs Herz: das, was die Republik sich geleistet, etwa gegen die Regierung in Sachsen, an Ausnahmeverordnungen, an Justizverbrechen, an Polizeitaten und offener Heuchelei – das war bisher nicht in Balkanstaaten möglich.«[59]

Die Arbeiterschaft dagegen habe die Möglichkeiten, die ihr die Republik böte, noch nicht erkannt oder noch nicht genutzt. Wie sollte sie auch, da ihre eigene Partei die Mitverantwortung für den bestehenden Zustand zu übernehmen hatte. Wäre die Partei indessen von Anfang an in der Opposition geblieben – ihr Einfluß unter den Massen wäre stark genug gewesen, um dem »Mißbrauch der Republik« Einhalt zu gebieten.[60] Nach dem Parteitag, auf dem es der Opposition nicht erlaubt worden war, ein Koreferat zur politischen Situation zu halten,[61] drängte sich für die linken Parteimitglieder der Eindruck auf, man wolle »jeder geistigen Auseinandersetzung aus dem Wege gehen«, wie Levi in der SPW formulierte.[62] Er beschrieb die Stimmung auf dem Parteitag so:

> »Die Opposition konnte ihre Gedanken nur zerhackt in abgezwängten Diskussionsreden vortragen und bei einem großen Teil der Delegierten [...] lag auf dem Gesicht die steinerne Maske der Großinquisitoren, wenn einer von der ›Opposition‹ sprach. Fast so etwas wie Pogromstimmung.«[63]

Einschüchterung von Oppositionellen, scharfe Redebegrenzungen auf den Parteitagen, Manipulationen von Wahllisten[64] – das alles waren Phänomene, die der linke Flügel der Partei in diesen Jahren in der Sozialdemokratie zu erdulden hatte und die Levi in der SPW geißelte. Seit den Reichstagswahlen 1924 war er Reichstagsabgeordneter für den Bezirk Chemnitz-Zwickau. Hier, bei den Arbeitern des Erzgebirges und des Vogtlandes, einfachen und armen Leuten, war der linke Oppositionelle sehr angesehen. Zeitungsberichte beweisen, daß und wie der »intellektuelle Advokat«, für den ihn manche Leute halten mochten, seine Arbeit an der Basis tat.[65] Er versäumte keine Veranstaltung des Wahlkreises, um dort zu sprechen und direkten Kontakt mit den Arbeitern dieser Gegend zu halten. Er soll ein gutes und herzliches Verhältnis zu ihnen gehabt haben.[66] In den nächsten Jahren wurde Levi immer deutlicher der Sprecher der linken Opposition in der Partei. Ein Sprecher, der scharf die innerparteiliche Entwicklung der SPD angriff, wenn sie ihm undemokratisch schien. Im Jahre 1928 trat die SPD nach fünf Jahren Opposition, die dazu beigetragen hatten, daß die Partei einen erheblichen Stimmenzuwachs verzeichnen konnte,[67] wieder in eine Koalition mit bürgerlichen Parteien ein. Obwohl der sozialdemokratische Wahlkampf unter der Parole »Kinderspeisung statt Panzerkreuzer« geführt worden war, stimmten die vier sozialdemokratischen Minister der Koalition für den Beginn des Baus des Panzerkreuzers, und zwar ohne vorher die Reichstagsfraktion zu befragen.[68] Levi erhob daraufhin in der *SPW* erneut seine Stimme gegen die Koalition und die Maßnahmen, die in ihrem Namen unternommen wurden, Maßnahmen, die allerhand Geschirr in der Partei zerschlugen. Er sprach warnend von der Verantwortung für die Demokratie, die die SPD trage, und verwies auf den Zusammenhang zwischen dem Zustand der Partei und der Zukunft der Weimarer Republik:

> »[...] es sind die brennendsten Fragen der Demokratie. Sie ist heute in der Sozialdemokratie fast allein zu Hause. Stirbt in ihr die Demokratie ab, und sei es aus den edelsten Motiven, so ist der Faschismus der lachende Erbe. Das ist die große Verantwortung der Führer und der Geführten in der Sozialdemokratie.«[69]

Bis heute sind die Kritiker am Verhalten des linken Flügels der SPD in der Weimarer Zeit nicht verstummt. Negativismus, ewige Verneinung, mangelnde Identifizierung mit dem Weimarer Staat, ideologischer Ballast und vieles andere mehr wird den Linken vorgeworfen.[70] Diese Kritiker vergessen, daß eine Partei, die ihre soziale Herkunft und ihre Anhängerschaft in der Arbeiterklasse hat, in dem Moment, wo sich ihre Klientel nicht mehr mit ihrer Politik identifizieren kann, in Gefahr gerät, nur noch Hülle ohne Inhalt zu sein. Wer gar nicht mehr daran arbeitet, für den Krisenfall die Arbeitermassen zu mobilisieren, sondern wem es nur noch darum geht, mitzuregieren, sogar, wenn es gegen die Interessen der Arbeiter gerichtet ist, der braucht sich nicht zu wundern, wenn ihm plötzlich »über Nacht die ganze Demokratie gestohlen wird«, wie Levi im Dezember 1929, kurz vor seinem Tod, geschrieben hat.[71] »Geistig frei sein und niemandes Knecht«[72] – das war für Levi der Ausdruck eines freiheitlichen Sozialismus, der sich mit dem Namen von Rosa Luxemburg verband. Nicht abhängig von den Weisungen eines kommunistischen Zentral- oder Exekutivkomitees hieß das; aber auch nicht abhängig von einem an den Interessen der Arbeiterklasse vorbei agierenden sozialdemokratischen Parteivorstand.

Der demokratische Sozialist Levi hat das Ende des Weimarer Staates nicht mehr erlebt, freilich dessen Untergang in seinen letzten Lebensjahren immer deutlicher kommen sehen und befürchtet. Er, dem es um der sozialistischen Zukunft der Arbeiter willen um die Republik und um der Republik willen um die Einheit der Arbeiterbewegung gegangen ist, wäre in den letzten krisenhaften Jahren vielleicht wirklich eine politische Persönlichkeit gewesen, auf die »entscheidende Teile des Proletariats gehört hätten«, wie es ein guter Kenner der Weimarer Republik geschrieben hat.[73]

Aber Paul Levi ist am 9. Februar 1930, siebenundvierzigjährig, durch einen Sturz aus dem Fenster tödlich verunglückt. Hinter ihm lag der Jorns-Prozeß, über dessen Berufung er gestorben ist.

Ultra posse nemo obligatur – niemand kann über sein Vermögen hinaus in Anspruch genommen werden.

# Trauer-Kundgebung
## der sozialdemokratischen Reichstagsfraktion.

**Berlin, 10. Februar.**

Dr. Paul Levi

# Rosa Luxemburg an Paul Levi

50 unveröffentlichte Briefe

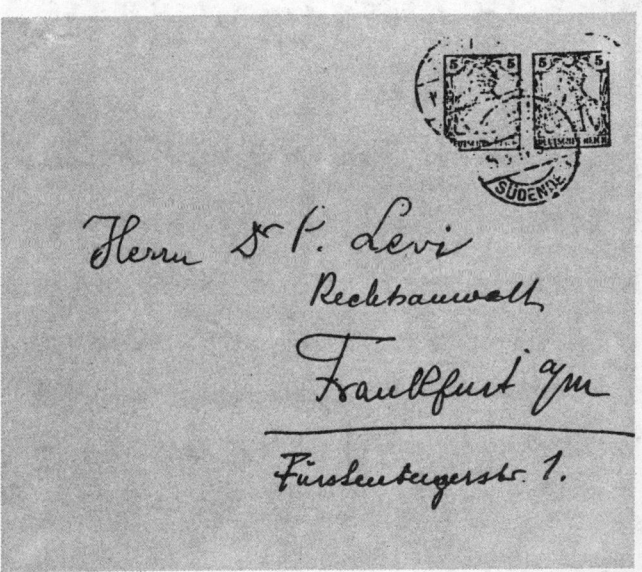

Montag

Ich muss morgen früh
nach Brüssel, komme
spätestens Sonntag früh
heim. Sieh zu, dass du
über Sonntag in Berlin
bleibst. Es ist auch mög-
lich, dass ich schon früher
komme, aber nicht sicher.
Ich telegraphiere meine
Ankunft an Hotel Ex-
zelsior. Schreibe mir
oder telegraphiere an die
Adresse Maison du Peuple
Bruxelles, ob u wann

## Vorwort

Mit den Briefen von Rosa Luxemburg hat es eine besondere Bewandtnis. Sie sind über die ganze Welt verstreut und tauchen manchmal – gleichsam wie Signale – unvermutet in Polen, in Frankreich, in Japan, in der DDR oder in der Bundesrepublik auf.[1] Lange Zeit gab es keine vollständige, gut geordnete zentrale Ausgabe von Luxemburg-Briefen.

Wechselvoll sind die Wege, die die Briefe seit ihrer Entstehung genommen haben, wechselvoll wie die Geschichten der Adressaten, an die sie einst von der Schreiberin gerichtet worden sind.

Die vorliegenden Briefe Rosa Luxemburgs an Paul Levi fand ich bei einem Neffen Paul Levis in Connecticut in den USA. Sie waren dorthin gekommen, weil Jenny Herz, die Schwester Paul Levis, sie aus dem Levi-Nachlaß herausgenommen und persönlich aufbewahrt hatte. Der Nachlaß war Anfang der 30er Jahre mit der Familie Herz über die Schweiz nach Amerika gegangen und dort nach dem Kriege an den Bibliothekar Joseph Buttinger verkauft worden, der ihn schließlich im Jahre 1972 dem Archiv der Sozialen Demokratie der Friedrich-Ebert-Stiftung in Bonn übereignete.[2]

So befanden sich die Briefe jahrzehntelang in Privathand, ohne daß jemand davon wußte. Der Grund war, daß es sich zum großen Teil um Liebesbriefe handelte, und die Besitzer, nach dem Tod der Schwester Jenny Herz ihr Sohn Franz, die Intimsphäre der Schreiberin nicht durch eine Veröffentlichung der Briefe verletzen wollte.

Allerdings erkannte der Neffe Paul Levis, daß es zwar Liebesbriefe, gleichzeitig aber auch zeitgeschichtlich sehr interessante Dokumente waren.

An früheren in Deutschland erschienenen Brief-Editionen fiel die Trennung in eine »private« und eine »politische« Rosa Luxemburg auf. Die *Briefe aus dem Gefängnis,* mehrmals herausgegeben,[3] sollten immer wieder dem vom (männlichen) politischen Gegner verbreiteten Bild von der »roten Rosa«, dem menschenverachtenden Flintenweib, entgegengehalten werden. Nicht die radikale Politikerin wurde in diesen wegen der polizeilichen Überwachung rein persönlich gehaltenen Briefen porträtiert, sondern die pflanzenliebende, naturverbundene Frau mit dem großen Herzen. Als zerfiele ein und dieselbe Person in zwei Teile.

Die vorliegenden Briefe an Paul Levi zeigen, wie falsch eine solche Trennung in eine »politische« und in eine »private« Rosa Luxemburg wäre.

Alle 50 Briefe enthalten sowohl zeitgeschichtlich interessante Details als auch Persönliches aus der Beziehung von Schreiberin und Adressat.

Die Achtung vor der Intimität der beiden Personen ließ indes den Neffen Paul Levis darauf bestehen, sieben Briefe nicht der Veröffentlichung preiszugeben. Diese sieben Briefe, einzelne davon nur kurze Mitteilungen, behandeln ausschließlich sehr persönliche Dinge und haben keinen relevanten zeitgeschichtlichen Bezug.

Aber auch ohne diese sieben Briefe geht aus Ton und Inhalt der vorliegenden 50 sehr viel Aufschlußreiches über die Beziehung der beiden Persönlichkeiten hervor. Sie dokumentieren in dichter Form die Sicht Rosa Luxemburgs zu aktuellen Themen aus der Zeit von Februar bis August 1914. Schwerpunkte sind ihr Prozeß vor dem Berliner Landgericht und ihre politische Tätigkeit in Berlin. Es folgen dann noch einige wenige Briefe aus dem September, Oktober und November 1914, die wegen der in ihnen enthaltenen politischen Bewertungen besonders interessant sind.

Rechtschreibung, Zeichensetzung und Abkürzungen wurden beibehalten. Von mir ermittelte Daten sind in eckige Klammern gesetzt. In vielen Fällen war nur eine ungefähre Datierung möglich.

Der wissenschaftliche Apparat wurde von mir in Zusammenarbeit mit Dr. Rüdiger Zimmermann, Bonn, erstellt.

## Anmerkungen zum Vorwort

1 In der DDR ist jetzt der äußerst verdienstvolle Versuch unternommen worden, alle erhalten gebliebenen Luxemburg-Briefe an Personen aus der deutschen Arbeiterbewegung geschlossen vorzulegen. Siehe Rosa Luxemburg, Gesammelte Briefe, Bd. 1–5, hrsg. v. IML beim ZK der SED, Berlin (DDR), 1982 ff. Bis zum Erscheinen dieser Ausgabe galt als umfangreichste Sammlung von Luxemburg-Briefen die in Polen erschienene dreibändige, von Feliks Tych herausgegebene Ausgabe der Briefe an Leo Jogiches. Siehe Róża Luksemburg, *Listy do Leona Jogichesa-Tyszki* (1. 1893–1899, 2. 1900–1905, 3. 1908–1914), Warszawa 1968–1971. Eine Auswahl dieser Briefe gibt es auch in der Bundesrepublik, siehe Rosa Luxemburg, *Briefe an Leon Jogiches*. Mit einer Einleitung von Feliks Tych, Frankfurt/Main 1971.

Eine ausführliche, zwei Bände umfassende Briefsammlung an verschiedene Adressaten erschien in den 70er Jahren in Frankreich, siehe Rosa Luxemburg, *Vive la lutte! Correspondance 1891–1914*. Textes réunis, trad. et annotés sous la direction de Georges Haupt, Paris 1975 und Rosa Luxemburg, *J'etais, je suis, je serais! Correspondance 1914–1919*. Textes réunis trad. et annotés sous la direction de Georges Haupt par Gilbert Badia, Irène Petit, Claudie Weill, Paris 1977. Im »Bulletin of the International Institute of Social History Amsterdam, Vol. VII, 1952, S. 9–39, wurden ebenfalls Luxemburg-Briefe an verschiedene Adressaten veröffentlicht. In Deutschland gab es in den 20er Jahren außer den immer wieder veröffentlichten *Briefen aus dem Gefängnis* (s. u. Anm. 3) eine von Luise Kautsky herausgegebene Ausgabe von Luxemburg-Briefen an das Ehepaar Kautsky, siehe Rosa Luxemburg, *Briefe an Karl und Luise Kautsky (1896–1918)*, Berlin 1923, die nach dem Zweiten Weltkrieg durch Rosa Luxemburg, *Briefe an Freunde. Nach dem von Luise Kautsky fertiggestellten Manuskript, hrsg. v. Benedikt Kautsky*, Hamburg 1950, ergänzt wurde.

In Japan erschienen 1972 Briefe Rosa Luxemburgs an Mathilde Jacob, siehe *Briefe an Mathilde Jacob (1913–1917)*, hrsg. und mit

einem Vorwort versehen von Narihiko Ito, Tokio 1972. Beim IML in Moskau sowie bei verschiedenen privaten Besitzern lagern noch viele unveröffentlichte Briefe von Rosa Luxemburg.
Vorstehende bibliographische Angaben sind nur beispielhaft erwähnt worden. Siehe zur Bibliographie der veröffentlichten und unveröffentlichten Briefe auch Peter Nettl, *Rosa Luxemburg*, Köln/Berlin 1967, S. 837–839.

2 Siehe *Allgemeine unabhängige jüdische Wochenzeitung*, 27. Jhrg., Nr. 28, 23. 4. 1972.

3 Rosa Luxemburg, *Briefe aus dem Gefängnis*, erschien zum ersten Mal im Verlag Junge Garde in Berlin 1920, hrsg. vom Exekutivkomitee der Komm. Jugendinternationale. Es gab dann im Verlag der Jugendinternationale noch zwei verschiedene Ausgaben der Gefängnis-Briefe, die Berlin 1927 und Berlin 1932 erschienen. Auch nach dem Zweiten Weltkrieg wurde diese »Tradition« fortgesetzt; siehe Rosa Luxemburg, *Briefe aus dem Gefängnis*, Berlin 1946 (Dietz-Verlag) und *Rosa Luxemburg im Gefängnis. Briefe und Dokumente aus den Jahren 1915–1918*, hrsg. und eingeleitet von Charlotte Beradt, Frankfurt/Main 1973; schließlich, als letzte Veröffentlichung in dieser Reihe, Rosa Luxemburg, *Ich umarme Sie in grosser Sehnsucht, Briefe aus dem Gefängnis 1915–1918*, Berlin/Bonn 1980.

Kaum war ich gestern Nacht auf dem berliner Pflaster ausgestiegen, als mich die bösen Vögel der geistigen Vereinsamung u. der Depression wieder in ihre Krallen gepackt haben u. ich musste mich sehr zusammennehmen, um auf der Straße nicht zu weinen. Der kleine Schelm Carlé hatte meine Depesche an die Gertrud[2] erst um ½ 10 abends aufgegeben, Gertrud war nicht am Bahnhof (dafür läutete mich die Depesche heute früh aus dem schönsten Schlaf in aller Herrgottsfrühe), ich musste allein nach Südende wandern, hier war Gertrud wieder sehr verstimmt, dass sie mich nicht »wie sie sich gedacht«, d. h. mit Pomp und Blumen erwarten konnte, Mimi[3] war auch verschlafen, mit einem Wort ich fühlte mich mutterseelenallein u. fand das Leben hoffnungslos. Heute früh wollte ich sofort in meinen gewohnten Pflichtenkreis, in die Parteischule, da haben aber die Genossen vorgesorgt u. mich für heute »befreit«, damit ich »ausschlafen« kann; man leistet mir immer solche Bärendienste. Dann telephonierte mir noch Rosenfeld[4], dass die Berliner Parteileitung abgelehnt hat, Protestveranstaltungen einzuberufen. Ja, *abgelehnt.* Es war zu Beginn des Tages genug für mich. Dann ging ich aber ins Feld. Es ist heute so mild, ein verträumter blassblauer Himmel, die Luft so lind u. süss, und ich traf einen Hund – grosser schottischer Schäferhund mit hellbraunem Fell u. dunkelbraunen klugen guten Augen. Er lag in einem Vorgarten u. genoss auch den Frühling. Ich stand vor ihm lange u. er blickte mich von unten, ohne den Kopf zu bewegen, auch an. Wir haben uns so gut verstanden und da wurde mir allmählich auch gut und fröhlich im Herzen. Und dann habe ich in Gedanken an Sie geschrieben. Zu Hause traf mich eine Depesche aus Stuttgart, Freitag soll ich hin zur Demonstration.[5] Ich habe zugesagt, fahre also Donnerstag hin. Ich will über Frankfurt fahren. Sind Sie Donnerstag in Frkft. u. könnten Sie zur Bahn kommen? Telegraphieren Sie, denn ich fahre sonst eine andere Route u. muss Billett vorher besorgen.

RL

1 Der Brief ist nach dem Prozeß gegen Rosa Luxemburg vor der Frankfurter Strafkammer (s. dazu auch Seite 80 ff.) am 20. 2. 1914 und der anschließenden Massenveranstaltung in Hanau (vgl. dazu Bericht im *Vorwärts*, 31. Jhrg., Nr. 53, 23. 2. 1914) und vor dem 26. 2. 1914, dem Tag von Rosa Luxemburgs Abreise nach Stuttgart, geschrieben worden.
2 *Gertrud Zlottko*, Hausgehilfin Rosa Luxemburgs.
3 Rosa Luxemburgs Katze.
4 *Kurt Rosenfeld* (1877–1943), Rechtsanwalt, zu dieser Zeit (1914) sozialdemokratischer Stadtverordneter in Berlin. Später USPD, 1918 preußischer Justiz-

minister. Von 1920 bis 1932 Mitglied des Reichstages, zuerst für die USPD, dann SPD und schließlich SAP. Emigrierte 1933 in die USA. In der Weimarer Republik war Rosenfeld ein bekannter politischer Strafverteidiger.

5 Siehe den ausführlichen Versammlungsbericht in *Schwäbische Tagwacht*, 34. Jhrg., Nr. 49, 28. 2. 1914, u. d. Überschrift »Demonstration der Stuttgarter gegen das Frankfurter Urteil«.

*Brief 2*                                                                              [März 1914][1]

Allerdings war gerade der Mann mit dem grossen Schnurrbart[2] da, als Dein Telegramm ankam. Ich hütete mich aber instinktiv, von Dir zu sprechen, und als er mich nachher frug, ob mir mein Rechtsanwalt gefalle, gab ich eine gemessene Antwort.

Meine Reisepläne! Bis 1. April sitze ich hier fest u. hoffe nur, dass Du am Samstag früh hier bist. Dann träume ich davon, etwa am 5. IV. für 3 Wochen nach dem Süden zu fahren. Allerdings wird mein Portemonnaie wohl nur bis zum Genfer oder Vierwaldstättersee reichen. Aber ausruhen kann man auch dort. Falls Du am Sonntag kommst, sprechen wir vom Süden u. vom Reisen. Bis Sonntag sind noch 3 Tage u. Du kannst mir noch 3mal schreiben.

                                                                                                    RL

1 Der Brief ist vor dem 1. April 1914 geschrieben worden.

2 Möglicherweise *Leo Jogiches* (1867–1919), enger politischer und persönlicher Freund Rosa Luxemburgs. 1894 Mitbegründer der Sozialdemokratie des Königreichs Polen. Nach Ausbruch der russischen Revolution kämpfte er zusammen mit Rosa Luxemburg unter dem Pseudonym Tyszka gegen den Zarismus. Lange Haftstrafe. Ab 1914 Arbeit unter den deutschen Linken. 1916 Herausgeber der »Spartakusbriefe«. Faktischer Leiter der Spartakus-Gruppe. Mitbegründer der KPD. 1919 ermordet.

*Brief 3*                                                                              [ohne Datum][1]

Heute hat mich unser Freund mit dem grossen Schnurrbart[2] mit seinen Berichten halb krank gemacht. Du wirst ja morgen hören. Ich sehne mich doppelt nach Ruhe und Harmonie. Heute kam Dein Brief. Kommst Du Sonntag? Schreibe.

1 Keine Anhaltspunkte zur genaueren Datierung des Briefes.

2 Möglicherweise *Leo Jogiches*, s. Brief 2.

*Brief 4* [13. oder 14. 3. 1914][1]

Das ist grossartig! Ich versetze die Münchener um eine Woche, obwohl sie mich mit Eilbriefen u. Telegrammen förmlich bombardieren, um morgen hier zu sein, und nun kommst Du nicht! Weshalb Ros.[2] von meiner Breslauer Reise phantasierte u. mir auch noch keine Silbe davon verriet, weiss ich nicht, oder richtiger – ich kann mir denken. Nun ist es vorbei. Aber nächste Woche habe ich *Sonnabend* Vers. in München[3], Sonntag früh in Nürnberg[4], komme erst um ½8 abends heim. Also wann kommst Du? In der Woche? Gieb *gleich* Antwort. Am Dienstag habe ich hier Vers. in der Neuen Welt[5], also bin ich Mittwoch bis Freitag abend frei, Ros. gleichfalls. Oder kommst Du erst Sonntag abend u. bleibst Montag hier? Ros. bittet um Nachricht (durch mich) weil er nach Erfurt zusagen soll zu einer Protestversammlung.
Ich bin so bös . . .
Bist Du wieder auf dem Damm?

RL

1 Der Brief ist wahrscheinlich am 13. oder 14. 3. 1914, eine Woche vor der Versammlung in München am 21. 3. 1914, geschrieben worden.
2 *Kurt Rosenfeld,* s. Brief 1.
3 Siehe den ausführlichen Bericht über die Versammlung in *Münchner Post,* 28. Jhrg., Nr. 69, 24. 3. 1914.
4 Die Versammlung Rosa Luxemburgs in Nürnberg fand am 22. März 1914 im Nürnberger Velodrom statt. Siehe den sehr stimmungsvollen Versammlungsbericht »Krieg dem Kriege!« in *Fränkische Tagespost,* 44. Jhrg., Nr. 69, 23. 3. 1914.
5 Siehe den Bericht über die Versammlung in *Vorwärts,* 31. Jhrg., Nr. 76, 18. 3. 1914.


*Brief 5* [22. oder 23. 3. 1914][1]

Warum kamst Du nicht nach Nürnb.? Warum fand ich keinen Brief zu Hause? Wie geht es Dir? Wann sehe ich Dich? Telegraphiere etwas. In M.[2] war es überwältigend, noch grandioser als in Karlsr.[3]

1 Der Brief ist nach der Versammlung in Nürnberg vom 22. 3. 1914 geschrieben (vgl. Brief 4).
2 München, vgl. Brief 4.
3 Rosa Luxemburg sprach am 10. 3. 1914 in Karlsruhe über das Thema »Militarismus und Volksfreiheit«. S. den Versammlungsbericht in *Volksfreund, Tageszeitung für das werktätige Volk Mittelbadens,* 34. Jhrg., Nr. 57, 9. 3. 1914.

Erst heute früh kam Dein Brief u. jetzt, abends, die Depesche. Ich kann vor April nicht einen Schritt mehr fort von hier. Du kommst also vielleicht Sonntag? Aber recht früh, damit wir was vom Tage haben! Bis dahin werde ich hoffentlich meine Müdigkeit und meine Erkältung los sein. Ich träume davon, in der Sonne spazieren zu gehen. Am Sonntag fuhr Simon² mit mir um 1 Uhr von Nürnberg³, um mir in Marktredwitz – wo ich 2 Stunden (von 3 bis 5) liegen musste, Gesellschaft zu leisten. Wir gingen in die Felder spazieren, es war so herrlich, ich fühlte mich aber nicht gut, denn ich war nach den 2 Vers. in München u. der dritten in N. total kaputt.

Jetzt ist es hier so still um mich. Den ganzen Tag hatte ich Leute bei mir, auch gestern. Jetzt bin ich allein, – natürlich ist Mimi⁴ dabei, sie liegt auf dem Sessel am Ofen zusammengewickelt. Gertrud⁵ ist schlafen gegangen. Man hört nur die Gaslampe summen u. draussen rüttelt der Wind am Fensterladen. Ich sehne mich so nach Ruhe u. Stille und komme aus dem Sturm nicht heraus. Ich mag nicht schreiben, sehen will ich Dich. Schreibe doch bald!

RL

1 Der Brief ist am Dienstag nach der Versammlung in Nürnberg (22. 3. 1914, vgl. Brief 4 und 5) geschrieben worden, also am 24. 3. 1914.
2 *Joseph Simon* (1865–1949), Verbandsvorsitzender des Zentralverbands der Schuhmacher, führendes Mitglied der Nürnberger Sozialdemokratie. 1907 Wahl in die bayerische Abgeordnetenkammer. 1912–1932 mit kurzen Unterbrechungen Mitglied des Reichstags.
3 S. Briefe 4 und 5.
4 Rosa Luxemburgs Katze.
5 Rosa Luxemburgs Hausgehilfin.


*Brief 7*                                         Sonnabend spät.¹

Ich habe wieder ein Dutzend Briefe geschrieben u. bin müde wie ein Omnibusgaul. Jetzt lese ich noch zur Erfrischung den Schluss von Federigo.² Morgen ist Sonntag, vielleicht gehe ich ein wenig ins Feld, um die Frühjahrsfarben der Erde u. des Himmels zu studieren. Wann kommst Du?

RL

1 Der Brief enthält keine Anhaltspunkte für eine genauere Datierung.
2 Gemeint ist *Das Leben des Grafen Federigo Confalonieri* von Ricarda Huch (1. Auflage Leipzig 1910). Daß Ricarda Huchs Roman gemeint ist, belegt der

Brief Rosa Luxemburgs an *Mathilde Jacob* vom 5./6. 11. 1914, in Rosa Luxemburg, *Ich umarme Sie in großer Sehnsucht, Briefe aus dem Gefängnis 1915–1918*, Berlin/Bonn 1980, S. 126.

*Brief 8*                                                            3. IV. [1914]

Wenn Du spätestens am Freitag Mittag in Livorno abdampfen musst, dann bleibt zur gemeinsamen Reise höchstens der Mittwoch. Ich mache mein Möglichstes, um Dienstag früh von hier abzureisen, was jedoch möglicherweise scheitern kann, da ich noch vorher viel Arbeit erledigen muss. Am Montag werde ich jedenfalls telegraphieren, ob u. wann ich komme, damit Du nicht gebunden bist. – Hier ist heiss wie im Juni, alles grünt u. blüht.

Der Brief v. 1. kam erst heute an.                                    RL

*Brief 9*                                                      [ohne Datum][1]

Wenn das Hälslein noch nicht besser ist, dann musst Du Abends in ein heisses Dampfbad fahren u. Dich dort am Nacken gleich aufs Bad massieren lassen, dann warm gehüllt gleich nachhaus ins Bett fahren. Nach 2–3 mal wirds vorbei sein. Schlimmsten Falls nimm zuhause ein heisses Bad u. bestell Dir den Masseur ins Haus.

Die Kolonialbücher bestell Dir am besten, das sind Standardwerke, die man in der Bibliothek haben muß. Die genauen Titel lauten: Alfred Zimmermann, Die europäischen Kolonien Berlin 1896–99.

Alex. Supan, Die territoriale Entwicklung der europ. Kolonien Gotha 1906.

Zugleich ein kleines Buchle:

Dr. Paul Rohrbach, Das deutsche Kolonialwesen Leipzig 1911.

Korsika war in der That bis 1768 im Besitze Genuas, dann an Frankreich verkauft. Seit 1729 befand es sich in ununterbrochenem Aufstand und »eine allgemeine Versammlung der Korsen zu Corte im Januar 1735 sprach die ewige Trennung Korsikas von Genua aus.« Dann heisst es noch, dass am 12. März 1736 auf Korsika »der deutsche Baron Theodor von Neuhof mit einer Schar Abenteurer unter britischer Flagge landete u. in Kurzem so grosses Ansehen gewann, dass ihn die Korsen als Theodor I zum König ernannten.« Doch wurde er schon im Jahre 1738 von den Genuesen mit Hilfe der Franzosen geschlagen. Sind diese »Abenteurer« am Ende jene »tedeschi«, die also nicht für, sondern *gegen* Genua gefallen wären?

Heute früh, als am Sonntag, gab's im Feld von Südende verstärktes Morgenkonzert: Nachtigall, Fink u. Lerche auf einmal. Ich habe der Lerche die meisten Ovationen gemacht. Dann fand ich noch ein totes Häslein mit leeren Augenhöhlen u. das machte mich sehr traurig.

1 Keine Anhaltspunkte für eine genauere Datierung.

## Brief 10 [April 1914][1]

Dein leiser süsser Amselbrief vom Sonntag spaziert mit mir bei Tag und ins Bett. Gestern und heute war ich furchtbar gehetzt. Wie ist es Dir nun mit dem Hälsle, besser? Warst Du über Sonntag in Jugenheim? Am 1. Mai rede ich um ½ 6 *früh* bei den Caféangestellten in einer grossen Versammlung[2]. Das hat mich so gerührt, dass die armen Leute zwischen Nacht u. Tag ihre Feier abhalten müssen. Hier sind jetzt so schöne frische Sonntage, hoffentlich komme ich morgen früh wieder zum Spaziergang im Feld.
Liebling! Friede ist nur, wenn wir wieder zusammen sind.

1 Der Brief ist vor dem 1. Mai 1914, wahrscheinlich im April 1914, geschrieben worden.
2 Siehe die kurze Erwähnung dieser Versammlung in *Vorwärts,* 31. Jhrg., Nr. 119, 3. Mai 1914.
  Zur Organisation der Café-Angestellten vor Kriegsausbruch s. Hugo Poetzsch, *Geschichte des Zentralverbandes der Hotel-, Restaurant- und Café-Angestellten,* Bd. 1, Berlin 1928, S. 349f.

## Brief 11 [ca. 20./21. 4. 1914][1]

Nach einer schauderhaften Parteiarbeit für Polen (in Radek-Sachen!...[2]) muss ich Dir einige Worte schreiben, um wieder Sonne und Lebenslust zu fühlen. Liebling, wärest Du für einen Moment bei mir! Gestern abend hat mir »Kurtchen«[3] 3 Stunden über die Partei vorgejammert – Stadtverordnetenjammer, Berliner Jammer etc. etc. Heute früh hat Klara[4] einen ihrer Wutausbrüche gehabt u. wieder einmal gedroht, aus der Partei auszutreten. Daraufhin nahm ich eine herrliche Dusche, zog mich an und ging ins Feld. Südende badet in Grün, Weiss und Rosa. Die Sonne strahlte u. im Vorgarten schlug (um 10 Uhr früh!) die erste Nachtigall. Übrigens habe ich für die Nachtigall gar nichts übrig, wie für die meisten weltbekannten Schönheiten. Gerade ihre vielen Register u. der stete Wechsel ihres Gesangs machen auf mich den Eindruck eines künstlichen Spielzeugs. Viel inniger wirkt auf mich das eintönige Quirlen der Lerche (auch sie hörte ich schon im Felde heute). Und erst wenn mein lieber Pirol kommt und in weichen feuchten Tagen seinen kurzen aufleuchtenden Ruf schmettert! Dann geht mir im Herzen das helle Licht u. Wonne auf – wie wenn mir mein Liebling tief in die Augen blickt . . .

Süsser!.

1 Vom 20. 4. 1914 ist ein Briefumschlag, der bei den Briefen lag, erhalten. *Clara Zetkin* hatte am 21. 4. 1914 eine Versammlung in Berlin (vgl. Ankündigung in *Vorwärts,* 31. Jhrg., Nr. 107, 20. 4. 1914), befand sich also in diesen Tagen wahrscheinlich bei Rosa Luxemburg.
2 Die sogenannte »Radek-Affäre« beschäftigte von 1910–1914 die polnische, deutsche, russische und internationale Sozialdemokratie gleichermaßen. 1912 wurde Karol Sobelsohn (bekannt unter dem Pseudonym Karl Radek) auf Betreiben Leo Jogiches' aus der polnischen Sozialdemokratie (SDKPL) wegen »moralischer Verfehlungen« ausgeschlossen. In Wirklichkeit spielten innerparteiliche Konflikte die Hauptrolle. 1913, auf dem Jenaer Parteitag der SPD, wurde Radeks Ausschluß aus der polnischen Partei aus politischen Gründen auf die SPD übertragen. Rosa Luxemburg war an den Ausschlußverfahren beteiligt. Radek betrieb unermüdlich seine Rehabilitation. Im Frühjahr 1914 kam es auf nationaler und internationaler Ebene zu langwierigen Verhandlungen in »Sachen Radek«. S. Karl Radek, *Meine Abrechnung,* Bremen 1913. Georg W. Strobel, *Die Partei Rosa Luxemburgs, Lenin und die SPD. Der polnische »europäische« Internationalismus in der russischen Sozialdemokratie,* Wiesbaden 1974, S. 372–377. Warren Lerner, *Karl Radek – The last Internationalist,* Stanford 1970, S. 15–30. Brief Radeks an Alfred Henke vom 26. 6. 1914. *Nachlaß Henke,* Box I, Archiv der Sozialen Demokratie der Friedrich-Ebert-Stiftung, Bonn.
3 *Kurt Rosenfeld,* s. Brief 1.
4 *Clara Zetkin,* geb. Eißner, (1857–1933), Schriftstellerin in Stuttgart, Freundin und Kampfgefährtin Rosa Luxemburgs. Von 1892–1917 Redakteurin der sozialdemokratischen Frauenzeitschrift *Die Gleichheit.* Mitbegründerin des Spartakus-Bundes und der USPD. Seit 1919 in der KPD. Reichstagsabgeordnete von 1920–1933. Emigrierte 1933 nach Moskau.

*Brief 12* [24. 4. 1914][1]

Heute kam endlich Dein Brieflein. Ich musste lachen, denn gestern habe ich auf der Post (zum ersten Mal!) einen Krach gemacht, bin zum Vorsteher gegangen u. habe ihm erklärt, dass ein Brief für mich da sein müsse u. ich ihn haben wolle. Nun stellt sich wieder mal heraus, dass der schwache Unterthanenverstand wohl irren kann, die Obrigkeit aber nie.

Mir thut so weh zu denken, dass Du dort herumläufst ohne zu essen u.

zu ruhen wies sich gehört. Kannst Du denn nicht *ein bischen* mehr Ordnung in diese Sachen bringen? O bitte, thu das! Der Brief vom »Dragoner« wirkt auf mich – ich weiss nicht warum – so scheinheilig u. abstossend. Ich bin sehr gegen diesen alten Drachen. Du brauchst ein junges nettes Mädel, das etwas Heiteres ins Haus bringt. Lass Dir den Dragoner nicht aufladen! Wir finden schon in Stuttgart etwas Frischeres, Klara[2] hat etwas im Auge.

Ich habe nach Württ. geschrieben. Am 12. habe ich hier im 6. Kreis Vers.[3] Wenn ich am 6. 7. u. 8. in Württ. rede, dann habe ich den 9–11, dh. Sonnabend bis Montag frei! Können die Württ. nicht, dann gehe ich nach Elsass. Liebling, Liebling!..

Karski[4] wird gegen Kaution morgen entlassen. Heute abend habe ich rendez-vous mit Ros.[5]

1 Der Brief ist einen Tag vor *Karskis* Entlassung aus der Untersuchungshaft am 25. 4. 1914, also am 24. 4., geschrieben worden.
2 *Clara Zetkin*, s. Brief 11.
3 Siehe den Bericht über diese Versammlung in *Vorwärts*, 31. Jhrg., Nr. 130, 14. 5. 1914.
4 *Julian Marchlewski* (1866–1925), gen. *Karski*, Freund und Kampfgefährte Rosa Luxemburgs aus der polnischen Arbeiterbewegung, war wegen eines Artikels über die Zabern-Affäre (S. dazu Seite 74 ff.) angeklagt und während der Ermittlungen festgenommen worden. Gegen eine Kaution wurde er am 24. 4. 1914 aus der Haft entlassen. Vgl. *Leipziger Volkszeitung*, 21. Jhrg., Nr. 94, 25. 4. 1914. Der Prozeß gegen *Karski* fand am 17. 7. 1914 in Kiel statt. Interessanterweise sprang *Levi* hier für *Kurt Rosenfeld*, der ursprünglich von den Zeitungen als zweiter Verteidiger (neben Rechtsanwalt *Spiegel*) genannt worden war, ein. Vgl. *Leipziger Volkszeitung*, 21. Jhrg., Nr. 93, 24. 4. 1914. Zum Prozeß gegen *Karski* s. *Vorwärts*, 31. Jhrg., Nr. 193, 18. 7. 1914. Siehe dazu und zur Person *Karskis* auch Horst Schumacher/Feliks Tych, *Julian Marchlewski-Karski. Eine Biographie*. Berlin [DDR] 1966, bes. S. 225–228.
5 *Kurt Rosenfeld*, s. Brief 1


*Brief 13*                                                                    3. V. [1914]

Liebling, nach Deinem letzten Brief, den ich gestern (2.) früh erst kriegte, erwartete ich nun gestern den ganzen Tag ein Telegramm mit der Nachricht, ob Du kommst. Noch heute früh erwartete ich ein wenig eine Überraschung. Deshalb schrieb ich nicht. War auch die letzten Tage etwas gedrückter Stimmung, die andauert u. wohl verschwinden wird, wenn ich wieder im Eisenbahnwagen sitze. Ich fahre am 6. früh 7.48 von hier nach Heilbronn, am 7. fahre ich nach Göppingen, wo ich übernachte, am 8. nach Gmünd[1], von wo ich am 9. vorm. nach Fr./M. fahre. Vielleicht könntest Du nach Gmünd abends kommen, dann zusammen am 9. nach Fr. fahren? Schreibe mir nach Göppingen an die Adresse Gottfried Kinkel, am Schloßplatz.

1 Über die württembergischen Versammlungen am 6., 7. und 8. 5. 1914 berichtete die *Schwäbische Tagwacht*, 34. Jhrg., Nr. 107, 11. 5. 1914: »Aus der Partei«. Besonders groß war der Erfolg in Göppingen. Hier hielten Rosa Luxemburg und Clara Zetkin getrennte Parallelveranstaltungen ab, die beide überfüllt waren.

*Brief 14*                                                                5. [Mai 1914][1]

Morgen früh, Mittwoch, fahre ich also nach Heilbronn, Donnerstag u. Freitag bis Nachm. bin ich in Göppingen, Sonnabend früh fahre ich von Gmünd nach Frankfurt. Heute bekam ich die Vorladung vom Reichsgericht[2] für den 20. Juni. Noch viel Zeit also.
Nach Reichenberg gehe ich nicht, da man hier befürchtet, dass ich, im Falle einer Ausweisung, nicht nach Wien zum Kongress[3] könnte. Anstatt dessen werde ich wahrscheinlich *vor* Pfingsten nach Elsass gehen u. zu Pfingsten frei sein. Hier ist heute ein stiller weicher Regentag, es war sehr schön in der Frühe zu spazieren in dem grünen Feld unter blühenden Ahornbäumen, die auf mich Wassertropfen und Blüten träufelten.

1 Der Brief folgt unmittelbar auf den vorigen vom 3. 5. 1914 (vgl. geplante Reise nach Heilbronn).
2 Es geht um die Revision des Frankfurter Prozesses. Der Termin vor dem Reichsgericht in Leipzig wurde mehrmals verschoben; zunächst auf den 27. 6. (vgl. Brief 27), dann auf den 22. 10. 1914 (vgl. *Vorwärts*, 31. Jhrg., Nr. 166, 21. 6. 1914).
3 Der geplante Kongreß der sozialistischen Internationale in Wien, der am 23. 8. 1914 beginnen sollte, dann aber wegen des Kriegsausbruchs ausfiel. Siehe dazu Georges Haupt, *Der Kongreß fand nicht statt. Die sozialistische Internationale 1914*, Wien/Frankfurt/Zürich 1967, S. 147 ff.

*Brief 15*                                                        [whrschl. 12. 5. 1914][1]

Liebling, ich fand hier eine Vorladung[2] zu morgen, also ein neuer Prozess. Wollen sehen, worum es sich handelt. Hier war es die ganze Zeit schön. Heute regnet es, aber warm, sommerlich.
Ich schicke Dir ein Bildchen vom Pirol, dessen Ruf auf mich so wirkt, wie Dein Blick.

(N 65 im Atlas)

Parvus[3] ist nicht im »Vorw.«[4] erschienen, sondern bei Kaden in Dresden u. heisst: Der Staat, die Industrie und der Sozialismus.

Ich fand hier eine dringende Aufforderung zur Vers. aus Offenbach. Vielleicht nehme ich's mit unterwegs nach Elsass.

Was treibt mein Liebling?

1 Datierung des Briefes aufgrund des nachfolgenden (16) möglich. Rosa Luxemburg spricht hier von einer »Vorladung zu morgen«, von der sie am nächsten Tag berichtet.

2 Die Vorladung betraf die Anklage wegen Beleidigung der Offiziere und Unteroffiziere des Heeres durch ihre Freiburger Rede am 7. 3. 1914, bei der sie gesagt hatte, es spielten sich Tag für Tag in den Kasernen Dramen ab. S. dazu den Bericht über die Versammlung in Freiburg, in *Volkswacht*, Freiburg i. Br., 4. Jhrg., Nr. 57, 9. 3. 1914, »Dr. Rosa Luxemburg in Freiburg« und S. 84 ff.

3 Parvus [d. i. Alexander Helphand], *Die Banken, der Staat und die Industrie*, Dresden: Kaden 1914, S. 58. (Sozialistische Zeitfragen. H. 2).

4 Gemeint ist der Parteiverlag Buchhandlung Vorwärts, Paul Singer GmbH.

*Brief 16*                                           [13. 5. 1914][1]

Liebling, denk Dir, wie famos! Es ist ein Strafantrag des Kriegsministers von Falkenhayn wegen Beleidigung des Offiziers- u. Unteroffizierskorps, weil ich in der Freyburger Versammlung am 7. März gesagt habe, die Soldatenmishandlungen stehen auf der Tagesordnung u. die »Vaterlandsverteidiger« werden mit Füssen getreten. Darin sei ein Vorwurf der Pflichtverletzung für die Offiziere ausgesprochen.

Wie gefällt Dir diese Anklage in der jetzigen Zeit! Ich habe natürlich zugegeben, die Äusserungen gethan zu haben u. zwar, um den Leuten den Rückzug abzuschneiden. Die Kerle sind wohl von allen guten Geistern verlassen. Denk Dir, was man alles bei einer solchen Verhandlung an Material ausbreiten u. wieder gut machen kann, was unsere Esel im Reichstag versäumt haben!

Ich bin in so freudiger Stimmung, dass ich Dir um den Hals fallen möchte, wenn ich Dich hier hätte. Kurtchen[2] ist auch glücklich über die bevorstehende Schlacht. Wo die Verhandlung stattfindet, ist noch nicht klar, wahrscheinlich aber hier in Berlin. Die gestrige Versammlung hier im 6. Wahlkreis[3] war wieder ein grandiose Demonstration. Die Strasse war schwarz von Menschen, die nicht mehr reingelassen wurden, u. die Hochs auf der Strasse nach der Versammlung nahmen kein Ende. Die Berliner sind also immer noch in fieberhafter Stimmung. –

Rosenf. ist schon so gut wie gewählt in die Presskommission; ich soll jetzt folgen. Am 19. habe ich hier eine Kreisvers. in Charlottenburg, am 20. in Pankow.

Heute kam noch kein Brief von Dir, vielleicht abends.

Liebling!

1 Der Brief ist einen Tag nach der Versammlung im 6. Wahlkreis am 12. 5. 1914, also am 13. 5., geschrieben worden.
2 *Kurt Rosenfeld*, s. Brief 1.
3 Rosa Luxemburg hielt auf dieser Versammlung ein Referat über »Militarismus und Arbeiterklasse«. S. den Bericht im *Vorwärts*, 31. Jhrg., Nr. 130, 14. 5. 1914.

*Brief 17*                                                                                   14. 5. 1914[1]

Soeben sagte mir Rosenf., dass ihm auf der Staatsanwaltschaft mitgetheilt wurde, es schwebe gegen mich noch *ein drittes* Verfahren.[2] Näheres wollte man ihm nicht sagen. Du schreibst gar nicht? Bald werden sie mich wohl ganz einkapseln, dann brauchst Du nicht mehr zu schreiben.

1 Datum lt. Poststempel.
2 Was mit dem »dritten Verfahren« zu diesem Zeitpunkt (Mai 1914) gemeint ist, bleibt unklar. Ein drittes Verfahren drohte Rosa Luxemburg erst nach der Verbands-Generalversammlung in Groß–Berlin am 14. Juni 1914 wegen ihrer Rede und der Annahme ihrer Resolution zum Massenstreik.
S. dazu die Notiz aus den Akten der alten Reichskanzlei vom 23. 6. 1914, in der eine Anklage Rosa Luxemburgs vom Reichskanzler befürwortet wird. In *Rosa Luxemburg im Kampf gegen den deutschen Militarismus. Prozeßberichte und Materialien aus den Jahren 1913 bis 1915, mit einem Anhang*, Hrsg. v. Institut für Marxismus-Leninismus beim ZK der SED, Berlin [DDR] 1960, S. 135/136.
Rosa Luxemburg wurde in dieser Sache am 3. 7. 1914 gerichtlich verhört. S. dazu den Bericht im *Vorwärts* 31. Jhrg., Nr. 178, 3. 7. 1914. Außer ihr wurden wegen der Massenstreik-Resolution auch noch verschiedene andere Parteigenossen angeklagt, vgl. Brief 40.

*Brief 18*                                                                      Freitag [Mai 1914][1]

Geliebter, gestern war ich ganz gemütskrank vor Verlangen nach einem Wort, heute früh kam erst Dein Brief! Ich war schon zu bösen Entschlüssen reif . .

Rosenf. u. andere hier meinen, ich kann jetzt jeden Augenblick verhaftet werden u. soll deshalb vorläufig alle Versammlungen absagen. Um noch für meine Polen bis Wien[2] mich zu erhalten, thu ich das. Zu

Pfingsten aber komme ich doch zu Dir – vorausgesetzt, dass ich da noch frei bin.

P. V. u. Fraktion sind über mich wütend, die Sache wird ihnen ganz fatal. Heute hielt mir Schulz[3] eine grosse Pauke über mein unverantwortliches Treiben. Und im P. V. wurde ich behandelt wie eine schwere Verbrecherin.[4] Es war mir danach so jämmerlich zumute, dass Rosenf. Mühe hatte, mich wieder aufzutakeln.

Könnte ich Dich jetzt sehen!.

1 Der Brief ist vor Pfingsten (31. 5. 1914) geschrieben, wahrscheinlich also im Mai. Eine genauere Datierung war nicht möglich.
2 Zu dem geplanten Kongreß der Sozialistischen Internationale, vgl. Brief 14.
3 *Heinrich Schulz* (1872–1932), Lehrer an der zentralen Parteischule der sozialdemokratischen Partei in Berlin und Geschäftsführer des Zentralbildungsausschusses der Partei von 1906–1919. 1912–1918 Mitglied des Reichstags. Von 1919–1927 Staatssekretär für Bildungsfragen im Reichsinnenministerium.
4 Wahrscheinlich wegen ihrer unermüdlichen Agitation für den Massenstreik. Zu der internen Diskussion der Berliner Sozialdemokratie 1913/14 und der Haltung von Parteivorstand und Fraktion s. Dieter Groh, *Negative Integration und revolutionärer Attentismus. Die deutsche Sozialdemokratie am Vorabend des Ersten Weltkrieges*, Frankfurt/Berlin/Wien 1974, bes. S. 548–573.


*Brief 19*                                                      [Mai 1914][1]

Liebling, Rosenf. war heute bei der Staatsanwaltschaft, um etwas zu erfahren, man erklärte ihm aber, »die beiden Sachen werden geheim behandelt« u. befänden sich jetzt beim Oberstaatsanwalt.[2] Was das heisst, wissen wir nicht, man hält wohl oben Rat, ob man zu einem grossen Schlag ausholen soll.

Vielleicht sehen wir uns sehr bald, das entscheidet sich übermorgen. Wie ich mich nach einer ruhigen Stunde bei Dir sehne, kann ich nicht sagen. Zu Pfingsten wollen wir beide etwas lesen. Ich komme hier in dem Trubel auch zu nichts gescheitem.

Was ist aus Eurer Generalvers. zum Int. Kongreß geworden?

Hier herrscht eine Hitze wie im August. Hoffentlich auch bei Euch, damit Dich die Sonne durchglüht u. gesund macht. Liebling!.

1 Der Brief ist vor Pfingsten (31. 5.) geschrieben. Steht im Zusammenhang mit Brief 17. Keine genauere Datierung möglich.
2 Vgl. die Erläuterungen betr. des »dritten Verfahrens« in Brief 17.

Liebling, das war so nett: am Montag predigtest Du in Fr. a. M. über Imperialismus, am Dienstag ich in Charlottenburg. Die Vers. war glänzend besucht, ganz auf meiner Seite, unsere Resolution² einstimmig angenommen. Dass ihr den Maximus³ habt durchrasseln lassen u. seine Garde auf den Kopf geschlagen, ist eine feine u. wichtige Sache. Das wird wieder im ganzen Lande unseren Leuten Mut geben. Wenn blos die Kunde davon in die übrige Presse kommt! Du bist also morgen im Grün! Die Sonne wird Dich von Staub u. Rauch läutern u. Dich heiter machen. Wenn Du frisch und durchgesonnt heimkommst, soll Dich dieser Gruss erwarten. In nicht ganz zehn Tagen, vielleicht früher schon bin ich bei Dir.

Eure Karte mit Bürger Dissm.⁴ hat mir Spaß gemacht. Grüsse ihn.

Hört und traut Euren Ohren nicht, Völker. Der Berliner »Aktionsausschuß« hat heute Abend eine Extratagung, um über eine Aktion zu beraten als Antwort auf die Erklärung des preuss. Ministers des Innern bez. das Wahlrecht!⁵ Ich gab Rosenf. den Rat sich auf den Standpunkt des aut-aut zu stellen: Zustimmung zum Beginn irgend einer Aktion zu geben nur falls sich die »Behörden« verpflichten, alsdann usque ad finem zu gehen, dh. los zum Massenstreik; sonst wiederholt sich nur die Blamage von 1910. Hingegen gleich im Voraus den Massenstreik fordern, wie die L. V.⁶ scheint mir ein etwas heiserer Radikalismus.

---

1 Der Brief ist nach dem 19. 5. (Vortrag Rosa Luxemburgs, s. Anm. 2) und vor dem 21. 5. (Aufruf zu Massenaktionen gegen das Dreiklassen-Wahlrecht, vgl. *Vorwärts*, 31. Jhrg., 21. 5. 1914) geschrieben, also am 20. 5. 1914.

2 Die Mitgliederversammlung des Wahlvereins Charlottenburg forderte in einer von Rosa Luxemburg verfaßten Resolution, die am 14. Juni stattfindende Verbands Generalversammlung von Groß-Berlin auf, ein Referat zum Thema Imperialismus auf die Tagesordnung zu setzen. Vgl. Bericht im *Vorwärts*, 31. Jhrg., Nr. 137, 21. 5. 1914.

3 *Max Quarck* (1860–1930), Redakteur der Frankfurter *Volksstimme*, Reichstagsabgeordneter von 1912–1920.
Die Frankfurter *Volksstimme*, das Organ der Sozialdemokratie für Südwestdeutschland, ist leider für den Zeitraum 1. 4. bis 23. 7. 1914 verschollen. Daher konnten die Vorgänge in der Frankfurter Partei für diese Zeit nur aus der überregionalen Presse rekonstruiert werden, soweit sie dort überhaupt ihren Niederschlag fanden.
Zwischen dem Reichstagsabgeordneten Max Quarck und den linken Bezirken Höchst-Usingen und Hanau-Gelnhausen-Orb bestanden erhebliche Differenzen, die sich in Resolutionen zur Haltung der *Volksstimme*, deren politischer Redakteur Max Quarck war, ausdrückten. Bei der in diesem Brief angesprochenen Sache ließ sich kein genaueres Datum aus der überregionalen Presse rekonstruieren (vgl. auch die Briefe 28 und 32).

4 *Robert Dißmann* (1878–1926). Mehrere Jahre (1900–1908) Geschäftsführer des Deutschen Metallarbeiter-Verbandes (DMV) in Barmen-Elberfeld und Frankfurt/Main. Von 1908–1912 sozialdemokratischer Parteisekretär in Hanau und von 1912–1919 Sekretär der USPD in Frankfurt/Main. Vorsitzender des DMV seit 1919. Reichstagsabgeordneter für USPD und SPD von 1920–1926.

5 Am 18. 5. 1914 hatte der preußische Innenminister Friedrich Wilhelm von Loebell im preußischen Abgeordnetenhaus erklärt, daß die Regierung nicht beabsichtige, eine Demokratisierung des Wahlrechts vorzunehmen. S. *Frankfurter Zeitung*, 58. Jhrg., Nr. 137, 19. 5. 1914.

6 L. V. = *Leipziger Volkszeitung*. Rosa Luxemburg setzte sich auch in einem Artikel mit der Haltung der Zeitung auseinander (s. Rosa Luxemburg »Zum preußischen Wahlrechtskampf«, in Rosa Luxemburg, *Gesammelte Werke*, Bd. 3, Juli 1911 – Juli 1914, S. 452–455, hier S. 453), den die Redaktion der *Leipziger Volkszeitung* mit einer Stellungnahme beantwortete. Vgl. *Leipziger Volkszeitung*, 21. Jhrg., Nr. 119, 27. 5. 1914: »Aus der Partei«.


*Brief 21*                                                    [22. 5. 1914][1]

Liebling, die Anklage ist da: vor dem Landgericht II Berlin (die schlimmste Strafkammer Berlins, wie mir R.[2] sagte), Kläger der Kriegsminister, auf § 186, 196, 200, 61. Wir werden also die Militärmishandlungen aufrollen. Ich sage heute dem Ros., dass er mit dem Pv. wegen Vertheidigung spricht und zwar möchte ich, dass *Du* mich mit Ros. vertheidigst. In der dritten Sache hatte ich noch keine Vernehmung. Ich freue mich so, dass Du Dich in J.[3] erfrischt hast.
Liebling.


1 Der Brief ist am Tag des Eintreffens der Anklage geschrieben worden. Dieses ist der 22. 5. 1914, wie aus einem Brief Rosa Luxemburgs an Franz Mehring (vgl. Annelies Laschitza/Gunter Radczun, *Rosa Luxemburg – Ihr Wirken in der deutschen Arbeiterbewegung* [Copyright Dietz-Verlag, Berlin, DDR], Frankfurt/Main 1971, S. 316 und 555 (Anm. 48), hervorgeht.

2 *Kurt Rosenfeld*, s. Brief 1.

3 J = Jugenheim. Levi fuhr oft von Frankfurt aus am Wochenende in diesen kleinen Ort an der Bergstraße.

Die Sache mit der Anklage ist schwierig, nämlich die Beschaffung der
Zeugen. *Du* müsstest die Sache in die Hand nehmen. R.[2] weiss offen-
bar nicht ein noch aus. Wir müssten schleunigst die Sache bereden.
Falls Du nicht bis *Mittwoch* herkommen kannst, fahre ich nach
Fr. a. M. Ich hoffe morgen von Ros. per Telefon zu erfahren, ob Du
kommst. Die dritte Sache[3] scheint niedergeschlagen zu werden.

1 Datum laut Poststempel
2 *Kurt Rosenfeld*, s. Brief 1.
3 Zur »dritten Sache«, vgl. Briefe 17 und 19.

*Brief 23*                                      [Ende Mai 1914][1]

Liebling, die zweite Vorladung habe ich noch nicht, man schwankt
wohl noch. Hast Du gelesen von der Anregung der Chemnitzer
Volksst.? Dass sich alle Genossen, die gedient haben u. Mishandlungen
erlitten haben, mir als Zeugen zur Verfügung stellen, es würden dabei,
schreibt das Freyburger Blatt[2], Zehntausende aufmarschieren. Eine
hübsche Idee! Dienstag und Mittwoch habe ich hier Versammlungen,
die sich nicht mehr absagen liessen. Heute ist hier ein wunderbarer
Tag. Ich musste um ½ 6 heraus zur Bahn, die Nachtigall schlug hier an
meinem Haus. Als ich las, dass Du von morgens bis abends acht Uhr
nichts gegessen hattest, packte mich die Verzweiflung. Welcher
Rechtsanwalt führt noch eine so verrückte Lebensweise? Ich begreife,
dass man so in Momenten der grossen Revolution treibt, aber sich so
für Zivilprozesse opfern – das ist Wahnsinn. Liebling, bedenke jedesmal wenn Du nicht zur Zeit, wie alle Menschen, zu Mittag isst, dass Du
mich zur Verzweiflung bringst. Wird das etwas helfen?. –
Hoffentlich kommt Tainach[3] zu Stande.
Ich träume davon Tag und Nacht, denn ich habe hier jetzt allerlei, was
mich sehr bedrückt (natürlich nicht etwa meine Gerichtssachen, – im
Gegentheil).
Zwei Tage Ruhe mit Dir! . .

1 Der Brief ist nach Brief 16 vom 13. 5. 1914 (erste Vorladung) und vor Pfingsten
 (31. 5. 1914) geschrieben worden.
2 Gemeint ist die Freiburger *Volkswacht*. Siehe den Artikel »Neuer Rosa Luxemburg-Prozeß. Anklage wegen der Freiburger Versammlung«, in 4. Jhrg.,
 Nr. 112, 15. 5. 1914. Hier wird auf die Chemnitzer *Volksstimme* Bezug genommen. Der Satz, den Rosa Luxemburg zitiert, heißt: »Wir sind sicher, daß

sich auf diese Weise Zehntausende von Zeugen zusammenbringen lassen. Das kann ein netter Reinfall für den Militarismus werden.«

3 Geplante gemeinsame Reise über Pfingsten nach Bad Teinach im Schwarzwald.

*Brief 24* [28. 5. oder 4. 6. 1914][1]

Wir haben gar nicht geschimpft, ich habe mir gleich gedacht, dass das Telegramm vergessen worden ist, als am Bahnhof kein Rosenfeld war. Ich habe heute endlich eine Sitzung des Parteivorstands veranlasst, in der ich die Frage des Aufrufs stellte. Erst waren alle entschieden dagegen, dann waren alle entschieden dafür, u. zwar in der Form eines Artikels gegen den Militarismus agitatorischen Charakters, an den die Aufforderung, sich zu melden, angeschlossen wird.[2] Heute schreibe ich den Artikel, morgen soll ihn der Pv. versenden. Ausserdem soll er ein Zirkular an die Presse u. Organisationen versenden.

Von den »9000 Fällen« [?][3] sind eigentlich nur die betr. Vorwärts-Nr. angegeben (1907–13). Jetzt habe ich die Sache an mich genommen, mir für morgen die betr. Nrn. des »V« ins Haus bestellt, dann werde ich die Notizen ausschneiden u. aufpappen, dass sie zu gebrauchen sind, dann die Zeugen ausnotieren.[4]

So wird wohl die Sache endlich vorwärtsgehen. Heute war Gädke[5] bei mir u. hat mir einige nützliche Winke gegeben. Karskis Prozess findet am Dienstag[6] statt. Der »V« hat einen gleichen Prozess gekriegt wie ich wegen des Ausdrucks »typischer Fall« über eine Mishandlung.[7]

Wenn Du Sonnabend kommst, dann telegraphiere mir morgen, Freitag, möglichst bald, damit ich den R.[8] u. event. die oberste Behörde avisieren kann.

1 Der Brief ist an einem Donnerstag geschrieben worden (wie aus dem letzten Satz hervorgeht), und zwar vor dem 7. 6. 1914 (Tag der ersten Veröffentlichung des *Aufrufs* im *Vorwärts*).

2 Der *Aufruf* an die Parteigenossen, die Militärmißhandlungen erlebt oder erlitten hatten, sich als Zeugen zur Verfügung zu stellen, erschien in der im Brief angekündigten Form das erste Mal am 7. 6. 1914. Vgl. *Vorwärts*, 31. Jhrg., Nr. 152, 7. 6. 1914. Zum *Aufruf* s. auch S. 87 ff.

3 Unleserliches Wort, das nicht entziffert werden konnte.

4 Das vollständige Material von Rosa Luxemburg zur Vorbereitung ihres Prozesses und auch die hier beschriebenen Notizen aus dem *Vorwärts* befinden sich im *Levi-Nachlaß*, hier Nr. 61 A, im Archiv der Sozialen Demokratie der Friedrich-Ebert-Stiftung in Bonn.

5 *Richard Gädke*, Oberst a. D., scharfer Kritiker des kaiserlichen Kriegsministeriums, *Vorwärts*-Mitarbeiter.

6 Unklar, was gemeint ist. *Karskis* Prozeß begann erst am 17. 7. 1914. Mögli-

cherweise gab es einen früheren Prozeßtermin, der dann verschoben wurde. Zum *Karski*-Prozeß s. Brief 12.

7 S. dazu *Vorwärts*, 31. Jhrg., Nr. 145, 30. 5. 1914: Bericht über zwei Anklagen des Kriegsministers Erich von Falkenhayn gegen den *Vorwärts*-Redakteur Ernst Meyer wegen Beleidigung der Armee.

8 *Kurt Rosenfeld*, s. Brief 1.


*Brief 25*                                                        Sonntag [7. 6. 1914][1]

Von 9 Uhr früh bis 6 Uhr abends die Tagung der Teltow-Beeskower Kreisgeneralvers.,[2] – Rauch, Gequassel u. nichts gegessen noch getrunken (Mittagspause wurde »abgelehnt«). Ich bin soeben heimgekommen u. finde mein duftendes Südende mit dem Vogelgezwitscher u. der scheidenden Sonne am blauen Himmel doppelt wohltuend. Der Kreis ist furchtbar verwahrlost durch 10 Jahre revisionistisch-sumpfiger Herrschaft, das merkt man deutlich. Dazu die furchtbare Ungeschicklichkeit unserer radikalen Leute, die förmlich Niederlagen provozieren. Trotzdem partieller Sieg: meine Resolution[3] fast einstimmig angenommen, dazu bin ich gewählt in die Presskommission u. zum int. Kongress.[4] Gehöre also nun zum Zentralvorstand von Gross Berlin. Anträge der anderen Radikalen aber abgelehnt – zum grossen Theil durch ihre eigene Schuld. Nächster Waffengang in einer Woche – Verbandsgeneralvers.[5]

Was macht mein Junge heute? Liegt wohl in Jugenheim im Grase mit einem guten Buch? Ich hätte so gern eine Zeile vorgefunden, wie ich jetzt müde u. geistig verstaubt nach Hause kam. Vielleicht kommt der Eilbote noch!

Sehe ich Dich in einer Woche?

NS. Der »Aufruf«[6] ist durch den Pv. tüchtig »redigiert« worden, vor allem um meinen Namen möglichst zu tilgen.

Wird er wirken? Chi lo sa!..[7]

Schreibe bald!


1 Der Brief ist am Tage der Kreis-Generalversammlung in Teltow-Beeskow geschrieben worden, die am 7. 6. 1914 stattfand.

2 S. den Bericht über die Versammlung in *Vorwärts*, 31. Jhrg., Nr. 153, 8. 6. 1914.

3 Vgl. *Vorwärts*, ebenda. Die Resolution von Rosa Luxemburg besagte, daß in Zukunft auf jeder ordentlichen Verbands-Generalversammlung außer den geschäftlichen Berichten und Wahlen die wichtigste politische Frage behandelt werden sollte. Die Absicht Rosa Luxemburgs war es, auf der bevorstehenden Verbands-Generalversammlung die Massenstreikfrage zu diskutieren. S. dazu auch Brief 32.

4 Vgl. *Vorwärts*, ebenda.

5 Die Verbands-Generalversammlung fand am 14. 6. 1914 statt. S. den Bericht
  in *Vorwärts*, 31. Jhrg., Nr. 160, 15. 6. 1914.
6 Rosa Luxemburg meint die erste Form des *Aufrufs* an die Parteigenossen, sich
  bei ihnen zugefügten Soldatenmißhandlungen zu melden, der am 7. 6. 1914
  das erste Mal erschienen war. Vgl. *Vorwärts*, 31. Jhrg., Nr. 152, 7. 6. 1914.
7 Italienisch: wer weiß das?


*Brief 26*                                               [9. 6. 1914][1]


Armer gehetzter Liebling,
ich erwarte mit Spannung den Schlachtbericht von gestern abend.[2]
Heldmann[3] war gemein, wie ich aus dem ausführl. Bericht sehe. Umso
mehr zu bedauern, dass ihm der Narr so leicht gemacht hat. Denke
Dir, welcher Zufall: der alte Gerschell[4] in Stuttgart hat uns noch den
zweiten Fünfstück[5] besorgt, dies war aber sein letztes Werk auf Erden,
gleich darauf rührte ihn der Schlag. Er hat wohl geahnt, dass ich ihm
die beiden Raritäten nicht bezahlen werde. Der Aufruf[6] ist freilich
durch die hohe Obrigkeit so matt gestaltet worden, dass ich mir nicht
viel verspreche. An die Organisationen aber sollen sie einen ganz ener-
gischen »Geheimerlass« gerichtet haben. Ros.[7] macht sich bequem: er
schickt mir plötzlich eine Leporelloliste[8] von 2 Dutzend Schriften, die
man »besorgen müsse«. Dass *er* dazu berufen wäre, das zu »besorgen«,
will er nicht wahr haben. Dafür platzte er mir gestern vormittag hier
lustig wie ein junger Hund mit einem wunderbaren Rosenstrauss herein. Ich »besorge« nun, was ich irgend kann. Stoff wird bergehoch,
bloß seine Verwertungsmöglichkeit sehr zweifelhaft.
Wie ich mich schon freue auf Deine Ankunft! Wir werden dann zusammen jeden Tag arbeiten! . .
Hier war gestern 6 Stunden lang ein apokalyptisches Gewitter. Der
Himmel war fabelhaft. Ich musste die Mimi[9] stundenlang in den Armen halten, sie hatte so Angst vor den Blitzen.


1 Der Brief ist einen Tag nach dem *Salvarsan-Prozeß*, der am 8. 6. 1914 in
  Frankfurt/Main stattfand, geschrieben worden.
2 Gemeint ist der *Salvarsan-Prozeß*, in dem Levi einen Journalisten verteidigte,
  der wegen Beleidigung der Ärzte des städtischen Krankenhauses in Frank-
  furt/Main und der Farbwerke Höchst angeklagt worden war. Der Angeklagte hatte in mehreren Artikeln behauptet, die Ärzte verwendeten trotz be-
  kanntgewordener Nebenwirkungen das Mittel Salvarsan und würden dafür
  von den Farbwerken Höchst honoriert. S. zum Salvarsan-Prozeß S. 56 ff.
3 *Heldmann* war der Vorsitzende Richter im Salvarsan-Prozeß.
4 *Oskar Gerschel* (1846–1914), Buchhändler und Antiquar in Stuttgart. Gerschel starb am 4. Juni 1914 an einem Schlaganfall. S. den sehr aufschlußrei-

chen Nachruf im *Börsenblatt für den Deutschen Buchhandel*, 81. Jahrg., Nr. 131, 10. 6. 1914, S. 952.

5 *Moritz Fünfstück* (1856–1925), Verfasser mehrerer botanischer Standardwerke. Hiermit ist mit hoher Wahrscheinlichkeit das Werk *Naturgeschichte des Pflanzenreichs – Großer Pflanzenatlas* gemeint; erschien 1890 in der 8. Auflage im Süddeutschen Verlagsinstitut, Stuttgart.

6 Zum Problem des *Aufrufs* s. Briefe 23 und 24, S. 87 ff.

7 *Kurt Rosenfeld*, s. Brief 1.

8 Die Liste mit den Literaturangaben befindet sich im *Levi-Nachlaß*, Nr. 61 A, im Archiv der Sozialen Demokratie der Friedrich-Ebert-Stiftung in Bonn.

9 Rosa Luxemburgs Katze.

## *Brief 27* [11. 6. 1914][1]

Liebling, ich sah schon gestern im Abendblatt, dass Dein Klient Dir die ganze Situation verpfuscht mit seiner narrischen Aufführung[2]. Konntest Du ihn denn nicht gleich im Anfang an die Kandare legen und ihm zur Bedingung machen, dass er das Maul hält? Aber freilich solche Exemplare lassen sich schwer zähmen. Du hättest sicher die halbe Strafe erwirkt, wenn er geschwiegen hätte. So ein Narr. Das Reichsgericht ist auf den 27. verlegt[3], aber das hiesige ist uns auf den Fersen. Klara[4] schreibt, dass auch in St. das Wetter scheusslich ist. Hier aber haben wir den schönsten blauen Himmel; es gewittert ab und zu, doch dazwischen Sonnenschein u. Hitze. Die Frösche schreien zum Zerplatzen u. die Nachtigall sucht sie zu übertrumpfen bei hellichtem Tag.

Liebling, mach Dir nichts aus dem [Salvarsan u. . . .][5]

Schreibe bald!

1 Der Brief ist einen Tag nach dem Bericht über den *Salvarsan-Prozeß* geschrieben worden, der am 10. 6. 1914 im *Vorwärts*, 31. Jhrg., Nr. 155, erschienen war.

2 Levis Klient im *Salvarsan-Prozeß* beschimpfte während der Verhandlung Gericht, Ankläger und sogar seinen eigenen Verteidiger und handelte sich nach der Presseberichterstattung dadurch eine ungewöhnlich hohe Strafe ein. S. dazu S. 56 ff.

3 Die Revision des Frankfurter Urteils im Luxemburg-Prozeß sollte am 27. 6. vor dem Reichsgericht in Leipzig stattfinden, wurde dann aber auf den 22. 10. vertagt. (vgl. *Vorwärts*, 31. Jhrg., Nr. 166, 21. 6. 1914) Sie fand schließlich am 20. 10. 1914 statt. S. zu dem gesamten Komplex der Revisionsbeantragung Ulrich Cartarius »Rosa Luxemburg unter Haftandrohung. Zu den Folgen ihrer Verurteilung wegen Aufforderung zum Ungehorsam und zu strafbaren Handlungen durch das Frankfurter Landgericht am 20. Februar 1914« in *IWK*, 17. Jhrg., Nr. 1, März 1981, S. 61–70.

4 *Clara Zetkin*, s. Brief 11.

5 An dieser Stelle wurde mit fremder Tinte der ganze Satzteil durchgestrichen und ist nicht mehr genau zu entziffern. Sinngemäß lautet der Satzteil: *Salvarsan und schicke die Anklage von Quarck.* (Es handelt sich vermutlich um einen

Artikel von Max Quarck in der *Volksstimme* zu den innerparteilichen Differenzen in Frankfurt, s. auch Brief 28.) Es ist auch nicht festzustellen, ob die Streichung durch Levi selbst erfolgte, oder ob eine andere Person hier Zensur ausüben wollte. Auch im Brief 30 ist eine Stelle derart unkenntlich gemacht, die sich auf den *Salvarsan-Prozeß* zu beziehen scheint.

*Brief 28*                                              [ca. 10. oder 11. 6. 1914][1]

Liebster, ich finde auch den Aufruf[2] miserabel, aber der Pv. *wollte* keinen anderen u. ich zweifle, ob er sich zu einem zweiten herbeilässt. Ich will heute nachm. mit Ros.[3] reden u. ihn dorthin delegieren auf Grund Deines Telegramms. Übrigens hat auch das Solinger Blatt über dem Artikel noch einen grossen Aufruf gedruck: »Zeugen vor!«[4] Ob sich schon irgend jemand meldet, weiss ich noch nicht. Hier ist so drückend heiss seit dem Gewitter. Dass Euch der Hammer[5] so reingelegt hat, ist wirklich ärgerlich, ich hoffe Dissm.[6] schreibt mir noch Näheres. Sobald Du weisst bestimmt, wann Du herkommen kannst, telegraphiere mir, damit ich mich im Voraus darauf einrichten u. auch Ros. avisieren kann. Liebling, hoffentlich hast Du Dich schon ein wenig ausgeruht nach all dem Ärger.

1 Der Brief ist ein oder zwei Tage nach dem 9. 6. 1914 geschrieben worden, dem Tag, an dem der *Aufruf* in der *Bergischen Arbeiterstimme* erschienen war.
2 Gemeint ist der in den Briefen 24, 25 und 26 beschriebene *Aufruf* an die Parteigenossen, sich als Zeugen von Soldatenschindereien zur Verfügung zu stellen, der am 7. 6. 1914 das erste Mal im *Vorwärts* und anschließend in vielen anderen Organen der Sozialdemokratie erschienen war.
3 *Kurt Rosenfeld*, s. Brief 1.
4 S. *Bergische Arbeiterstimme*, Solingen, 25. Jhrg., Nr. 131, 9. 6. 1914, S. 1.
5 *Gustav Hammer* (1891–), vor 1914 Redakteur an der *Frankfurter Volksstimme*. Während der November-Revolution führendes Mitglied im Hanauer Arbeiter- und Soldatenrat.
   Es handelt sich wahrscheinlich um die Generalversammlung des sozialdemokratischen Vereins Frankfurt/Main am 9. Juni 1914, auf der die Kritik der Kriegsgeneralversammlung von Höchst-Usingen an der Haltung des Frankfurter Reichstagsabgeordneten und politischen Redakteurs der *Volksstimme*, Max Quarck, zurückgewiesen wurde. S. dazu *Vorwärts*, 31. Jhrg., Nr. 158, 13. 6. 1914, »Aus der Partei«.
6 *Robert Dißmann*, s. Brief 20.

*Brief 29*                                          [Juni 1914][1]

Liebling, ich freue mich so, dass Du endlich einen schönen Tag u.
Abend verlebt hast. Heute theilt mir Ros.[2] mit, dass man alle unsere
Anträge (Akten der Militärgerichte anzufordern) *abgelehnt* hat, als
»überflüssig«. Das zeigt, wohin die Reise geht.
Bis jetzt melden sich wenige Zeugen, am wenigsten aus Berlin.[3]
Ich denke an Dich u. manchmal bin ich so ergriffen, daß mir Thränen
aufsteigen.
Liebling.

1 Der Brief ist im Juni 1914, nach dem Erscheinen des *Aufrufs* im *Vorwärts*, geschrieben worden. Keine genauere Datierung möglich.
2 *Kurt Rosenfeld*, s. Brief 1.
3 Auf den *Aufruf* im *Vorwärts*.


*Brief 30*                                       [Mitte Juni 1914][1]

Heute sitze ich vergraben im Material. Ausschneiden, Kleben u. Sortie-
ren, dass mir schon Hören u. Sehen vergeht.
Ros.[2] hat Sonnabend erfahren, dass man schon in der Kammer ungeduldig auf die Verhandlung[3] wartet. Sie kann in 10–14 Tagen kommen! Und wir sind so gut wie noch gar nicht vorbereitet; das Material
ist im rohesten Zustand und Zeugnisse noch gar keine. Ob auf das
matte Zeug, das der PV. »redigiert« hat, sich welche melden, weiss ich
nicht. Bis Du kommst, wird sich hoffentlich alles klären.
Liebling! (Ich bin gespannt auf Deine [. . . ?][4])
Die Siegesbotschaft Dissmanns[5] erhielt ich. Hätten wir solche Arran-
geure hier, dann wäre vieles anders.

1 Der Brief ist nach dem Erscheinen des 1. *Aufrufs* im *Vorwärts* am 7. Juni und
  nach der Kreisversammlung in Hanau-Gelnhausen-Orb am 14. Juni 1914 geschrieben worden.
2 *Kurt Rosenfeld*, s. Brief 1.
3 Gemeint ist der Luxemburg-Prozeß vor dem Berliner Landgericht, der am 27.
  6. 1914 begann.
  S. dazu S. 89.
4 Im nachhinein mit anderer Farbe durchgestrichene und unkenntlich ge-
  machte Passage, auch den *Salvarsan-Prozeß* betreffend, wie schon im Brief 27.
5 *Robert Dißmann*, s. Brief 20.
  Die Nachricht ging wahrscheinlich über die Kreis-Generalversammlung in
  Hanau-Gelnhausen-Orb am 14. 6., die mehrheitlich erklärt hatte, mit der
  Haltung der Frankfurter *Volksstimme* (resp. der politischen Linie des Redak-

teurs *Max Quarck*) nicht einverstanden zu sein. S. dazu *Vorwärts*, 31. Jhrg., Nr. 163, 18. 6. 1914.
Dieser Wahlkreis stellte sich also bewußt in Gegensatz zu der Frankfurter Generalversammlung am 9. Juni, vgl. Brief 28.


*Brief 31*                                                                    [ohne Datum][1]

Heute habe ich mir zum ersten Mal gestattet, ein bischen zu leben: nachmittags habe ich mich hingelegt, Gertrud[2] hat mich zugedeckt u. Mimi[3] legte sich auf dem Sessel am Ofen schlafen. Statt aber, dass auch ich schlief, musste ich die Gräfin-Arie singen. Nach einigen Minuten erwachte Mimi, hörte zu, dann sprang sie vom Sessel, kam zu mir, hob sich auf 2 Pfötlein u. gab mir einen Kuss. Sie küsst mich immer, wenn ich singe. Der Himmel war auch herrlich, blau mit weissen bauschigen Wolken.
Dem Kurtchen Rosenfeld kann man die Abschrift[4] schicken, er hat fest versprochen, mit niemandem zu reden, will aber durchaus vorher selbst studieren, um am Montag zusammen zu beraten; Sonntag ist er nicht da, aber es genügt eine gemeinsame gründliche Sitzung.
Kommst Du am Sonnabend?

                                                                                          RL

1  Keine genauere Datierung möglich.
2  *Gertrud Zlottko*, Hausgehilfin Rosa Luxemburgs.
3  Rosa Luxemburgs Katze.
4  Es blieb unklar, um welche »Abschrift« es sich hierbei handelte; möglicherweise um schriftliche Zeugenaussagen über Soldatenmißhandlungen, die Levi gegenüber vertraulich gemacht wurden; im *Levi-Nachlaß* Nr. 61 A befinden sich mehrere solcher Berichte.


*Brief 32*                                                                    [15. 6. 1914][1]

Liebling, gestern (Sonntag) war eine harte Schlacht[2], aber wir haben einen glänzenden Sieg errungen. Der »V«-Bericht[3] giebt nur einen schwachen Begriff von der Stimmung die dort herrschte. Namentlich ist meine Rede (etwa ¾ Stunden mit äusserster Schärfe) stark »redigiert« worden. Der Kampffonds[4] ist an sich eine dumme Idee, aber als Ausdruck des Willens zu einer That wird er, namentlich angesichts des ausdrücklichen Widerspruchs des Parteivorstands, im ganzen Reich guten Eindruck machen. Alles in Allem: Berlin ist erobert für eine vorwärtsstrebende Taktik.
Über eure Revanche[5] freue ich mich sehr, nur solltet Ihr auch dafür

sorgen, dass darüber im »Vorw«. berichtet wird: die Schlappe vom Donnerstag[6] stand prompt berichtet da. Ich sprach mit dem Pv. wegen eines 2. Aufrufs,[7] er hat starke Bedenken u. ich will in dieser Sache auf ihn keinen Druck ausüben.

Sonnabend und gestern kam ich nicht dazu, Dir zu schreiben, dachte mir auch halb und halb, dass Du über diese Tage in Jugenheim bist. Hier ist herrliches Wetter. Mein Liebling, telegraphiere, wenn Du bestimmt weisst, wann Du kommst. Dissm.[8] wird sich wohl auch freuen über unseren Sieg hier. Grüsse ihn von mir.

1 Der Brief ist am Montag, einen Tag nach der Verbands-Generalversammlung von Groß-Berlin, am 14. 6. 1914, geschrieben worden.
2 Gemeint ist die Verbands-Generalversammlung von Groß-Berlin, auf der sich Rosa Luxemburg und der linke Parteiflügel mit ihrer Resolution zum Massenstreik durchsetzen konnten. S. den Bericht im *Vorwärts*, 31. Jhrg., Nr. 160, 15. 6. 1914.
3 S. *Vorwärts*, ebenda.
4 Auf der Versammlung wurde eine Resolution *Adolf Hoffmanns*, durch Geldsammlungen einen »Kampffonds« für Massenstreikaktionen anzulegen, gegen den Willen des Parteivorstandes angenommen. S. *Vorwärts*, ebenda.
5 Bezieht sich auf die Kreis-Generalversammlung von Hanau-Gelnhausen-Orb, s. Brief 30.
6 Bezieht sich auf die Frankfurter Generalversammlung am 9. 6. 1914, s. Brief 28.
7 Ein zweiter Aufruf in veränderter Form erschien schließlich am 18. Juni im *Vorwärts*, 31. Jhrg., Nr. 163, mit der Überschrift »Gegen die Militärmißhandlungen. Zeugen heraus!«
8 *Robert Dißmann*, s. Brief 20.


*Brief 33*                                                            [6. 7. 1914][1]

Liebling, ich freue mich so, dass Du es jetzt gut zuhause hast. Also jetzt wird pünktlich gegessen u. abends nicht in die Nacht in scheusslichen Cafés herumgesessen! Deine Gesichtsfarbe verlangte auch dringend Remedour. Hier kam ich gestern um Mitternacht heim. Heute habe ich die Akten in Ordnung gebracht. Sonst ist nichts eingetroffen. Meine Migräne ist endlich vorbei. Aber so heiss und schwül ist's heute, dass ich ganz matt bin. Klara[2] war über Deine Sendung sehr erfreut, sie traf allerdings erst montag früh ein, trotz Eilboten, – das ist Sillenbuch.[3] Die Frankfurterin hatte am 4. einen guten Leiter abends. Nach Chemnitz musst Du fahren,[4] das ist wichtig. Das geht doch über Berlin, nicht? Wann?

1 Der Brief ist wahrscheinlich nach dem Wochenende 4./5. Juli 1914 geschrieben worden. Rosa Luxemburg scheint nach dem Prozeß in Berlin, der am 4. 7. 1914 vertagt wurde, mit Levi nach Frankfurt gefahren zu sein.
2 *Clara Zetkin*, s. Brief 11.
3 Vorort von Stuttgart.
4 Levi sprach am 19. Juli in Chemnitz auf einer Versammlung zum Luxemburg-Prozeß. S. den Bericht in der Chemnitzer *Volksstimme*, 24. Jhrg., Nr. 164, 20. 7. 1914, »Der Luxemburg-Prozeß«.


## Brief 34 [8. 7. 1914][1]

Wie schön, dass Du mit Deinem Heim so zufrieden bist! Ich bin so froh darüber, Liebling! Auch Deine Tournee[2] ist ausgezeichnet. Material schicke ich Dir morgen, heute bin ich gehetzt den ganzen Tag wie ein Hase. Der gestrige Morgen-Art. der Frkft.-Ztg.[3] war höchst wichtig für uns. Gehts nach Chemnitz über Berlin? Ich muss in den Zahlabend laufen. Gott sei mir gnädig.

Von verschiedenen Stellen hörte ich hier, dass Dein Auftreten[4] den Leuten sehr gefallen hat.

1 Der Brief ist am Zahlabend im Juli geschrieben, das ist der 8. 7. 1914 (vgl. *Vorwärts*, 31. Jhrg., Nr. 183).
2 Nach dem Luxemburg-Prozeß in Berlin bereiste Levi einige Städte (Stuttgart, Hanau, Höchst, Chemnitz) und sprach dort vor großen Massenversammlungen. S. z. B. *Schwäbische Tagwacht*, 34. Jhrg., Nr. 159, 13. 7. 1914. Die *Tagwacht* machte mit der Balkenüberschrift auf: »Ein neuer Vorstoß gegen den Militarismus.«
3 Wahrscheinlich ist der äußerst kritische Artikel über den Luxemburg-Prozeß gemeint, der sich auch mit der Taktik des Kriegsministers, die Sozialdemokratie durch Strafanzeigen zu bekämpfen, auseinandersetzt, s. *Frankfurter Zeitung*, 58. Jhrg., 183, 4. 7. 1914. Aus diesem Artikel wurde im *Vorwärts* am 7. 7. 1914, also einen Tag vor dem Datum des Briefes, ausführlich zitiert (vgl. *Vorwärts*, 31. Jhrg., Nr. 182), so daß Rosa Luxemburg ihn irrtümlich als »gestrigen Morgenartikel« der *Frankfurter Zeitung* beschrieb.
4 Gemeint ist Levis Auftreten als Verteidiger im Luxemburg-Prozeß in Berlin.


## Brief 35 [ca. 9./10. 7. 1914][1]

Ich schicke Dir hier den Caprivi[2] u. die wichtigsten Erlasse, obwohl Du sie natürlich in der Versammlung nicht verlesen, höchstens erwähnen kannst, damit die Leute nicht umfallen vor Müdigkeit.

Bitte, schicke sie mir *baldigst* zurück, denn ich soll ja die Broschüre vorbereiten.

Heute bin ich wieder den ganzen Tag wie im Taubenschlag u. weiss kaum, wo mir der Kopf steht.

Ich möchte, dass Du überlegst, ob wir keine Rechtsmittel haben, um jetzt gegen die Vertagung des Prozesses vorzugehen, die ja nach der Frkft. Ztg.[3] ein flagranter Rechtsbruch war. Können wir nicht beim Reichsgericht gegen den Beschluß rekurieren?

1 Der Brief ist nach dem Erscheinen eines Artikels der *Frankfurter Zeitung* im *Vorwärts* am 9. 7. 1914 geschrieben worden. S. unter 3.

2 Es handelt sich um eine Erklärung des Reichskanzlers *Graf Leo von Caprivi* über die »gebildeten und die rohen Unteroffiziere«, die er am 27. 2. 1891 im Reichstag abgab, wie aus dem Prozeßmaterial, das im Levi-Nachlaß, Nr. 61 A, erhalten ist, hervorgeht. (S. auch *Stenographische Berichte über die Verhandlungen des Reichstags*, VIII. Legislaturperiode, I. Session 1890/91, 3. Bd., Berlin 1891, S. 1767–1768).

3 Der Artikel in *Frankfurter Zeitung*, 58 Jhrg., Nr. 186, 7. 7. 1914, enthielt eine juristische Begutachtung des Luxemburg-Prozesses und der Vertagung. Aus diesem Artikel zitierte der *Vorwärts*, 31. Jhrg., Nr. 181, 9. 7. 1914, ausführlich.


*Brief 36*                                          [whrschl. 13. 7. 1914][1]

Ob ich nächsten Freitag u. Samstag zu Hause bin, weiss ich noch nicht, da noch nicht beschlossen, ob ich nach Brüssel[2] gehe. Mehr Material habe ich nicht zum Schicken, die Ausschnitte aus dem »V« kannst Du doch nicht brauchen, die fast durchweg wertlosen Broschüren auch nicht, sonst hast Du ja alles. Außerdem warne ich Dich vor zu viel Material u. Zitaten! Volksvers. hat andere geistige Resonanz als Gerichtssaal, u. zu viel Gründlichkeit ist schon manchem Redner zum Verhängnis geworden (vide August[3]). Ich erwarte übrigens, dass Du mir das geschickte Material (Caprivi[4] u. Erlasse, aus was ich Dir zum Plaidoyer gab) zurückschickst – Du hast für wohl ausnotiert oder abtypen lassen, denn ich brauche es hier für die Broschüre (resp. Versammlung, die vorbereitet wird). Wieder eine afrikanische Hitze hier. Ich bin gespannt, wie es in Stuttgart[5] gegangen ist.

Ich erwarte noch Antwort bezügl. der juristischen Bemerkungen der Frkft. Z.[6] Giebt es denn gar keine Rechtsmittel gegen die Vertagung?

1 Der Brief ist wahrscheinlich nach Levis Versammlung in Stuttgart am 12. 7. und vor dem *Vorwärts*-Bericht darüber (am 14. 7.) geschrieben worden.

2 Das Internationale Sozialistische Büro hatte für den 16. und 17. Juli 1914 eine allgemeine russische Einigungskonferenz einberufen, an der Rosa Luxemburg teilnahm. Zu den polnisch-russischen Differenzen und Rosa Luxemburgs Rolle s. Peter Nettl, *Rosa Luxemburg*, Köln/Berlin 1967, bes. S. 534–572.

3 *August Thalheimer* (1884–1948). Vor 1914 Exponent des linken Parteiflügels in Württemberg, Gründungsmitglied der KPD, führender Theoretiker der KPD. 1924 aus der Parteispitze abgewählt. Leiter der rechten Opposition in der KPD. 1929 Mitbegründer der rechtskommunistischen Oppositionsgruppe KPO.
4 S. Brief 35.
5 Paul Levi sprach am 12. 7. 1914 auf einer Massenversammlung zum Luxemburg-Prozeß in Stuttgart. S. Brief 34.
6 S. Brief 35, Anm. 3.

## *Brief 37*                                                    [Juli 1914][1]

Wo sind meine neuen *Kriegsartikel*, die abgetippt werden sollen?! Und die anderen kleinen Zitate aus dem Armeeverordnungsblatt?!

1 Der Brief paßt inhaltlich zu den Briefen 35 und 36. Sonst keine Anhaltspunkte zur genaueren Datierung.

## *Brief 38*                                          Dienstag [21. 7. 1914][1]

Ich bin erst Sonntag nachts um 1 Uhr nachhause gekommen, nach einer schauderhaften Fahrt in glühender Hitze.
Gestern hatte ich den ganzen Tag Lauferei u. Telephonieren, da ich eine Menge Geschäfte vorfand. Heute vormittag musste ich noch schnell einen Art. für unsere Korrespondenz schreiben. In Brüssel[2] war eine harte Arbeit, aber alles ging nach Wunsch, ich bin sehr zufrieden. K. K.[3] schickte sich in die Lage u. machte keine Schwierigkeiten mehr, Falkenhayn hat auch hier gut gewirkt.
Ich soll jetzt den Tag bestimmen, an dem ich die Rede halten soll, die als Broschüre erscheint, forderte aber vor allem die Zusendung des »Gutachtens« von Heinemann.[4] Sobald ich das habe, schicke ich es Dir u. Rosenf., damit Ihr als Verteidiger sofort eine gemeinsame Widerlegung dieses Geschreibsels anfertigt u. an den Zentralverband richtet. Ich werde darauf bestehen, dass sie in der nächsten Sitzung verlesen wird. In mir kocht es, wenn ich an dieses Zeug denke.
Was mit den Stuttgarter Frauen[5] ist, weiss ich nicht, ich habe die Provinzpresse seit einer Woche nicht gelesen. Was ist's mit Kamerun?[6] Gehst Du wirklich hin und wann? Ich kann in der nächsten Zeit nicht nach Frkft. Wenn ich losgehe, dann zunächst nach Kiel, Breslau, Thüringen u. Rheinland, weiss aber überhaupt noch nicht, ob ich dazu komme. Gestern war Obuch[7] hier, der schon seit einer Woche auf mich wartete. Ein sehr netter Mensch.

Wie bist Du zufrieden mit Kiel u. mit Chemnitz? Ich habe noch keinen Bericht von Chemn. gekriegt. Über die Stellung des Militarismus im Staate weiss ich kein besonderes Material. Dieses Material ist ja die ganze innere politische Geschichte Deutschlands: die Misere des Liberalismus, die Rolle des Zentrums u. des Junkertums, die monarchistische Zersplitterung Dlds., alle Sprungfedern des Imperialismus und last noch least: die deutsche Sozialdemokratie.

Verzeih, ich habe nicht gesehen, dass das Papierblättchen unten von der Reise in der Handtasche gelitten hat. Hast Du immer noch Freude an der Wohnung u. der Wirtschafterin?

1 Der Brief ist am Dienstag nach der Rückkehr aus Brüssel (Sonntag, 19. 7. 1914) geschrieben worden.

2 Es handelt sich um die vom Internationalen Sozialistischen Büro einberufene allgemeine russische Einigungskonferenz, die am 17. und 18. Juli in Brüssel tagte. Vgl. Brief 36.

3 *Karl Kautsky* (1854–1938), bekannter sozialdemokratischer Theoretiker. Von 1883–1917 Chefredakteur des theoretischen Organs der SPD *Die Neue Zeit.* Bis 1910 Freund und Kampfgefährte Rosa Luxemburgs, dann Bruch der politischen und persönlichen Zusammenarbeit wegen der Richtungsstreitigkeiten in der Vorkriegs-Sozialdemokratie.

Auf dem Kongreß in Brüssel befanden sich Karl Kautsky und Rosa Luxemburg in ihrer Haltung gegenüber Lenin und Radek und in der Frage der Einigung der russischen Organisationen in Übereinstimmung. S. dazu auch Karl Kautsky »*Karl Liebknecht und Rosa Luxemburg zum Gedächtnis*«, in *Der Sozialist, Unabhängige sozialdemokratische Wochenschrift*, 5. Jhrg., Nr. 4, 24. 1. 1919, S. 51–57, hier S. 56.

4 Nach dem Prozeß in Berlin hatte der Berliner »Aktionsausschuß« der Partei den Rechtsanwalt *Hugo Heinemann* um ein »Gutachten« darüber gebeten, ob es ratsam sei, nach der Vertagung des Prozesses Protestveranstaltungen einzuberufen. Heinemann war darin zu dem Schluß gekommen, Protestveranstaltungen müßten zu diesem Zeitpunkt abgelehnt werden, da sie eine Einmischung in ein schwebendes Verfahren darstellten. Dieses »Gutachten« hatte bei dem linken Flügel der Berliner Parteiorganisation große Entrüstung ausgelöst. S. dazu auch S. 90 f.

Eine Skizzierung des Inhalts dieses Heinemannschen »Gutachtens« durch *Wilhelm Pieck* befindet sich im *Levi-Nachlaß*, Nr. 61 A.

5 Wahrscheinlich ist eine Initiative Stuttgarter Frauen gemeint, das Gewicht der Frauenorganisation in der Partei zu stärken. Clara Zetkin unterstützte das Anliegen auf der württembergischen Landesversammlung. S. *Schwäbische Tagwacht*, 34. Jhrg., Nr. 163, 17. Juli 1914; Nr. 165, 20. Juli 1914; Nr. 171, 27. Juli 1914.

6 Levi sollte ursprünglich am 9. 8. 1914 nach Kamerun reisen, um dort zwei Duala-Bewohner, Manga Bell und Ngosso Din, zu verteidigen. Die Dualas, ein Bantustamm an der Kamerunbucht (Westafrika), waren 1884 durch einen Vertrag mit einer Bremer Firma unter die Souveränität des deutschen Reiches gekommen. In dem Vertrag war ihnen ihr Wohnrecht an der Kamerun-Bucht für immer verbürgt worden. Im Jahre 1910 versuchte dann ein deutscher

Gouverneur, die Dualas trotz des Vertrages aus ihren Wohnstätten zu vertreiben, weil er der Ansicht war, daß Schwarze und Weiße nicht nebeneinander wohnen könnten. Die Dualas wehrten sich gegen die Vertreibung. Die Auseinandersetzungen dauerten bis ins Jahr 1914 hinein. An der Spitze der Dualas stand Rudolf Bell, ein Enkel des Häuptlings, der 1884 den Vertrag mit der Bremer Firma geschlossen hatte. Bell versuchte nun, Kontakt mit der Regierung des deutschen Reiches aufzunehmen und nach Deutschland zu reisen, um seinen Fall vorzutragen. Der Gouverneur in Kamerun untersagte ihm aber die Ausreise. Daraufhin schickte Bell einen anderen, der deutschen Sprache mächtigen Duala, Ngosso Din, nach Deutschland. Dieser wurde, kaum hatte er deutschen Boden betreten, verhaftet und mit der Begründung nach Kamerun zurückgebracht, er habe keine Ausreisegenehmigung. Gegen Bell und Din wurde dann in Kamerun Hochverrats-Klage erhoben. Die Untersuchung schleppte sich wochenlang hin. Levi sollte die Verteidigung der beiden übernehmen und am 9. 8. 1914 die Reise nach Kamerun antreten. Der Krieg kam dazwischen, und die beiden Dualas wurden am 18. 9. 1914 von einem Kriegsgericht zum Tode verurteilt. Levi hat dieses Urteil später als Justizmord bezeichnet. S. Paul Levi »*Gegen die Todesstrafe*«, in: *Sozialistische Politik und Wirtschaft*, 5. Jhrg., Nr. 45, 11. 11. 1927.
Der Fall beschäftigte 1914 auch den Reichstag, s. *Verhandlungen des Reichstags*. XII. Legislaturperiode, I. Session, Bd. 295, 255. Sitzung (12. Mai 1914), Berlin 1914, S. 8777–8784 und 256. Sitzung, S. 8791–8821, ebenda.
7 *Gerhard Obuch* (1884–1960), Rechtsanwalt, 1906 Mitglied der SPD. Nach 1914 Gegner der Kriegskreditbewilligungspolitik. 1917 USPD, 1918 Mitglied des Reichsausschusses des zentralen Vollzugsrates der A.- u. S.-Räte in Berlin, 1922 in die KPD. Abgeordneter des preußischen Landtages von 1921–1933.

Brief 39                                              [um den 25. 7. 1914][1]

Anbei sende ich Dir die Äusserungen Heinemanns[2] u. bitte Dich, eine gepfefferte Antwort als Vertheidiger zu geben, sie dann zusammen mit den Briefen Heinemanns an Rosenfeld, damit er die Antwort auch zeichnet u. dann *an mich* schickt. Ich werde meine hinzufügen und im Zentralvorstand vorlegen. Aber das muss alles *gleich* geschehen. Ros.' Adresse ist: Brand bei Bludenz, Vorarlberg, Hotel Beck.
Mir würde es sehr leid thun, wenn man die Dualas[3] ihrem Verhängnis überlassen würde. Ich frage, ob es jetzt noch Zweck hat zu schweigen? Diese »demokratische« Taktik scheint mir ganz falsch zu sein. Jetzt schon in der Frkft.Ztg. Lärm schlagen gerade wegen der Verschleppung des Termins, das wäre vielleicht der beste Weg (natürlich nichts von *Dir* erwähnen).
Am Dienstag habe ich hier Versammlung über den Prozeß.[4] Schicke mir, bitte, das Material gleich zurück. Deine Broschüre kam gestern, ich bin aber dermassen von Russen u. Polen belagert (Nachwehen der

Sitzung in Brüssel)[5], dass ich nichteinmal zum Lesen gekommen bin. Ich möchte Dich auch sprechen, aber wie? Vielleicht zu Anfang des August. Ich weiß noch nicht, ob ich da nicht eine Reise mache.

1 Der Brief ist zwischen dem 21.7. (Brief 38) und dem 28.7. 1914 (erneute Abfahrt nach Brüssel) geschrieben worden.
2 Das »Gutachten« zur Frage der Protestveranstaltungen in Berlin nach dem Luxemburg-Prozeß. S. Brief 38.
3 Die Ureinwohner Kameruns, die Levi gegen die deutsche Kolonialmacht an Ort und Stelle verteidigen wollte. S. Brief 38. Offenbar sollte die Gerichtsverhandlung gegen Bell und Din verschoben werden.
4 Vgl. die Voranzeige für diese Versammlung am Dienstag, den 28. Juli, in *Vorwärts*, 31. Jhrg., Nr. 200, 25.7. 1914. Die Versammlung fand jedoch nicht statt, da Rosa Luxemburg an diesem Tag nach Brüssel reisen mußte, um an der wegen der drohenden Kriegsgefahr einberufenen Konferenz des Internationalen Sozialistischen Büros teilzunehmen.
5 Gemeint ist die russische Einigungskonferenz vom 17./18. Juli 1914 in Brüssel. Vgl. Briefe 36 und 38.

*Brief 40*                                                           Montag [27.7. 1914][1]

Ich muss morgen früh nach Brüssel,[2] komme spätestens Sonntag früh heim. Sieh zu, dass Du über Samstag in Berlin bleibst. Es ist auch möglich, dass ich schon früher komme, aber nicht sicher. Ich telegraphiere meine Ankunft an Hotel Exzelsior. Schreibe mir oder telegraphiere an die Adresse Maison du Peuple, Bruxelles, ob u. wann Du in Berlin bist, wie die Versammlungen verlaufen etc. Ich muss leider morgen sehr früh reisen, noch ohne jede Nachricht über Stuttgart.[3]

1 Der Brief ist einen Tag vor der Abreise nach Brüssel, die am Dienstag, dem 28.7. 1914 stattfand, geschrieben worden.
2 In Brüssel begann am 29.7. 1914 eine wegen der drohenden Kriegsgefahr kurzfristig einberufene Konferenz des Internationalen Sozialistischen Büros, an der Rosa Luxemburg als Vertreterin der Sozialdemokratischen Partei Polens und Litauens (SDKPiL) teilnahm. Zur Brüsseler Tagung siehe Georges Haupt, *Der Kongreß fand nicht statt*, a. a. O. (vgl. Brief 14), S. 157 ff.
3 Wahrscheinlich über Levis Versammlung dort, s. Brief 36.

*Brief 41*                                                           Freitag [31.7. 1914][1]

Soeben, 7 Uhr abends, kam ich von Brüssel[2] zurück, fand Deinen Brief u. telegraphierte Dir. Armer Liebling, sei doch nicht so verzweifelt, wir brauchen jetzt frischen Mut und kühlen Kopf, um zu *handeln*. Ich schrieb Dir nicht, weil ich seit zwei Wochen wie in einer Mühle bin.

Kaum aus Brüssel von der Russenkonferenz[3] zurück, war ich belagert von Russen u. Polen, dann kam ein Telegramm, dass Mitwoch früh wieder in Brüssel Sitzung ist. Dienstag früh musste ich also losziehen. Dort in Brüssel kam ich natürlich nicht zum Athem u. heute bin erst hier. Aus dem Kongress in Paris wird wohl nichts, da der Krieg vor der Thüre steht. Von Brüssel u. sonst wäre viel zu erzählen, aber zum Schreiben eignet es sich in diesen Zeiten nicht. Die Hauptsache ist, zu überlegen, wie u. was weiter von unserer Seite gethan werden kann. Wenn man *reden* könnte, wäre schöner.

Ja, apropos! Heute fand ich hier – rate mal was – die Anklage wegen Massenstreik.[4] Und das mit grosser Eile. Offenbar will man mich aus Sorge um meine werthe Person bei diesen unruhigen Zeiten baldigst hinter Schloß u. Riegel bringen. Angeklagt sind mit mir Rosenf., Ledebour[5] u. Düwell.[6] Mir macht die Sache Spass. Ros. ist schon hier, ich hab ihn aber noch nicht gesprochen (per Tel. meine ich).

Übrigens, letzte Neuigkeit: Ich besitze ein höchst eigenes Telephon: Amt Südring, 1153. Na also! Vielleicht versuchst Du mal, mich zu erreichen. Ich habe Deine Nr. wieder vergessen. Und nun schreibe mir in anderem Ton, frisch u. schneidig – trotzalledem!

1 Der Brief ist am Freitag, unmittelbar nach der Ankunft aus Brüssel, wo am 29. und 30. 7. 1914 die Tagung des ISB stattgefunden hatte, geschrieben worden.
2 Zu Brüssel s. Brief 40.
3 Vgl. Briefe 36 und 38.
4 Rosa Luxemburg wurde wegen ihrer Rede und der Resolution zum Massenstreik aus der Verbands-Generalversammlung von Groß-Berlin am 14. 6. 1914 angeklagt. S. Brief 17.
5 *Georg Ledebour* (1850–1947), Journalist und Schriftsteller, seit 1890 SPD-Mitglied, Delegierter auf Parteitagen und internationalen Kongressen. Vor 1914 auf dem linken Flügel, 1917 USPD, lehnte 1922 Wiedervereinigung mit der SPD ab. Vorsitzender der Rest-USPD, 1931 SAP.
6 *Bernhard Düwell* (1891–?), Kaufmann, Redakteur in Zeitz. Vor 1914 Mitglied des linken Parteiflügels. 1917 USPD. 1919 Mitglied der Nationalversammlung. 1920 Mitglied des Reichstages. Gründete mit Paul Levi u. a. 1921 die Kommunistische Arbeitsgemeinschaft (KAG), 1922 Rückkehr mit der Levi-Gruppe zur USPD und zur SPD.

*Brief 42*                                            [Ohne Datum][1]

Deine tiefpessimistische Stimmung thut mir sehr weh. So und von diesen Standpunkten darf man eine weltgeschichtliche Wendung nicht betrachten. Wir erleben so Grosses und Neues, dass man alle früheren alltäglichen Massstäbe zum alten Eisen werfen muß. Was u. wie zu thun wäre, kann man nur *reden*. Wenn Du irgend kannst, komm Ende der Woche oder wann es geht. Lass mich nur vorher wissen. Kurtchen[2] hat schon Abschied genommen, mein armer Diefenbach[3] auch. Trotz allem muss man frisch u. munter bleiben, sonst kann man nichts ausrichten. Also Kopf hoch u. schreibe, wann Du kommst. Viele Grüsse!

1  Der Brief ist wahrscheinlich nach Kriegsausbruch geschrieben worden, da *Kurt Rosenfeld* und *Hans Diefenbach* bereits eingezogen wurden, s. u.
2  *Kurt Rosenfeld*, s. Brief 1.
3  *Hans Diefenbach* (1884–1917), Arzt, persönlicher Freund Rosa Luxemburgs.


*Brief 43*                                                            7.8.1914[1]

Vielen Dank. Ich dachte in den nächsten Tagen zu reisen, der Verkehr ist aber immer noch im Mobilmachungszustand u. man sagt, dass erst in einer Woche etwas Regelmässigkeit zurückkehrt. Ich muss nämlich die Mimi[2] mitnehmen, deshalb kann ich eine zu lange Reise nicht riskieren. Schöne Zeiten, nicht wahr? Trotzdem Kopfhoch! Wir plaudern bald über alles. Sei mutig und munter.
Viele Grüsse!

                                                                         RL

1  Datum des Poststempels (Postkarte).
2  Rosa Luxemburgs Katze.


*Brief 44*                                                   [Mitte August 1914][1]

Da ich heute Deinen Brief v. 13. erhalten habe, so beginne ich zu hoffen, dass es einen Zweck hat, Briefe zu schreiben. Freilich fällt einem meist die Feder aus der Hand, wenn man jetzt schreiben soll. Denn *wie* und *was* soll man schreiben in diesen Zeitläuten? Sich aussprechen wäre nöthig, aber da warte und warte ich, da der Bahnverkehr immer noch unmöglich ist. Erst hiess es: in zwei – drei Tagen wird alles regelmässig verkehren, dann hiess es: in 8 Tagen; gestern wurde mir gesagt: in etwa 2 Wochen würde alles hübsch ordentlich gehen. Ich denke nun aber, dass die Züge vom Westen hierher doch besser gehen müssen als umgekehrt, da die Truppentransporte ja in umgekehrter Richtung gehen, und deshalb habe ich einige Hoffnung, dass Du baldigst kommst, um sich auszusprechen. So viel ist zu erzählen! Erfreuliches wenig, gar nichts. Aber da ist nicht Zeit, melancholisch zu werden, man muss sich vor allem über den ganzen Umfang des Geschehenen klar werden, über die nächsten und weiteren Perspektiven, über das, was zu thun übrig bleibt.

Vor allem ist es nöthig, die thatsächliche Strömung objektiv festzustellen, soweit das jetzt möglich ist. Dazu wäre es sehr nöthig, dass man sich sieht u. gemeinsam überlegt. Klara[2] ruft mich unablässig, aber wie soll die Ziege über den Bach? Also vorläufig ist mein dringender Wunsch, Dich zu sprechen und ich warte darauf. Du kannst Dir unterwegs jetzt auf jeden Fall u. in jeder Hinsicht besser Rat geben als »ein schwaches Weib«.

Gruss!

1 Der Brief ist nach dem 13. 8. 1914 geschrieben worden.
2 *Clara Zetkin*, s. Brief 11.


## Brief 45 · 31. [August 1914][1]

Als der Brief kam, wollte ich gerade telegraphieren um zu fragen, warum ich solange ohne Nachricht bin. Der Bericht über D's[2] Auffassung hat mir die betrübende Gewissheit gegeben, dass die Klärung der Ansichten noch viel schwieriger ist, als ich schon ohnehin annahm. Die Unterscheidung der Kriegsbewilliger aus gutem Herzen und solcher aus bösem Herzen, der Kriegspatrioten ohne Chauvinismus und mit Chauvinismus ist gut zur persönlichen Einschätzung der Leute, leider aber untauglich als politische Orientierungslinie. Übrigens ist das bei B.[3] u. den Hanauern einfach Reflex der Stellung Hochs[4], der in der Fraktion dieselbe Ansicht vertrat. Ich denke, ihre Auffassung wäre anders u. wird anders sein, wenn sie die Sachlage innerhalb der Fraktion aus anderem Munde erfahren. Hier, wo es sich um den Lebensnerv, um das Sein oder Nichtsein des int. Sozialismus handelt, können *Nüancen* in der Bewilligung nicht massgebend sein. Dass übrigens die Scheidung in Bewilliger aus Muss und Bewilliger aus freudigem Herzen keinen Schuß Pulver werth ist, beweist die Thatsache, dass *kein einziger* zugeben wird, er habe anders, als aus eherner Zwangslage, vor vollendete Thatsachen gestellt, zugestimmt. Was dann übrig bliebe, ist das Lesen in den Herzen und Nieren der Menschen, *entgegen* ihren eigenen Erklärungen. Über *Motive* kann in solchen Fällen von welthistorischer Bedeutung nicht geurteilt werden, sondern über Handlungen. Ausserdem hat fast *jeder* von den Bewilligern etwas andere Motive vorgeführt, es liessen sich da nicht zwei, sondern sechs, acht Gruppen unterscheiden und die angebliche Demarkationslinie verwischt sich im Sande. Das, was man jetzt der »Rechten« vorwerfen will, sind nur die

*Consequenzen* der Bewilligung, und die von D. empfohlene Unterscheidung läuft dann in letzter Linie auf Kriegspolitik mit Consequenz und ohne Consequenz hinaus. Ich bin unter allen Umständen für Consequenz und verspreche mir nichts als Jammer von dem Vorhaben, die Kriegsbewilligung zu schlucken und die Consequenzen zu verdammen. Übrigens hoffe ich baldigst über das alles mir Dir u. D. sprechen zu können. Am liebsten möchte ich, dass Du Dr. Obuch[5] nach Fr. zitierst. Versuche das jetzt gleich zu bewerkstelligen, dann telegraphiere ich, wann ich komme und Du benachrichtigst rechtzeitig O. u. D. – Vielleicht kommt Karl Liebkn. mit mir, er hat Lust. Also auf Wiedersehen bald![6]

NS. Bestätige mir gleich telegraphisch den Empfang dieses Briefes.

1 Der Brief muß am 31. 8. 1914 geschrieben worden sein, vor der Besprechung Rosa Luxemburgs, Karl Liebknechts, Paul Levis, Robert Dißmanns u. a. am 18. 9. 1914 in Frankfurt/Main (s. a. Anm. 6).
2 *Robert Dißmann*, s. Brief 20.
3 Möglicherweise ist *Georg Bernhard* gemeint, zweiter Vorsitzender in Bockenheim und Angestellter des DMV.
4 *Gustav Hoch* (1862–1942), sozialdemokratischer Reichstagsabgeordneter von 1898–1903, dann wieder 1907– Mai 1928. Arbeitersekretär in Hanau. Kam im Konzentrationslager Theresienstadt um.
5 *Gerhard Obuch*, s. Brief 38.
6 Die geplante Sitzung fand am 18. 9. 1914 in Levis Büro in Frankfurt/Main statt. Siehe *Tagebuch Arthur Crispien*, Eintragung 18. September 1914, in: Teilnachlaß Crispien im Archiv der Sozialen Demokratie der Friedrich-Ebertstiftung in Bonn.

*Brief 46*                                      [Um den 20. 9. 1914][1]

Gestern musste ich den ganzen Abend (bis 1 Uhr!), als ich allein fuhr, lachen über den Karl.[2] Er ist nämlich unterwegs zu dem Schluss gekommen, dass seine Reise nach Berlin doch keinen ersichtlichen Zweck habe, sowenig wie nach München. Er ist also auf meinen Rat hin in Gotha ausgestiegen (wo der Dicke[3] übrigens *nicht* da war), um zu sehen, was er dort etwa ausrichtet.

Hier fand ich die Lage in der That höchst prekär. Es stimmt schon, dass der P.V. auf den Ukas der General Kom.[4] hin, die Forderung gestellt hat, der »V.« soll ins allgemeine Horn blasen.[5] Eine Sitzung des Berliner Zentralvorst. fand leider schon am 18. statt, so dass ich daran nicht teilnehmen konnte. Die entscheidende Sitzung der Pressk. findet aber am Mittwoch statt.[6] Die Red. hält sich bis jetzt tapfer. Den Pv. vertrat Scheid.[7] Sprach in höchst agressivem Ton u. hat alle gegen sich aufgebracht. Zum Glück ist die ganze Frage für die Berliner auf das richtige Geleise geschoben, nämlich der »Kompetenzen«. Die Einmischung der Generalkom. als einer »nicht zuständigen« Instanz entrüstet die anderen Instanzen u. so kann vielleicht bei dieser Gelegenheit die gute Sache siegen.

Dass ich die Reise unterbrechen musste u. zwar für eine ganze Woche (die 2. Sitzung des Zentralvorst. wird am Freitag stattf.) ist übrigens höchst fatal. Ich erfahre nämlich, dass Adler[8] hier war u. dem nächsten Ziel zustrebt in diesem Augenblick – offenbar, um »gut Wetter« im Süden zu machen. Ich befürchte, dass er manche Leute rumkriegt, kann aber nichts machen vorläufig, da jetzt hier aufs Ganze geht.

Im übrigen bin ich müde, müde, müde zum Umsinken, laufe aber dabei von früh an, um mit den Leuten Fühlung zu nehmen. Die Unhaltbarkeit des Ganzen kommt mir mit jedem Tag, jeder Stunde, schmerzlicher u. schärfer zum Bewusstsein; dieser Prozess kommt in mir zu keinem Stillstand u. ich weiss nicht, wie ich das überstehen soll. Oder richtiger: wie die Partei das überstehen soll.

1 Der Brief ist um den 20. 9. 1914 geschrieben worden; nach einer gemeinsamen Reise, die Karl Liebknecht und Rosa Luxemburg Mitte September nach West- und Süddeutschland unternommen hatten, um die Gegner der Kriegskreditbewilligung zu sammeln. Rosa Luxemburg mußte diese Reise wegen eines Konflikts um den *Vorwärts* (s. u.) früher unterbrechen (siehe auch Karl Liebknecht »Betrachtungen und Erinnerungen aus der großen Zeit«, in: *Gesammelte Reden und Schriften*, Bd. IX, Berlin [DDR], 1968, S. 276/277). Am 18. 9. 1914 hatten sie noch die gemeinsame Sitzung mit Paul Levi u. a. in Frankfurt/Main (s. Brief 45).

2 *Karl Liebknecht* (1871–1919), Sohn des bekannten sozialdemokratischen Parteiführers Wilhelm Liebknecht, Rechtsanwalt, ab 1908 Mitglied des preußischen Landtages, 1912–1917 MdR. In der Vorkriegszeit auf dem linken Flügel der Sozialdemokratie. Vorkämpfer gegen den Militarismus. Lehnte am 2. Dezember 1914 im Reichstag als einziger Abgeordneter die Kriegskredite ab. Im Krieg enge Zusammenarbeit mit Rosa Luxemburg. Mitbegründer und Führer des Spartakusbundes. Im Mai 1916 Verhaftung wegen Anti-Kriegsdemonstration. Im Dezember 1918 Mitbegründer der KPD, neben Rosa Luxemburg unbestrittener Führer der Partei. Am 15. Januar mit Rosa Luxemburg ermordet.

3 Gemeint ist mit großer Sicherheit der füllige *Wilhelm Bock* (1846–1931), Schuhmacher, 1867 Mitglied des ADAV, 1869 Gründungsmitglied der Sozialdemokratischen Arbeiterpartei. Redakteur verschiedener Schuhmacher-Zeitschriften. Nahm an fast allen sozialdemokratischen Parteitagen teil. Seit 1884 Mitglied des Reichstages. Stimmte mit Liebknecht in der Sitzung der sozialdemokratischen Reichstagsfraktion gegen die Bewilligung der Kriegskredite. 1917 USPD, 1921 SPD. *Alexander Helphand*, genannt Parvus, der in der Korrespondenz Rosa Luxemburgs gewöhnlich den Spitznamen der »Dicke« trug, weilte bis Kriegsausbruch in der Türkei.

Siehe Winfried Scharlau und Zbyněk A. Zeman, *Freibeuter der Revolution. Parvus-Helphand. Eine politische Biographie.* Köln 1964, S. 140f.

4 Gemeint ist die Generalkommission der Gewerkschaften Deutschlands.

5 Bereits in den ersten Kriegswochen hatten mehrere Verbandsvorstände der Freien Gewerkschaften bei der Generalkommission über die Berichterstattung im *Vorwärts* Beschwerde geführt, und die Generalkommission hatte sich mit dieser Beschwerde an den Parteivorstand gewandt. Es ging dabei besonders um den Vorwurf, der *Vorwärts* beschönige die Kriegstaten der Gegner (siehe dazu Heinrich Ströbel, *Die Kriegsschuld der Rechtssozialisten*, Berlin 1919, S. 131).
Der *Vorwärts* hatte schon immer unter den Zeitungen der Partei eine Sonderstellung eingenommen: er war gleichzeitig Zentralorgan und Organ der Berliner Sozialdemokratie. Es gab drei Gremien, die die Zeitung zu kontrollieren hatten und die Entscheidungen mittrugen: den Parteivorstand, die Preßkommission und die Kontrollkommission (s. Kurt Koszyk, *Zwischen Kaiserreich und Diktatur. Die sozialdemokratische Presse von 1914–1933*, Heidelberg 1958, S. 46).
So konnte der Parteivorstand nach der Beschwerde der Generalkommission der Gewerkschaften von der Redaktion der Zeitung verlangen, eine andere politische Haltung einzunehmen.

6 Gemeint ist Mittwoch, der 23. 9. 1914. Auf dieser Sitzung, an der Mitglieder des Parteivorstandes, der Generalkommission, der Redaktion des *Vorwärts*, der Preßkommission und des Zentralvorstandes der Berliner Parteiorganisation teilnahmen, stellte sich die Preßkommission und der Berliner Parteivorstand nach turbulenten Diskussionen mit einer Resolution hinter die politische Linie des *Vorwärts*. Zu der Sitzung siehe *Correspondenzblatt der Generalkommission der Gewerkschaften Deutschlands*, 24. Jhrg., Nr. 47, 21. 11. 1914, S. 621–622. Siehe außerdem die durch die Veröffentlichung im *Correspondenzblatt* hervorgerufene Abgabe von Erklärungen von Redaktion des *Vorwärts* und Parteivorstand im *Vorwärts*, 31. Jhrg., Nr. 321 (dort der Text der Resolution), Nr. 323 und Nr. 325, 24., 26. und 28. 11. 1914. Siehe dazu auch Eugen Prager, *Geschichte der USPD. Entstehung und Entwicklung der Unabhängigen Sozialdemokratischen Partei Deutschlands*, Berlin 1921, S. 42f. Ferner Eduard David, *Das Kriegstagebuch des Reichstagsabgeordneten Eduard David 1914–1918.* In Verbindung mit Erich Matthias bearbeitet von Susanne Miller, Düsseldorf 1966, S. 43/44. David nennt irrtümlich den 22. 9. als Termin der Sitzung.

7 *Philipp Scheidemann* (1856–1939), Redakteur verschiedener sozialdemokratischer Organe, 1911 in den Parteivorstand gewählt. Von Februar 1919 bis Juni 1919 Reichskanzler. Von 1903 bis 1918 und von 1919 bis 1933 Mitglied des Reichstages. Emigrierte 1933 nach Dänemark. Vgl. die Tagebucheintragung für Freitag, den 25. September 1914 bei Eduard David, *Das Kriegstagebuch* . . . a. a. O., S. 42/43, die von großen Auseinandersetzungen auf der Konferenz der Berliner Referenten berichtet. Der Berliner Zentralvorstand habe danach beschlossen, keine allgemeinen Versammlungsveranstaltungen einzuberufen, sondern dieses den einzelnen Kreisen zu überlassen.

8 *Victor Adler* (1852–1918), österreichischer Politiker, Mitbegründer und Führer der österr. sozialdemokratischen Partei. 1918 Staatssekretär des Äußeren. Zum Besuch Adlers siehe Philipp Scheidemann, *Memoiren eines Sozialdemokraten*, ungekürzte Volksausgabe, Dresden 1930, S. 264.

Ich war durch den Ausgang der »grossen Schlachten« hier so deprimiert, dass es mir bis jetzt nicht möglich war, zu schreiben. Erst der »herrliche Sieg« über die Generalkommission u. den Vorstand, dann 2 Tage darauf die glatte Kapitulation vor dem Generalkommando[1]. Es war genau wie Krasnik u Zamost u darauf die Räumung Lembergs, die ja bekanntlich »aus rein strategischen Gründen« gemacht u. »im Plan vorgesehen war«. Die Redaktion fiel diesmal der Presskom. in den Rücken, indem sie schon *vor* unserer Sitzung schriftlich dem Pv. ihre Bereitwilligkeit zugesichert hat, auf die Bedingungen des Gen-Kommandos einzugehen. Ich konnte dann mit Engelszungen reden u. an Ehrenpflicht appellieren – mit 32 Stimmen gegen 2 (mit mir stimmte noch einer von der äussersten Rechten!)[2] wurde die Kapitulation beschlossen. Und die Argumente! »Wir müssen das Blatt haben um jeden Preis, sonst brechen unsere Organisationen zusammen, sonst geraten wir in Konkurs (die 2 Millionen im Lindenhaus!)[3] usw. Jetzt gehe ich herum mit dem Gefühl, dass ich an Unehre theilnehme. Diese Partei prostituiert sich mit einer Selbstverständlichkeit u. einer Seelenruhe, die einem jede Illusion nehmen können. Was mit solchen Leuten weiter zu machen ist – ich weiss es nicht. D.[4] hat dir wohl von unseren hiesigen Konventikeln berichtet. Er selbst scheint ja schon bei uns zu stehen, unsere Leute im Parteiausschuss haben sich aber weniger heldenhaft benommen. Meine weitere Reise unterbleibt vorläufig: nach Karl u. Franz'[5] Meinung warten wir einen günstigeren Anlass ab. Ich habe mich endlich an ruhige Arbeit daheim wieder gemacht. Ich kann gar nicht sagen, wie mich diese tagtäglichen Sitzungen seit 2 Wochen totmüde gemacht haben. Wie geht es Dir? Schreib bald! Das Wetter ist kalt, trüb u regnerisch. Am besten still zuhause sitzen.

1 Mit dem »herrlichen Sieg« über die Generalkommission der Gewerkschaften und den sozialdemokratischen Parteivorstand ist die Haltung der Preßkommission gemeint, die sich auf der Sitzung vom 23. 9. 1914 hinter die politische Linie des *Vorwärts* gestellt hatte (s. Brief 46, Anm. 6) und die auf einer Konferenz sozialdemokratischer Parteiredakteure am 28. 9. 1914 verteidigt werden konnte. Obgleich die Vorwärts-Redaktion auf dieser Konferenz praktisch isoliert zu sein schien, wurde gegen sie nicht vorgegangen. Es wurde lediglich ein oberster »Zensor« bestimmt, von dem aber keine Gefahr drohte, denn es handelte sich um den politischen Redakteur *Ernst Däumig*, der zu den Parteilinken hielt. Siehe dazu Philipp Scheidemann *Memoiren . . .*, a. a. O., S. 268 f. Ferner Eduard David *Das Kriegstagebuch . . .*, a.a.O., S. 45. Kurt Koszyk, *Zwischen Kaiserreich und Diktatur . . .* a. a. O., S. 47. Zwei Tage nach dieser Konferenz, am 30. 9. 1914, folgte dann das, was Rosa Luxemburg mit der »glatten Kapitulation vor dem Generalkommando« bezeichnete: Bereits am

27. 9. hatte das Oberkommando in den Marken den *Vorwärts* spätabends zum zweiten Mal in diesem Krieg »bis auf weiteres« verboten. Siehe *Extrablatt »An die Abonnenten des Vorwärts«*, 28. 9. 1914.

*Hugo Haases* und *Richard Fischers* Bemühungen um die Aufhebung des Verbots am 28. 9. 1914 blieben zunächst erfolglos. Der Generaloberst *von Kessel* stellte harte Bedingungen. Die Themen »Klassenhaß« und »Klassenkampf« sollten tabu bleiben. Wegen dieser Forderung tagte vormittags am 29. 9. 1914 [unwahrscheinlicher am 30. 9. 1914] Parteivorstand und *Vorwärts*-Redaktion. Die Redaktion war bereit, sich mit einer Erklärung zu unterwerfen. Text bei Philipp Scheidemann, *Memoiren* ... a. a. O., S. 270. Am Nachmittag des 29. 9. 1914 [unwahrscheinlicher am 30. 9. 1914] fand eine Sitzung der Preßkommission, der *Vorwärts*-Redaktion und des Zentralvorstandes von Groß-Berlin statt (vgl. Scheidemann, *Memoiren* ..., ebenda.). Rosa Luxemburg wollte lieber ein Verbot des Blattes hinnehmen, als die Bedingungen des Militärs zu erfüllen. Bei der entscheidenden Abstimmung votierte nur *Lucian Friedländer* (s. Anm. 2) von der Parteirechten für ihre kompromißlose Linie (vgl. Scheidemann, *Memoiren* ..., a. a. O., S. 271).

Am 30. 9. 1914. teilte *Haase* dann dem Oberkommando schriftlich mit, daß künftig eine Selbstzensur stattfinde: »die glatte Kapitulation vor dem Generalkommando«. Am gleichen Tag zog Generaloberst *von Kessel* sein Verbot zurück. Das Blatt konnte am 1. 10. 1914 mit einer Erklärung des Oberkommandos wieder erscheinen. S. *Vorwärts*, 31. Jhrg., Nr. 265–267, 1. 10. 1914, S. 1.

2 Gemeint ist *Lucian Friedländer*, bekannter unter seinem Pseudonym Robert Breuer (1878–1943). 1909 Mitbegründer des Schutzverbandes deutscher Schriftsteller. *Vorwärts*-Redakteur. 1920 Chefredakteur der Wochenschrift *Die Glocke*. Direktor des Verlags für Sozialwissenschaft Berlin. Siehe *Ein Meister der Feder – Robert Breuer*, Hrsg. Arno Scholz, Berlin 1954.

3 Gemeint ist der *Vorwärts*-Verlag und -Redaktion in der Lindenstr. 3.

4 *Robert Dißmann*, s. Brief 20.

5 *Karl Liebknecht* und *Franz Mehring*.

*Brief 48*                                                              16. 10. [1914]

Zuerst über Leipzig. Also ich bin mir selbst nicht klar, was wir machen sollen: ob die Sache ganz laufen lassen, wie's Gott gefällt, oder aber die Revision[1] vertreten. Im letzten Falle wäre nur das Gute, dass man sich hier wieder einmal aussprechen könnte. Ich denke doch, es ist vielleicht am passendsten, dass wir unsere Sache weiter verfolgen, wie wenn nichts passiert wäre, Du also nach L. fährst; ich selbst mag mich nicht mehr dabei blicken lassen. Also entschliesse Dich u. gieb Nachricht, wann Du ev. hier eintriffst.

Meine Ferienreise hat sich inzwischen dank einer anderen Gelegenheit erübrigt. Was die Quarcksche Reise[2] betrifft, so ist mir das sehr wichtig u. bezeichnend. Hier erhebt man einen fürchterlichen Kreuzzug gegen Karl[3], bestreitet ihm das Recht der Freizügigkeit u. disqualifiziert ihn öffentlich, aber andere dürfen dasselbe thun – nur im entgegengesetzten Sinne freilich. Mehrere interessante Dokumente in dieser Affäre sende ich gleichzeitig an die Bureau-Adresse; nach Gebrauch mag sie D.[4] an Berten[5] zur Information schicken. Übrigens schreibt mir Ob.[6], dass D.[7] für den *8.* mit Berten, Minster[8], Limbertz[9] u. seinem geliebten Dittm.[10] in Düsseldorf eine Besprechung verabredet hatte. Was haben die dort gescheites ausgeknobelt? Dittm. hat hier auf der Redakteurkonf.[11] eine Rede gehalten pro Bewilligung, dass Schöpflin[12] vor Entzücken u. Bravorufen bald in Krämpfe verfiel. Lensch[13] hat schon Recht, wenn er sagte, Dittm. sei wohl der Dümmste von den III. Mit diesem fanatisch-bureaukratischen Esel ist absolut nichts anzufangen u. D. wird nur selbst schwankend durch die ewigen Versuche, »den Freund zu retten«. Diese rührenden deutschen Freundschaften sind übrigens gottvoll: hier ist so ein anderes Dioskurenpaar, Hänisch[14] u. Grenz[15] aus Leipzig. Weil Grenz, ein alter »radikaler« Konfusionsrat, mitbewilligt hat, muss jetzt sein Freund Hänisch vor lauter germanischer Treue für den »herrlichen Menschen« zum Rindvieh werden. Wozu das wahnwitzige Theetrinken, wenn es so auf die Nerven wirkt? Wer jetzt materiell einigermaßen ruhig ist, könnte so herrlich lesen, studieren u. die erzwungene Musse benutzen. Wie gern möchte ich's! Leider bin ich hier im Wirrwarr u. Trubel unendlicher Sitzungen, Besprechung etc. Es kommt dabei rein garnichts heraus, aber los werden kann ich's doch nicht. Übrigens bin ich auch schon dabei, an die ruhigere Arbeit heranzugehen. Wenn Du hier bist, zeige ich Dir, was ich vorhabe. Am 19. kommt Klara[16] her, es giebt Kontrolle. Es sind jetzt hier so herrliche weiche Herbsttage, am liebsten würde ich den ganzen Tag im Feld schlendern.

1 Gemeint ist die Revision des Frankfurter Urteils gegen Rosa Luxemburg, die am 20. 10. 1914 vor dem Reichsgericht in Leipzig stattfand. Die Revision wurde verworfen, und Rosa Luxemburg mußte am 18. 2. 1915 die Gefängnisstrafe antreten. Siehe auch Brief 27.

2 *Max Quarck*, s. Brief 20.
  Im August/September 1914 schickte der Parteivorstand zahlreiche Emissäre ins Ausland, um bei den Schwesterorganisationen die Kriegspolitik des Reiches und der Partei zu erläutern. *Quarck* reiste Ende September in die Schweiz und bemühte sich, zur Konferenz der italienischen und schweizerischen Sozialisten in Lugano zugelassen zu werden. Siehe Karl-Heinz Klär, *Der Zusammenbruch der Zweiten Internationale*, Frankfurt/Main/New York 1981, S. 315 f.

3 Zu Karl Liebknechts Belgien-Reise und der Kritik daran siehe Helmut Trotnow, *Karl Liebknecht – Eine politische Biographie*, Köln 1980, S. 190 ff.

4 *Robert Dißmann*, s. Brief 20.

5 *Peter Berten* (1873–1960), Schreiner, Redakteur, 1914 Parteivorsitzender im

Wahlkreis Düsseldorf. Spartakus-Mitglied, 1917-1922 USPD, später wieder SPD. 1925 Mitglied des preußischen Landtages.

6 *Gerhard Obuch,* s. Brief 45.

7 *Robert Dißmann,* s. Brief 20.

8 *Carl Minster* (1873-1942), Journalist in verschiedenen Parteizeitungen in den Vereinigten Staaten und in Deutschland. 1914 Redakteur des Duisburger SPD-Organs *Niederrheinische Arbeiter-Zeitung.* Linker Parteiflügel. Nach 1917 Mitglied nahezu aller Linksgruppierungen USPD, KPD, KAPD, Rest-USPD, SAP.

9 *Heinrich Wilhelm Limbertz* (1874-1932), Bergarbeiter aus Essen. Vertrat von 1921-1924 die SPD im preußischen Landtag, von 1924-1932 im Reichstag.

10 *Wilhelm Dittmann* (1874-1954), Tischler, Redakteur, 1904-1909 Parteisekretär in Frankfurt/Main, 1909-1917 wieder Redakteur in Solingen an der *Berg. Arbeiterstimme.* Mitbegründer der SAG. Delegierter auf allen USPD-Parteitagen. November – Dezember 1918 Rat der Volksbeauftragten. Ab Januar 1922 Vorsitzender der USPD, 1922 SPD. Emigrierte 1933 in die Schweiz, starb 1954 in Bonn.

11 Redakteurkonferenz am 28. 9. 1914, s. Brief 47, Anm. 1.

12 *Georg Johann Schöpflin* (1869-1954), gelernter Bürstenmacher. Sozialdemokratischer Reichstagsabgeordneter von 1903-1907 und von 1909-1932. Nach 1945 SED-Mitglied.

13 *Paul Lensch* (1873-1926), nach Studium Beitritt zur Sozialdemokratischen Partei. Redakteur mehrerer Parteiblätter. 1912-1918 Mitglied des Reichstages. Bis 1914 linker Flügel der SPD. Gegner der Kriegskredite, schwenkte noch im August 1914 um. Mitglied der rechten »Lensch-Cunow-Haenisch-Gruppe«, die eine offene Annexionspolitik vertrat. 1922 Ausschluß aus der SPD.

14 *Konrad Haenisch* (1876-1925), seit 1894 Mitarbeiter verschiedener Partei- und Gewerkschaftsblätter. Vor 1914 enger Kontakt zu Rosa Luxemburg. Linker Flügel der SPD. 1913-1925 Mitglied des preußischen Abgeordnetenhauses bzw. des Landtages. Nach Kriegsausbruch schwenkte Haenisch zum rechten Parteiflügel. 1919-1921 preußischer Kultusminister.

15 *Ernst Grenz* (1855-1921), Zeitungsexpedient an der *Leipziger Volkszeitung.* SPD-Reichstagsabgeordneter 1903-1907 und 1912-1918.

16 *Clara Zetkin,* s. Brief 11.

*Brief 49*                                                          17. 10. 1914[1]

Soeben hat Kurt[2] antelephoniert aus Königsberg. Er wünscht dringend, dass die Revision[3] vertagt wird, bis er zurück ist, u. will seinem Bureau die Anweisung geben, in seinem Namen um Vertagung anzugehen. Ich glaube, dass wir dem stattgeben müssen, jedenfalls ist es mir erzwurscht, ob die Sache jetzt oder später stattfindet, also habe ich mein Einverständnis gegeben.

Gestern war wiedereinmal eine »erfreuliche« Sitzung. Danach ging ich wieder um 1 Uhr Nachts ins Bett mit Selbstmordgedanken.

Gruss!

1 Datum des Poststempels.
2 *Kurt Rosenfeld*, s. Brief 1.
3 Die Revision des Frankfurter Urteils vor dem Reichsgericht in Leipzig, s. Brief 48.

*Brief 50*                                                    17. 11. [1914]

Längst wollte ich schon schreiben, wenn ich blos *einen* Tag mal Ruhe hätte! Dieses verfluchte geschäftige Umherjagen und Umherreden, bei dem die Dinge nicht vom Fleck kommen! Die ganze Zeit geht damit hin. Jeden Tag ist jemand neuer »umgefallen« und jeden Tag giebt es neue Sauerei zu hören. Die Hauptsauerei steht uns aber am 2. 12. bevor[1]. Natürlich wird sich die Geschichte vom 4. 8. wiederholen, aber diesmal schon keine Entschuldigungsgründe wie Überrumpelung, mangelnde Information u. dergl. Das wird einfach der Nagel zum Sarge der Parteihre sein. Nun werden sich unsere »Radikalen« wieder mit Glanz bedecken. Zum Minderheitsvotum wird sich sicher nur Karl allein finden u. wenn es gut geht – noch 2, 3!

Das Urteil[2] ist dieser Tage angekommen, auch die Gerichtskosten. Fehlt also nur noch Strafantrittsbefehl. Ich lege das Urteil anbei, es ist schön.

Von Dissm.[3] hab ich heute den Brief. Auch jetzt noch keine Kurage gegen den kleinen Lumpazi Wittr.[4] vorzugehen, auch jetzt noch Umstände, Vorsicht, Diplomatie, wo es sich darum handelt ein kleines Lümplein am Ohr zu fassen ... Und mit solchen Leuten soll man die Welt aus den Angeln heben. Ich habe bald keine Geduld u. keine Hoffnung, mit *der* Armee mal Siege zu erringen. Auch weiss ich keinen »festen u. unerschrockenen« Mann der unter den zehn von D. in blaue Möglichkeiten eingewickelten Bedingungen den Posten »vielleicht« übernimmt.[5] Ns: Antrick[6] hat besser seine Sache gemacht, er hat nach Braunschweig an Stelle Wagners[7] den Thalheimer[8] genommen. – Jetzt eine Frage: Könntest Du nicht einige nothwendige Reisen machen, um mit den Leuten Fühlung zu nehmen u. mit uns Verbindungen herzustellen? München, Karlsruhe, Hof, vor allem? Wenn ja, schicke ich Adressen. Hier hat niemand Zeit u. Geld dazu, die Fühlung ist aber nothwendig. Die Weihnachten in der Schweiz verbringen ist eine feine Idee.

Glücklich wer es könnte!

Falls du fährst, schicke ich Dir Briefe an Freunde. Am liebsten geht der Weg nach der Schweiz – über Berlin, das ist meine Meinung. Dann könnte man reden u. die Reise ausnutzen.

Ns. Der infame Artikel in Eurer Volksst. »Drei Monate Weltkrieg« (so vor 2 Wochen) ist von ... Lensch![9] Er ist schon halb umgefallen. Schreib bald.

RL

1 Zweite Abstimmung über die Kriegskreditbewilligung im Deutschen Reichstag. Karl Liebknecht stimmte als einziger dagegen. S. Karl Liebknechts Abstimmungsbegründung in: Karl Liebknecht, *Klassenkampf gegen den Krieg*, Berlin o. J. [1919], S. 40/41. Die schriftliche Begründung, die Liebknecht ordnungsgemäß dem Reichspräsidenten übergeben hatte, wurde von diesem nicht in das amtliche Protokoll der Sitzung aufgenommen, da in ihr Äußerungen enthalten seien, »die, wenn sie im Hause gemacht worden wären, Ordnungsrufe nach sich gezogen hätten«, vgl. ebenda, S. 41. So findet sich in den *Stenographischen Berichten über die Verhandlungen des Reichstags* für die Nachwelt keinerlei Hinweis auf Liebknechts berühmtes Abstimmungsverhalten. Vgl. XIII. Legislaturperiode, II. Session, Bd. 306, Sitzung vom 2. Dezember 1914.

2 Das endgültige Urteil im Frankfurter Prozeß nach Revision am 20. 10. 1914 in Leipzig.

3 *Robert Dißmann*, s. Brief 20.

4 *Richard Wittrisch*, rechtsstehender Redakteur der *Volksstimme*.

5 Es handelt sich um eine Umbesetzung in der Redaktion der Frankfurter *Volksstimme*. Zu den Hintergründen des *Volksstimme*-Konflikts siehe: »Der Streit um die ›Volksstimme‹ – Eine Denkschrift«, hrsg. vom Vorstand des Sozialdemokratischen Vereins Frankfurt/Main in *Volksstimme*, 27. Jhrg., Nr. 95, Beilage, siehe auch S. 107 f.

6 *Otto Friedrich Wilhelm Antrick* (1858–1924), Zigarrendreher, Braunschweig. 1898–1903 MdR. Von 1913–1918 vertrat Antrick den Braunschweiger Wahlkreis. Gehörte im August 1914 zu den Gegnern der Kriegskredite.

7 *Richard Wagner*, radikaler Redakteur am Braunschweiger *Volksfreund*, avancierte in den ersten Kriegstagen zum Hurra-Patrioten und wurde entlassen. *Antrick* ließ die Stelle nicht parteiintern ausschreiben, sondern ebnete *August Thalheimer* den Weg. S. Friedhelm Boll, *Massenbewegung in Niedersachsen 1900–1920. Eine sozialgeschichtliche Untersuchung zu den unterschiedlichen Entwicklungstypen Braunschweig und Hannover*. Bonn 1981, S. 113 f.

8 August Thalheimer, s. Brief 37

9 Siehe *Volksstimme*, 25. Jhrg., Nr. 256, 2. 11. 1914.

# Anmerkungen zu den Kapiteln 1–8

## Vorbemerkung

1 In der Geschichtsschreibung der DDR wurde Paul Levi jahrelang verschwiegen; er war eine der »Unpersonen«, die sich im Laufe der Weimarer Republik von der KPD gelöst hatten und zurück zur SPD gegangen waren. Erst in neuerer Zeit, seit Mitte der 6oer Jahre, änderte sich mit der offener, »entspannter« gewordenen Geschichtsschreibung auch die Haltung zu Paul Levi: er wurde erwähnt. Neben der *Geschichte der deutschen Arbeiterbewegung*, hrsg. vom Institut für Marxismus-Leninismus beim Zentralkomitee der SED, Bd. 3, 1917–1923, Berlin (DDR), 1966, und einigen Bänden aus der Reihe *Dokumente und Materialien zur Geschichte der deutschen Arbeiterbewegung*, hrsg. vom IML beim ZK der SED, Bd. VII, 1. und 2. Halbband, Berlin (DDR), 1966, in denen Levis Person an einigen unumgänglichen Stellen gestreift wird, nennt ihn zum Beispiel Arnold Reisberg in seinem 1971 erschienen Buch *An den Quellen der Einheitsfrontpolitik. Der Kampf um die Aktionseinheit in Deutschland 1921 bis 1922*, Berlin (DDR), immerhin einen wichtigen Führer neben Clara Zetkin. Indes verfällt auch dieser Autor schnell wieder in die allzu pauschale Beschimpfung Levis als eines »rechten Opportunisten«. Andere DDR-Publikationen der neueren Zeit, wie etwa die Neuauflage von Heinz Wohlgemuth, *Die Entstehung der KPD. Ein Überblick*, Frankfurt/Main, 1978, oder Annelies Laschitza/Günter Radczun, *Rosa Luxemburg. Ihr Wirken in der deutschen Arbeiterbewegung*, Frankfurt/Main, 1971, erwähnen Levi ganz am Rande und enthalten sich jeder Wertung. Auf keinen Fall scheint Interesse an einer Erhellung seiner Rolle für die Geschichte der deutschen Arbeiterbewegung zu bestehen.

Die westdeutsche Geschichtsschreibung hat sich demgegenüber früher und in stärkerem Maße mit Levi auseinandergesetzt, wenn auch nicht als Hauptperson. Willy Brandts und Richard Löwenthals 1957 erschienene Biographie *Ernst Reuter. Ein Leben für die Freiheit,* München, widmet sich an vielen Stellen Paul Levi, wobei besonders sein Bruch mit KPD und Komitern im Vordergrund steht. Auch Ossip K. Flechtheim, *Die KPD in der Weimarer Republik.* Mit einer Einleitung von Hermann Weber, Frankfurt am Main, 1969, trägt der Rolle Levis in der KPD Rechnung, um nur zwei Beispiele zu nennen. Die amerikanische Literatur über die deutsche Arbeiterbewegung beachtete Levi von Anfang an und räumt ihm für die Entwicklung der KPD einen wichtigen Einfluß ein. Dort erschien auch bereits 1957 eine Arbeit von Richard Carleton Crisler, *The Fall of Paul Levi. The Factors Contributing to his Resignation and Expulsion from the German Communist Party,* Washington (D. C. Thesis).

Die einzige Publikation, die sich bisher mit der gesamten Biographie Levis befaßt, ist die in Frankfurt/Main 1969 erschienene Lebensbeschreibung von Charlotte Beradt, *Paul Levi. Ein demokratischer Sozialist in der Weimarer Republik.* Das Buch besticht durch seine Einfühlsamkeit; die Verfasserin hat Paul Levi als junge Frau selbst kennengelernt. Es ist aber keine wissenschaftliche Untersuchung, sondern eine gelungene Würdigung der Person Levis. Parallel dazu erschien im gleichen Verlag ein Sammelbändchen mit Schriften Paul Levis, in dem aber leider zu viele wichtige Schriften Levis fehlen: Paul Levi, *Zwischen Spartakus und Sozialdemokratie. Schriften, Aufsätze, Reden und Briefe.* Hrsg. und eingel. von Charlotte Beradt, Frankfurt/Main, 1969.

2 Siehe Sibylle Quack und Rüdiger Zimmermann, »Personalbibliographie Paul Levi (1883–1930)«, in *Internationale Wissenschaftliche Korrespondenz zur Geschichte der deutschen Arbeiterbewegung* (IWK), hrsg. im Auftr. d. Hist. Komm. zu Berlin v. H. Skrzypzak, Heft 1/86, S. 20–62.

# Einleitung

1 Zu den Rosa Luxemburg-Prozessen siehe unten, Kap. 4, 2. b.

2 Arthur Rosenberg, *Geschichte der Weimarer Republik.* Hrsg. von Kurt Kersten, Frankfurt/Main, 1972 (Copyright 1961), S. 196, schreibt über Levis Tod 1930, daß »in der kommenden Krise [. . .] entscheidende Teile des deutschen Proletariats auf Levi gehört« hätten.

3 Paul Levi, »Heinrich Teuber«, in: *Sozialistische Politik und Wirtschaft,* 5. Jhrg., Nr. 38, 23. September 1927.

4 Carl von Ossietzky, »Als Gast Herr Dr. Paul Levi«, in: *Die Weltbühne,* Berlin, 25. Jhrg., Nr. 23, 4. Juni 1929, S. 841–844.

5 A. R. L. Gurland, »Paul Levis unvollendetes Werk«, in: *Marxistische Tribüne für Politik und Wirtschaft,* 2. Jhrg., Nr. 4, 15. Februar 1932, S. 93.

# 1. Das Proton Pseudos

## 1. Der Jorns-Prozeß

1 Wörtlich: *erste Lüge.*
Bei *Aristoteles* der *Grundirrtum,* die *falsche Grundvoraussetzung als Quelle anderer Irrtümer.* Vgl. Aristoteles, *Analytica priora* II 18, 66a, 16; zit. nach Rudolf Eisler, *Wörterbuch der Philosophischen Begriffe,* Vierte, völlig neu bearbeitete Auflage, Bd. 2, Berlin, 1929, S. 505.

2 Staatsanwalt N. [Berthold Jacob], »Kollege Jorns«, in: *Das Tagebuch,* Jhrg. 9, H. 12, Berlin, 24. März 1928, S. 471–473.

3 Einzelheiten über den Jorns-Prozeß gegen Bornstein finden sich in: *Der Jorns-Prozeß. Rede des Verteidigers Dr. Paul Levi – Berlin nebst Einleitung,* Berlin, 1929 [im folgenden zit. Paul Levi, *Jorns-Prozeß . . .]* und in der ausführlichen Dokumentation über die Morde an Rosa Luxemburg und Karl Liebknecht von Elisabeth Hannover-Drück/Heinrich Hannover (Hrsg.), *Der Mord an Rosa Luxemburg und Karl Liebknecht. Dokumentation eines politischen Verbrechens,* Frankfurt, 1972 [Copyright 1967]. Vgl. außerdem Heinrich Hannover/Elisabeth Hannover-Drück, *Politische Justiz 1918–1933.* Mit Beiträgen von Fritz Bauer und Richard Schmid, Hamburg, 1977 [1. Ausgabe Frankfurt, 1966], S. 200–214.

Im *Landarchiv Berlin* befinden sich unter Rep. 58, Nr. 59, acht Bände Strafakten zum Jorns-Prozeß mit Protokollen, Zeugenvernehmungen und Verhandlungen der drei mit der Strafsache befaßten Instanzen.

4 »Kollege Jorns«, a. a. O. (s. o. Anm. 2), S. 473.

5 Berthold Jacob, 1898–1944, war in der Weimarer Republik als Journalist und politischer Schriftsteller besonders auf wehrpolitischem Gebiet tätig. Er hatte mehrere Verfahren wegen antimilitaristischer Enthüllungsartikel und wurde u. a. im Dezember 1929 im sogenannten Feme-Prozeß mit Carl v. Ossietzky verurteilt. Er emigrierte 1932 nach Straßburg. Am 9. März 1935 wurde er durch Gestapo-Agenten von Basel nach Deutschland entführt, im September desselben Jahres durch Intervention der schweizerischen Regierung nach Basel zurückgebracht. Ab November 1935 war er in Paris ansässig. Im April 1941 flüchtete er vor den Nationalsozialisten nach Spanien, wurde dort festgenommen und interniert und, nach vorübergehender Freilassung, im September 1941 in Lissabon erneut von Gestapo-Agenten nach Berlin entführt. Hier wurde er bis zu seinem Tode in verschiedenen Gefängnissen festgehalten. Berthold Jacobs Schicksal war die literarische Vorlage für Lion Feuchtwangers Roman *Exil.* In: *Biographisches Handbuch der deutschsprachigen Emigration nach 1933*, hrsg. v. Institut für Zeitgeschichte München und von der Research Foundation for Jewish Immigration, Inc., New York, unter der Gesamtleitung von Werner Röder und Herbert A. Strauss. Bd. 1: Politik, Wirtschaft, Öffentliches Leben. München/New York/Paris 1980, S. 322/323. Zum Landesverratsprozeß im März 1928 gegen Jacob, der wegen eines Artikels über »Zeitfreiwillige« der Reichswehr mit dem Reichsanwalt Jorns gegen ihn angestrengt wurde, siehe Heinrich Hannover/Elisabeth Hannover/Drück, *Politische Justiz 1918–1933*, a. a. O., S. 181–186.

6 Siehe hierzu die immer noch grundlegenden Untersuchungen Ernst Julius Gumbels, besonders seine 1920 und 1922 erschienenen Darstellungen *Zwei Jahre Mord* und *Vier Jahre politischer Mord*, sowie die zusammenfassende Untersuchung politischer Morde der Weimarer Zeit, *Verräter verfallen der Feme*, die 1929 in Berlin erschien. Zum Thema »Landesverratsprozesse« finden sich viele lesenswerte Beiträge Gumbels in den Zeitschriften *Die Justiz* und *Die Weltbühne.* Wichtig für diesen Zusammenhang auch *Das Zuchthaus – die politische Waffe. Acht Jahre politische Justiz. Eine Denkschrift der Deutschen Liga für Menschenrechte e. V.*, Berlin,

1927. In neuerer Zeit Friedrich Karl Kaul, *Justiz wird zum Verbrechen. Das Pitaval der Weimarer Republik*, Berlin, (DDR), 1953 und Heinrich Hannover/Elisabeth Hannover-Drück, *Politische Justiz 1918–1933*, a. a. O.

7 Paul Levi, *Jorns-Prozeß*, a. a. O. (s. o. Anm. 3), S. 55.

8 *Ebenda*, S. 24.

9 Die folgende Darstellung der Vorgänge beruht, wenn nicht anders angegeben, auf Paul Levi, *Jorns-Prozeß*, a. a. O., S. 3–5.

10 Bisher galt allgemein *Vogel* als der Todesschütze. 1967 erschien allerdings im *Spiegel* (Nr. 8/1967, S. 40–43) die Darstellung eines Reporterteams des Süddeutschen Rundfunks, nach der ein Hauptmann *Souchon* auf den Wagen, in dem Rosa Luxemburg transportiert wurde, aufgesprungen sei und sie erschossen habe. Souchon war bereits in dem Prozeß 1919 als Zeuge vernommen worden. Die Darstellung des Reporterteams beruht auf der Zeugenaussage eines unbekannten Kronzeugen sowie auf Aktenstudien und Interviews mit »Haupt- und Mittätern«, vgl. *Spiegel*, a. a. O., S. 40. Ich halte es für problematisch, hier eine wirklich eindeutige Aussage treffen zu wollen.

11 Vgl. Urteil des Feldkriegsgerichts, in: Elisabeth Hannover-Drück/Heinrich Hannover (Hrsg.), *Der Mord an Rosa Luxemburg und Karl Liebknecht . . .*, a. a. O. (s. o. Anm. 3), S. 116.

12 Paul Levi, *Jorns-Prozeß*, a. a. O., S. 40/41.

13 *Ebenda*, S. 48–50. Siehe ferner die Darstellung in *Illustrierte Geschichte der deutschen Revolution* [Berlin 1929], Frankfurt am Main, 1968, S. 298–303.

14 Paul Levi, *Jorns-Prozeß*, a. a. O., S. 14 und *Illustrierte Geschichte der deutschen Revolution*, a. a. O., S. 301.

15 Paul Levi, *Jorns-Prozeß*, a. a. O., S. 19–21 und 44–46.

16 Carl von Ossietzky, »Als Gast Herr Dr. Paul Levi«, in: *Die Weltbühne*, 25. Jhrg., Nr. 23, 4. 6. 1929, S. 844.

17 Paul Levi, *Jorns-Prozeß*, a. a. O., S. 54/55.

18 »Freispruch im Jorns-Prozeß«, in: *Vossische Zeitung*, Nr. 102, 28. 4. 1929.

19 *Ebenda*.

20 Urteil des Schöffengerichts Berlin-Mitte vom 27. 4. 1929, in: *Die Justiz*, Bd. IV., 1929, Heft 6, S. 567–595, hier 593/594.

21 *Ebenda*, S. 494.

22 Ich halte mich in der Darstellung der nachfolgenden Entwicklung der Sache Jorns – Bornstein an Heinrich Hannover/Elisabeth Hannover-Drück, *Politische Justiz 1918–1933*, a. a. O., S. 210–212. Zur Entscheidung des Reichsgerichts heißt es *ebenda*, S. 212: »Indem es die Ehre des Reichsanwalts Jorns zu retten suchte, hatte das Reichsgericht die unterste Grenze markiert, bis zu der ein Angehöriger dieses Berufsstandes sinken durfte, ohne aus ihm verstoßen zu werden: er durfte Mördern (von Kommunisten) *bewußt* Vorschub leisten, wenn es nur nicht *absichtlich* geschah.«

23 Paul Jorns (1871–1942) wurde nach dem Ablegen der großen Staatsprüfung ab 1900 preußischer Kriegsgerichtsrat im Heeresgerichtsdienst. Von 1906–1909 gehörte er der »Schutztruppe« in Deutsch-Südwest-Afrika an. 1920 Hilfsarbeiter bei der Reichsanwaltschaft in Leipzig, 1923 dort Oberstaatsanwalt, 1925 Reichsanwalt. Ab 1. 4. 1936 planmäßiger Leiter des Volksgerichtshofes (wurde dann in Oberreichsanwalt umbenannt). Am 1. 4. 1937 trat er in den Ruhestand, stellte sich aber mit Kriegsausbruch wieder dem Volksgerichtshof zur Verfügung und blieb dort bis Ende Dezember 1941. Er wurde, laut Nachruf der nationalsozialistischen *Deutschen Justiz*, beim Übertritt in den Ruhestand vom »Führer mit einem persönlichen Dank- und Anerkennungsschreiben ausgezeichnet«. Der NSDAP gehörte er nach dieser Quelle seit Mai 1933 an. In: *Deutsche Justiz. Rechtspflege und Rechtspolitik*, 109. Jhrg., Nr. 7, 13. Februar 1942, S. 124. Außerdem siehe die Versorgungsakte Jorns, in: *Archiv des Bundesministers der Justiz*, Bonn.

24 *Verhandlungen des Reichstags. Stenographische Berichte.* IV. Wahlperiode 1928, 85. Sitzung, 13. Juni 1929, Bd. 425, S. 2398. Eine kurze Darstellung der Prozesse und der Problematik von Jorns Funktion als Reichsanwalt gibt Klaus-Detlev Godau-Schüttke, *Rechtsverwalter des Reiches. Staatssekretär Dr. Curt Joel*, Frankfurt am Main/Bern/Cirencester (UK), 1981, S. 196–205.

25 *Verhandlungen des Reichstags . . .*, a. a. O., S. 2399.

26 *Volkzeitung für das Vogtland*. Plauen, 11. Jhrg., Nr. 131, 8. Juni 1929, Beilage.

27 *Ebenda.*

28 *Verhandlungen des Reichstags. Stenographische Berichte.* II. Wahlperiode 1924, 6. Sitzung, 4. Juni 1924, Bd. 381, Seite 91.

29 So z. B. Max Schwarz, Gehrden, mit dem ich bis zu seinem Tode 1979 viele Gespräche führte und der mir wertvolle Hinweise auf

die Anhänger des Levi-Kreises in Berlin in den 20er Jahren gab. Max Schwarz arbeitete, ursprünglich Sattler, von 1928 bis 1933 als Fürsorger in Berlin. Er gehörte seit 1918 der Sozialdemokratischen Arbeiter-Jugend (SAJ), seit 1922 der SPD an. Von 1931 bis Januar 1933 war er in der SAP. Während der nationalsozialistischen Herrschaft verlor er seine Arbeit als Fürsorger und lebte teilweise illegal. Nach dem Krieg hatte er verschiedene Funktionen in der SPD inne, war u. a. Mitglied des Bezirksvorstandes Bremen-West, später des SPD-Bezirks Weser-Ems. Von 1946 bis 1959 MdL. Ab 1959 war er Präsident des Niedersächsischen Verfassungsschutzes.

Biographische Angaben in Konrad Franke, *Die niedersächsische SPD-Führung im Wandel der Partei nach 1945*, Hildesheim, 1980, S. 395/396.


## 2. Der Vater: Kaufmann, Jude und Republikaner

### 1. Die familiäre Situation

1 *Stadtarchiv Hechingen.* Akten über die Juden in Hechingen. Aufzeichnung des ehemaligen Redakteurs der *Hohenzollerischen Blätter*, Walter Sauter. Zum Fabrikbau vgl. Ludwig Egler, *Chronik der Stadt Hechingen.* Bearbeitet von Maximilian Rudolf von Ehrenberg, Hechingen, 1906², S. 309.

2 Das Zeugnis des Rabbinats Buchau in deutscher und hebräischer Sprache befindet sich im Besitz von Herrn Frank L. Herz, Southbury, Connecticut, einem Neffen von Paul Levi. Schriftliche Mitteilung von Herrn Herz an die Verfasserin vom 20. Februar 1978.

Herrn Herz verdanke ich aus vielen Briefen und Gesprächen wertvolle Informationen über die Familie Levi.

3 *Ebenda.*

4 *Stadtarchiv Hechingen.* Akten über die Juden in Hechingen. Ludwig Egler, *Chronik der Stadt Hechingen*, a. a. O., (s. o., Anm. 1), S. 332.

5 *Stadtarchiv Hechingen, ebenda.* (Aufzeichnungen von Walter Sauter).

6 *Der Neue Alb-Bote. Ebinger Tagblatt*, Ebingen, 8. August 1889, S. 3.

7 Vgl. z. B. Paul Levi, »Zwei Leutnants und kein Mann« (unvollendetes Manuskript), in: *Levi-Nachlaß*, Nr. 60a und ders., »Ein Sturmsignal«, in: *Volksstimme. Sozialdemokratisches Organ für Südwestdeutschland*. Frankfurt am Main, 25. Jhrg., Nr. 9, 12. Januar 1914.

8 Mdl. Mitteilung von Herrn Frank Herz an die Verfasserin.

9 Paul Levi, Briefe an die Familie, 20. 1. 1919 und 26. 5. 1919. Die Briefe befinden sich zur Zeit in der Obhut der Verfasserin. Sie sind Teil eines Privatarchivs, das der Eigentümer, Frank Herz, mir dankenswerterweise zur Verfügung gestellt hat. Es wird im folgenden *Privatarchiv Frank Herz . . .* zitiert.

10 Mdl. Mitteilung von Frau Margarethe Hasche, Brühl, am 3. 10. 1976. Frau Hasche war in Berlin die Anwaltsvorsteherin in Levis Anwaltsbüro und hatte auch Kontakt zu der Familie Levis, besonders zu Frau Jenny Herz, der Schwester Paul Levis.

11 Mdl. Mitteilung von Frau H. Konstanzer, der Herausgeberin der *Hohenzollerischen Blätter*, Juli 1977.

12 »Redakteur Pretzel wegen dem Kommunisten Levi vor Gericht«, in: *Der Zoller. Tagblatt für die Hohenzollerischen Lande und deren Umgebung*. Hechingen, 49. Jhrg., Nr. 36, 13./14. Februar 1921.

13 Paul Levi, Brief an den Justizminister in Berlin, 3. Mai 1921, in: *Levi-Nachlaß*, Nr. 159/9.

14 Vgl. Ernst-Otto Schüttekopf, »Karl Radek in Berlin. Ein Kapitel deutsch-russischer Beziehungen im Jahre 1919«, in: *Archiv für Sozialgeschichte*, hrsg. von der Friedrich-Ebert-Stiftung, II. Band, 1962, S. 145.

15 Mdl. Mitteilung von Frau Margarethe Hasche, 3. 10. 1976.

16 Urkunde des Königlich-Preußischen Amtsgerichts in Frankfurt am Main vom 1. Juni 1910, in: *Levi-Nachlaß*, Nr. 103.

17 In diesem Sinne: Hans-Helmuth Knütter, *Die Juden und die deutsche Linke in der Weimarer Republik 1918–1933*, Düsseldorf, 1971, S. 24 ff. Es bleibt bei dieser Untersuchung das Unbehagen über den methodischen Ansatz. Auch wenn der Anspruch erhoben wird, soziale und tiefenpsychologische Ursachen ausgewogen miteinander zu verbinden (S. 33–36), können doch gerade die an einzelnen Personen scheinbar verifizierten Aussagen nicht überzeugen. Der Autor meint zum Beispiel gerade an Paul Levi nachweisen zu können, daß ihr starker Individualismus Juden »keine andere Tätigkeit als die publizistische« möglich gemacht habe (S. 30). Das muß, angesichts der vielfältigen Betätigung Paul Levis als Reichstagsabgeordneter, Parteivorsitzender oder als einer der

profiliertesten Strafverteidiger der Weimarer Republik etwas merkwürdig anmuten.

18 Vgl. die Erörterung dieser Frage bei Werner T. Angress, »Juden im politischen Leben der Revolutionszeit«, in: *Deutsches Judentum in Krieg und Revolution 1916–1923. Ein Sammelband*, hrsg. von Werner E. Mosse und Arnold Paucker, Tübingen, 1971, S. 154/155.

19 Siehe dazu Ernest Hamburger, *Juden im öffentlichen Leben Deutschlands. Regierungsmitglieder, Beamte und Parlamentarier in der monarchistischen Zeit 1848 bis 1918*. Tübingen, 1968, S. 123–125.

20 Robert Michels, »Die deutsche Sozialdemokratie«, in: *Archiv für Sozialwissenschaft und Sozialpolitik*, Tübingen, 23. Bd., 1906, S. 520.

21 Das Institut für deutsche Geschichte in Tel Aviv veranstaltete im Dezember 1976 zu diesem Problemzusammenhang ein internationales Symposium. Vgl. *Juden und Jüdische Aspekte in der deutschen Arbeiterbewegung 1848 bis 1918*. Jahrbuch des Instituts für deutsche Geschichte, Beiheft 2, Tel Aviv, 1977. Siehe auch Jacob Toury, *Die politische Orientierung der Juden in Deutschland. Von Jena bis Weimar*. Tübingen, 1966, S. 159–169 und 212–229.

22 Man denke an Wilhelm Liebknecht, Eduard Bernstein oder, für die 90er Jahre, an Franz Mehring.


## 2. Schule

23 Der Historiker Gottlob Egelhaaf (1848–1934) wurde vor allem durch sein Werk *Deutsche Geschichte im Zeitalter der Reformation*, Stuttgart 1885, bekannt.

24 Vgl. Zeugnisse der Königlich-Preußischen Volks- und Realschule, Hechingen, in: *Levi-Nachlaß*, Nr. 103.

25 Zeugnis von P. Manns über Paul Levi vom 15. Juli 1896, in: *Levi-Nachlaß*, Nr. 103.

26 Briefe von Professor Daxner, Stuttgart, an Jakob Levi, Hechingen, 8. September 1896 und 5. Dezember 1896, *ebenda*.

27. Vgl. Postkarte von P. Manns an Paul Levi, 21. 8. 1897, *ebenda*.

28 Reifezeugnis-Abschrift des Karl-Gymnasiums Stuttgart vom 1. Juli 1901 (im Besitz der Verfasserin).

29 Brief Professor Daxner an Jakob Levi, 5. Dezember 1896, a. a. O., (s. o. Anm. 26).

30 Mdl. Mitteilung von Frau Margarethe Hasche, 3. 10. 1976.

31 Kurt Rosenfeld, »Dem Freund und Kämpfer Paul Levi«, in: *Der Klassenkampf,* 4. Jhrg., Nr. 4, S. 103.

32 Mdl. Mitteilung von Frank Herz. Der Neffe von Paul Levi lernte auf diese Weise Clara Zetkin, Eduard Fuchs, Valeriu Marcu u. a. kennen, denn Pauls Familienleben spielte sich nach dem Tod der Mutter 1912 vor allem im Haus der Schwester Jenny Herz in Heilbronn ab.

## 3. Paul Levi und die Jurisprudenz: Parteinahme für sozial Schwache

### 1. Studium und Dissertation

1 *Berliner Hochschulzeitung,* 6. Jhrg., Nr. 9 (Faschingsnummer 1904) und 6. Jhrg., Nr. 7, 2. Februar 1904.

2 Über die Geschichte der Freien Studentenschaft siehe Friedrich Schulze/Paul Ssymank, *Das deutsche Studententum von den ältesten Zeiten bis zur Gegenwart,* 2. unveränderte Auflage, Leipzig, 1910, S. 361-459. Einen guten Überblick über die politischen und sozialen Veränderungen um die Jahrhundertwende und die Herausbildung der Deutschen Freien Studentschaft gibt Michael Buckmiller in seiner Einleitung zu Bd. 1 der Karl-Korsch-Gesamtausgabe. Vgl. Karl Korsch, *Recht, Geist und Kultur. Schriften 1908-1918,* hrsg. und eingel. von Michael Buckmiller, Frankfurt am Main, 1980, S. 15-23.

3 *Berliner Hochschulzeitung,* 6. Jhrg., Nr. 7, 2. Februar 1904, S. 50.

4 Paul Levi, »Berichtigung«, Schreiben an die Redaktion der Berliner Hochschulzeitung, in: *Universitätsarchiv der Humboldt-Universität zu Berlin,* Nr. 2239, Bl. 4.

5 *Ebenda.*

6 Brief Paul Levi an cand. jur. Hocker, 6. 2. 1904, in: *ebenda,* Nr. 2239, Bl. 2 u. 3 R.

7 *Ebenda,* Bl. 13.

8 Mathilde Jacob, *Von Rosa Luxemburg und ihren Freunden in Krieg und Revolution 1914-1919,* o. O., o. J. [Berlin 1929?].
Ein Durchschlag dieses Berichts von Mathilde Jacob, mit Verbesserungen von ihrer Hand befindet sich im *Privatarchiv Frank Herz* (s. o. Kap. 2, Anm. 9). Ein anderes Exemplar liegt bei der Hoover

Institution on War, Revolution and Peace, Stanford, California (USA). Außerdem ist der Text Grundlage eines konstruierten »Gesprächs« mit Mathilde Jacob, als Einleitung zu Rosa Luxemburg, *Ich umarme Sie in grosser Sehnsucht. Briefe aus dem Gefängnis 1915–1918*, Berlin/Bonn 1980. Leider konnte sich der Verlag nicht entschließen, das historisch wertvolle Manuskript ganz zu veröffentlichen. Das konstruierte »Gespräch« wirkt etwas gewaltsam.

Mathilde Jacob (1873–1942) war die Sekretärin Rosa Luxemburgs und später Paul Levis. Zu ihrer Person siehe Agnes F. Petersen, »A Working Woman: Mathilde Jacob, 1873–1942«, in: *Internationale Wissenschaftliche Korrespondenz zur Geschichte der deutschen Arbeiterbewegung*, Nr. 18, April 1973, S. 51–55.

9 Paul Levi, *Das Verhältnis von Verwaltungsbeschwerde und Verwaltungsklage*, Heidelberg, 1905.
Die Promotionsurkunde befindet sich im *Levi-Nachlaß*, Nr. 103.

10 Georg Jellinek (1851–1911) stellte innerhalb der rechtspositivistischen Bewegung seiner Zeit den Antipoden Paul Labands (1838–1918), entwickelte aber Perspektiven, die weit über diesen hinausgingen. Sein Einfluß auf Max Weber, der zur selben Zeit wie Jellinek Professor in Heidelberg war, scheint bedeutend gewesen zu sein. Siehe H. Ridder, in: *Handwörterbuch zur deutschen Rechtsgeschichte*, Bd. II, Berlin, 1978, Sp. 259–299. Und Max Weber über Georg Jellinek, in: Marianne Weber, *Max Weber. Ein Lebensbild*, Tübingen, 1926, S. 481–486.

11 Vgl. Hugo Sinzheimer, *Jüdische Klassiker der deutschen Rechtswissenschaft*. Frankfurter Wissenschaftliche Beiträge, Rechts- und wirtschaftswissenschaftl. Reihe, Bd. 7, Frankfurt am Main, 1953, S. 175.

12 Georg Jellinek, *System der subjektiven öffentlichen Rechte*, Freiburg i. Br., 1892, S. 48.

13 *Ebenda.*

14 *Ebenda*, S. 9.

15 Georg Jellinek, *Allgemeine Staatslehre*, Darmstadt, 1959³ [Erste Auflage 1900], S. 408.

16 Paul Levi, *Das Verhältnis von Verwaltungsbeschwerde und Verwaltungsklage*, a. a. O. (s. o. Anm. 9), S. 9.

17 *Ebenda.*

18 Laut Zulassungsurkunde war Levi seit dem 23. 11. 1909 in Frankfurt am Main als Rechtsanwalt zugelassen und nicht, wie durchgängig in der Literatur behauptet wird, bereits im Jahre 1908. Vgl.

*Levi-Nachlaß*, Nr. 103. Zu den beruflichen Daten siehe ferner »Personalakten des Justizministeriums betr. Dr. Paul Levi Litt. L., 1466«, in: *Archiv des Bundesministers der Justiz*, Bonn.

## 2. Der unbequeme Anwalt

### a) *Aufklärung über Inseratenschwindel: Ehrengerichtsverfahren*

19 Paul Levi, »Zur Bekämpfung des Inseratenschwindels«, in: *Deutsche Immobilienzeitung*, Frankfurt, 12. Jhrg., Nr. 49, 9. 12. 1909, S. 3.

20 Levi selbst hat im Jahre 1911 eine Dokumentation für die Frankfurter Anwälte zusammengestellt, aus der alle Einzelheiten über den Fall Kaufmann und das Ehrengerichtsverfahren gegen Levi hervorgehen, in: *Levi-Nachlaß*, Nr. 69/70. (Im folgenden zit. *Dokumentation . . .*).

21 *Dokumentation . . .*, a. a. O., S. 12.

22 Vgl. Prozeßberichte in: *Deutsche Immobilienzeitung*, 13. Jhrg., Nr. 20, 19. Mai 1910, S. 1 (»Ein Insertionsschwindelprozeß«); ferner *Volksstimme*, Frankfurt am Main, 21. Jhrg., Nr. 111, 14. Mai 1910, 1. Beilage (»Ohne Grundstück – viel Kapital«); ferner *Generalanzeiger*, Frankfurt am Main, Nr. 113, 18. Mai 1910, S. 2 (»Auch ein Preßprozeß«).

23 Wolfgang Heine an Paul Levi, 21. Juni 1910, in: *Levi-Nachlaß*, Nr. 36. Vgl. auch den Brief vom 31. 10. 1910, *ebenda*.

24 *Dokumentation . . .*, a. a. O., S. 19.

25 Siehe die Eingabe »An den verehrten Vorstand der Anwaltskammer zu Frankfurt am Main«, 22. Juni 1910, im *Levi-Nachlaß*, Nr. 36. Hier verteidigt sich Levi gegen Anschuldigungen eines Redakteurs des Frankfurter »Generalanzeigers«, der völlig entstellt über den Prozeß berichtet hatte und Levi unterstellte, er habe nichts anderes im Kopf gehabt, als fortwährend die Anwaltskammer zu beschimpfen.

### b) *Engagement für arme Bauern: Der Schwabenthan-Prozeß*

26 Briefe des Oberstaatsanwaltes Frankfurt am Main an Paul Levi, 27. Juni 1911 und 12. August 1911, in: *Levi-Nachlaß*, Nr. 102.

27 Die genaue Darstellung des Falles befindet sich in einem Gnaden-

gesuch Levis an den Kaiser, September 1911. Masch. Durchschlag, in: *Levi-Nachlaß*, Nr. 102.

28 Rudolf Olden (1885–1940), Schriftsteller und Journalist, Mither-
ausgeber und Redakteur des *Berliner Tageblatt*. Über seine Bekanntschaft mit Levi siehe seinen Nachruf in: *Berliner Tageblatt*,
59. Jhrg., Nr. 59, S. 1.

29 Unvollendetes Manuskript »Der Fall Schwabenthan«, in: *Levi-
Nachlaß*, Nr. 102.

30 »Ein Stimmungsbild in Hohenzollern«, in: *Der Neue Alb-Bote.
Ebinger Tagblatt*, Nr. 38, 15. 2. 1919, S. 2.

31 Briefe des Oberstaatsanwalts Frankfurt am Main . . ., (s. o. Anm.
26). Die Staatsanwaltschaft argumentierte, wenn der Gefangenen-
aufseher Levi einen »Jud« und einen »Lump« genannt habe, so sei
das höchstens ein Grund für ein Disziplinarverfahren, auf keinen
Fall aber für eine Beleidigungsklage.

## c) Der Salvarsan-Prozeß: Gegen eine unmenschliche Medizin

32 Ausführliche Berichterstattung in: *Frankfurter Zeitung und Handelsblatt*, 58. Jhrg., Nr. 156, 7. Juni 1914, S. 2 (»Der Frankfurter
Salvarsan-Prozeß«). Ferner eine gute Zusammenfassung des Falles und ein Prozeßbericht in: *Volksstimme*, Frankfurt, 25. Jhrg.,
Nr. 319, 9. Juni 1914, 1. Beilage (»Der Salvarsanprozeß«).

33 Die Zeitung *Freigeist* ist nicht mehr aufzufinden. Der Inhalt des
Artikels Waßmanns muß daher aus den Prozeßberichten und aus
Artikeln der großen Zeitungen rekonstruiert werden. Siehe z. B.
*Frankfurter Zeitung und Handelsblatt*, 58. Jhrg., Nr. 27, 27. Januar
1914, S. 3. (»Frankfurter Angelegenheiten«).

34 Zur Geschichte des Salvarsan siehe Wolfgang Schneider, *Lexikon
zur Arzneimittelgeschichte. Sachwörterbuch zur Geschichte der phar-
mazeutischen Botanik, Chemie, Mineralogie, Pharmakologie, Zoolo-
gie*, Bd. 4, Frankfurt/Main, 1969, S. 244–246.

## 3. Staatsrecht und Massenstreik

35 Paul Levi, »Staatsrecht«, Vortrag, gehalten am 11. November
1910 im »Deutschen Privat-Beamten-Verein, Ortsgruppe Frankfurt am Main«, Masch. Manuskript, in: *Levi-Nachlaß*, Nr. 44.

36 *Ebenda*, S. 2.

37 *Ebenda*, S. 3.

38 *Ebenda*, S. 4.

39 *Ebenda*, S. 14. Deutlich wird hier der Einfluß Ferdinand Lassalles auf Levis Denken. Siehe besonders dessen Vorträge über Verfassungswesen, in: Ferdinand Lassalle, *Gesammelte Reden und Schriften*, hrsg. u. eingel. von Eduard Bernstein, Berlin, 1919, Bd. 2.

40 *Ebenda*, S. 15.

41 *Ebenda*, S. 16.

42 *Ebenda*, S. 17.

43 Zu den verschiedenen Richtungen und Etappen der Massenstreikdebatte in der deutschen Sozialdemokratie siehe vor allem Antonia Grunenberg (Hrsg.) *Die Massenstreikdebatte. Mit Beiträgen von Parvus, Rosa Luxemburg, Karl Kautsky und Anton Pannekoek*, Frankfurt am Main, 1970.

# 4. In der Sozialdemokratie

## 1. Mitglied des Sozialdemokratischen Vereins Frankfurt

1 Das Mitgliedsbuch, das über den Eintritt in den Sozialdemokratischen Verein Frankfurt Auskunft gibt, befindet sich in: *Privatarchiv Frank Herz . . .*, a. a. O. (s. o. Kap. 2, Anm. 9).

2 Paul Levi, »Weihnachten bei den Mönchen vom heiligen Kreuzberg«, in: *Frankfurter Zeitung und Handelsblatt*, 53. Jhrg., Nr. 359, 28. 12. 1908, S. 1: Ferner: Ders., »Tennisturnier«, in: *ebenda*, 53. Jhrg., Nr. 244, 2. 9. 1908, S. 1 und ders., »Allerheiligen – Allerseelen«, in: *ebenda*, 54. Jhrg., Nr. 304, 2. 11. 1909, S. 1.

3 Eine vollständige Untersuchung der Entwicklung von Levis Positionen aus seinen Artikeln in der *Volksstimme* ist mir leider nicht möglich gewesen, da die Zeitung gerade für die wichtigen Zeiträume vom 1. 10. 1910 bis 1. 1. 1913 und vom 1. 4. 1914 bis 23. 7. 1914 verlorengegangen scheint. Ich war daher bei meinem Urteil über die Herausbildung seines politischen Standpunkts in der Frankfurter Sozialdemokratie auf recht lückenhaftes Material angewiesen.

4 *Heinrich Wittich* (1865–1943), Braumeister, Mitbegründer des Brauerei- und Mühlenarbeiter-Verbandes, von 1908–1910 Stadtverordneter der Stadt Frankfurt am Main und von 1908–1914 Sekretär des Sozialdemokratischen Vereins in dieser Stadt. Von 1920 bis 1928 war er Mitglied des preußischen Landtags.

*Max Quarck* (1860–1930) schrieb zunächst für die *Frankfurter Zeitung* und gehörte auch der Redaktion dieser Zeitung an. Nach seinem Eintritt in die Sozialdemokratie war er von 1896–1917 leitender Redakteur der *Volksstimme*. Im Jahre 1900 wurde Max Quarck als erster Sozialdemokrat in die Frankfurter Stadtverordnetenversammlung gewählt. Von 1912–1918 war er Mitglied des Reichstags und von 1918–1920 gehörte er der Nationalversammlung an.

*Georg Ulrich*, langjähriger Kassierer des Deutschen Metallarbeiter-Verbandes in Frankfurt und von 1919–1933 Stadtverordneter in dieser Stadt.

Biographische Angaben in: *Zwischen Römer und Revolution. Hundert Jahre Sozialdemokraten in Frankfurt am Main.* Hrsg. von der Sozialdemokratischen Partei, Unterbezirk Frankfurt am Main, Frankfurt, 1969, S. 46 und 53.

5 *Volksstimme*, 21. Jhrg., Nr. 229, 30. 9. 1910, 1. Beilage (»Die Frankfurter Genossen zum Magdeburger Parteitag«).

6 Siehe dazu Dieter Groh, *Negative Integration und revolutionärer Attentismus. Die Deutsche Sozialdemokratie am Vorabend des Ersten Weltkrieges.* Frankfurt am Main/Berlin/Wien, 1974 (Copyright 1973), S. 128 ff.

7 *Ebenda*, S. 167 ff.

8 Annelies Laschitza, *Deutsche Linke im Kampf für eine demokratische Republik. Der Kampf der deutschen Linken für eine demokratische Republik und die Anwendung des politischen Massenstreiks in Deutschland. Zur Entwicklung der deutschen Linken als politisch-ideologische Strömung in der deutschen Sozialdemokratie (1909/1910).* Berlin (DDR), 1969, S. 262/263.

9 Dieser Antrag, nach seinem Unterzeichner Fritz Zubeil genannt, kam gegen Bebels Willen nach mehreren Modifikationen auf dem Parteitag durch. Er lautete schließlich so, daß automatisch ein Ausschlußverfahren eingeleitet werden sollte, wenn gegen die Resolution des Parteivorstandes verstoßen würde. Vgl. *Protokoll über die Verhandlungen des Parteitages der Sozialdemokratischen*

*Partei Deutschlands in Magdeburg vom 18. bis 24. September 1910,* Berlin, 1910, S. 238–285; ferner die Erörterungen zu diesem Thema bei Dieter Groh, *Negative Integration und revolutionärer Attentismus,* a. a. O., S. 175 ff.

10 *Volksstimme,* 21. Jhrg., Nr. 229, 30. 9. 1910, 1. Beilage.

11 *Ebenda.*

12 In einem ungezeichneten Nachruf auf Paul Levi in der *Volksstimme* wird berichtet, Levi habe zunächst »einige Zeit« dem Kreis der *Sozialistischen Monatshefte* nahegestanden. Vgl. *Volksstimme,* 41. Jhrg., Nr. 34, 10. Febr. 1930, S. 1 (»Paul Levi gestorben«).

13 Paul Levi »Staatsrecht«, Vortrag . . ., a. a. O. (s. o. Kap. 3, Anm. 35), S. 15.

14 *Ebenda,* S. 4.

15 *Protokoll . . . Magdeburger Parteitag . . .,* a. a. O. (s. o. Anm. 9), S. 181/182.

16 *Volksstimme,* 21. Jhrg., Nr. 229, 30. 9. 1910, 1. Beilage.

## b) Im Zeichen der Heeresvorlage

17 Vgl. *Volksstimme,* 24. Jhrg., Nr. 97, 26. 4. 1913, 4. Beilage (»Zum Landtagswahlkampf«).

18 *Ebenda,* 24. Jhrg., Nr. 152, 2. 7. 1913, 1. Beilage (»Fortsetzung der Generalversammlung«).

19 *Ebenda,* 24. Jhrg., Nr. 158, 9. 7. 1913, 1. Beilage (»Versammlung des Sozialdemokratischen Vereins«).

20 *Protokoll über die Verhandlungen des Parteitages der Sozialdemokratischen Partei Deutschlands. Abgehalten in Jena, vom 14. bis 20. September 1913,* Berlin, 1913, S. 565.

21 Zu Heeresvorlage und sozialdemokratischer Reaktion siehe Dieter Groh, *Negative Integration . . .,* a. a. O. (s. o. Anm. 6), S. 355–455. Zur Haltung der sozialdemokratischen Reichstagsfraktion: *Protokoll . . . Jenaer Parteitag . . .,* a. a. O., S. 146–175.

22 Auch auf dem Parteitag in Jena wurde eine allgemeine Stagnation und teilweise sogar ein Rückgang der Mitglieder- und Abonnentenzahlen festgestellt. Vgl. *Protokoll . . . Jenaer Parteitag . . .,* a. a. O., S. 9/10.

23 *Volksstimme,* 24. Jhrg., Nr. 24, 29. 1. 1913, 1. Beilage (»Aus dem sozialdemokratischen Verein«).

24 *Ebenda,* 24. Jhrg., Nr. 149, 28. 6. 1913, 1. Beilage (»Generalversammlung des Sozialdemokratischen Vereins«).

25  *Ebenda*, 24. Jhrg., Nr. 88, 16. 4. 1913, 1. Beilage (»Die Stellung der Partei zu den Landtagswahlen«).

26  Wegen des preußischen Wahlsystems machte sich der Stimmenzuwachs der Sozialdemokratie kaum bemerkbar. Immerhin gewann sie zu ihren 6 Mandaten durch Absprachen mit der Fortschrittlichen Volkspartei 4 Mandate dazu, so daß sie über insgesamt 10 Mandate verfügte. Siehe *Protokoll . . . Jenaer Parteitag . . .*, a. a. O., S. 22–24 (Bericht des Parteivorstandes).

27  Dazu auch Dieter Groh, *Negative Integration . . .*, a. a. O. (s. o. Anm. 6), S. 469 ff.

28  *Volksstimme*, 24. Jhrg., Nr. 149, 28. 6. 1913, 1. Beilage (»Die Stellung der Partei zu den Landtagswahlen«).

29  In diesem Sinne auch Dieter Groh, *Negative Integration . . .*, a. a. O., S. 359/60.

30  *Protokoll . . . Jenaer Parteitag . . .*, a. a. O., S. 420–427 (Wurm) und S. 450–475 (Südekum), S. 311 (Resolution Wurm).

31  *Ebenda*, S. 197/98.

32  *Ebenda*, S. 515.

33  Zu der Unsicherheit und Uneinigkeit der Linksradikalen in dieser Frage siehe auch Karl-Ernst Moring, *Die Sozialdemokratische Partei in Bremen 1890–1914, Reformismus und Radikalismus in der Sozialdemokratischen Partei Bremens*, Hannover, 1968, S. 170–172.

34  Siehe die Fraktionssitzungen der sozialdemokratischen Reichstagsfraktion am 25. und 27. 6. 1913, in: *Die Reichstagsfraktion der deutschen Sozialdemokratie 1898–1918*, bearb. von Erich Matthias und Emil Pirkart (Quellen zur Geschichte des Parlamentarismus und der politischen Parteien, 1. Reihe, Bd. 3/I), Düsseldorf, 1966, S. 300 und 301.

35  Heinrich Hüttmann (1868–1928), Maurer, von 1905 bis 1907 Vorsitzender des Sozialdemokratischen Vereins Frankfurt am Main, 1912–1918 und 1921–1928 MdR für SPD und USPD.

36  *Volksstimme*, 24. Jhrg., Nr. 164, 16. 7. 1913, Beilage (»Mitgliederversammlung des Sozialdemokratischen Vereins«).

37  *Protokoll . . . Jenaer Parteitag . . .*, a. a. O., S. 187.

38  *Ebenda*, S. 515. Zur Erklärung der Haltung Liebknechts siehe den Bericht über den Brandenburger Provinzparteitag (*Leipziger Volkszeitung*, 25. 8. 1913), in: Karl Liebknecht, *Gesammelte Reden und Schriften*, Bd. 6, Berlin (DDR), 1964, S. 365 f.; Rede auf der Generalversammlung des VI. Berliner Reichstagswahlkreises am 26. 6. 1913 (*Vorwärts*, 28. August 1913), in: *ebenda*, S. 367–370; ferner die Rede auf der Generalversammlung des VI. Berliner

Reichstagswahlkreises am 7. 10. 1913 (*Vorwärts*, 9. 10. 1913); in: *ebenda*, S. 395–396. In der DDR-Biographie Liebknechts von Heinz Wohlgemut wird nicht erklärt, daß und warum er sich Luxemburgs Antrag nicht anschloß. Vgl. Heinz Wohlgemut, *Karl Liebknecht, Eine Biographie.* Berlin (DDR), 1973, S. 225. (Hier ist lediglich von dem Antrag Luxemburgs die Rede.)

39 Zum »Immobilismus« der Linken in diesem Punkt siehe Dieter Groh, *Negative Integration . . .*, a. a. O., S. 454.


## c) Die Diskussion um den Massenstreik

40 *Protokoll . . . Jenaer Parteitag . . .*, a. a. O., S. 178/179.

41 Siehe die Anträge *ebenda*, S. 177-180.

42 Ludwig Frank forderte am 10. Juni 1913 auf einer Versammlung in Wilmersdorf, man solle mithilfe des Massenstreiks das preußische Wahlrecht erkämpfen. Siehe Ludwig Frank, *Ein Vorbild der deutschen Arbeiterjugend. Aufsätze, Reden und Briefe*, ausgew. und eingel. von Hedwig Wachenheim, Berlin, o. J., S. 267-271.

43 Rosa Luxemburg, »Massenstreik, Partei und Gewerkschaften« (Hamburg 1906), in: Rosa Luxemburg, *Gesammelte Werke*, Bd. 2, Berlin (DDR), 1972, S. 125. Für 1913 siehe Rosa Luxemburg, »Taktische Fragen« (Leipziger Volkszeitung, 26./27./28. 6. 1913), in: *ebenda*, Bd. 3, Berlin (DDR) 1973, S. 246-258, bes. S. 247: »Der Massenstreik als Praxis des Proletariats ist eine geschichtliche Entwicklungsphase des allgemeinen Klassenkampfes, nämlich die Phase der selbständigen Aktion der proletarischen Masse, der äußersten Verschärfung des Klassenkampfes im ganzen.«

44 Siehe Karl-Ernst Moring, *Die Sozialdemokratische Partei in Bremen . . .*, a. a. O. (s. o. Anm. 33), S. 172-176.

45 *Protokoll . . . Jenaer Parteitag . . .*, a. a. O., S. 192/193.

46 *Ebenda*, S. 293 ff. (Gustav Bauer).

47 Alle Zitate nach dem Bericht in der *Volksstimme*, 24. Jhrg., Nr. 230, 1. 10. 1913, 1. Beilage (»Bericht über den Jenaer Parteitag«).

48 *Ebenda*, Beiträge Zimmermanns und Lehmanns (Gewerkschaftsfunktionäre aus Frankfurt).

49 *Volksstimme*, 42. Jhrg., Nr. 236, 8. 10. 1913, 1. Beilage (»Die Diskussion über den Jenaer Parteitag«).

## 2. Der Kampf gegen den Militarismus

### a) Am Beispiel Zabern

50 Paul Levi, »Die Kanzlerkrisis«, in: *Volksstimme*, 24. Jhrg., Nr. 286, 6. 12. 1913.

51 Siehe *Militärstaat und Bürgerstaat*. Sonderdruck aus der *Frankfurter Zeitung* (27., 30. 1., 1., 4., 6., 8., 12. und 14. 2. 1914), Frankfurt am Main, 1914, S. 1.

52 Hans-Ulrich Wehler, »Der Fall Zabern«, in: *Die Welt als Geschichte*, 23. Jhrg., 1963, Heft 1, S. 41.

53 Dazu Dieter Groh, *Negative Integration . . .*, a. a. O. (s. o. Anm. 6), S. 254.

54 Paul Levi, »Die Kanzlerkrisis«, in: *Volksstimme*, a. a. O.

55 Paul Levi, »Söldneroffiziere«, in: *Volksstimme*, 24. Jhrg., Nr. 1, 2. 1. 1914, S. 1.

56 Für das Folgende siehe die genaue Darstellung des Falles mit ausführlichen Literaturhinweisen bei Hans-Ulrich Wehler, »Der Fall Zabern«, a. a. O., S. 27–46.

57 *Ebenda*, S. 39 f. Zum gleichen Zusammenhang siehe Paul Levi, »Der Fußtritt«, in: *Volksstimme*, 25. Jhrg., Nr. 8, 10. 1. 1914, S. 1.

58 Hans-Ulrich Wehler, »Der Fall Zabern«, a. a. O., S. 30.

59 *Verhandlungen des Reichstags. Stenographische Berichte*, 13. Legislaturperiode, 182. Sitzung, 4. 12. 1913, Bd. 291, S. 6197.

60 Hans-Ulrich Wehler, »Der Fall Zabern«, a. a. O., S. 40.

61 *Verhandlungen des Reichstags. Stenographische Berichte*, 13. Legislaturperiode, 199. Sitzung, 24. 1. 1914, Bd. 292, S. 6791; Texte der Anträge: Bd. 303, S. 2560 f., 2563, 2551 f.

62 Paul Levi, »So endet Zabern!«, in: *Volksstimme*, 25. Jhrg., Nr. 20, 24. 1. 1914, S. 1.

63 Paul Levi, »So sank zur Marionette, der erst ein Komödiante war«, in: *Volksstimme*, 25. Jhrg., Nr. 51, 2. 3. 1914, S. 1.

64 Paul Levi, »Söldneroffiziere«, in: *Volksstimme*, 25. Jhrg., Nr. 1, 2. 1. 1914, S. 1.

65 Z. B. Friedrich Engels, »Kann Europa abrüsten?« (Artikelserie im *Vorwärts*, März 1893), in: Karl Marx/Friedrich Engels, *Werke*, Bd. 22, Berlin (DDR), 1974, S. 371–399.

66 Zu diesem Zusammenhang siehe Ursula Ratz, »Karl Kautsky und die Abrüstungskontroverse in der deutschen Sozialdemokratie 1911–1912«, in: *International Review of Social History*. Vol. 11, 1966, S. 208 ff.

67 Vgl. Karl Radeks Artikelserie in der *Bremer Bürgerzeitung* (10.,
11., 13.–15., 18., 26., 27., 29. 3. und 2. 4. 1913), in: Karl Radek, *In
den Reihen der deutschen Revolution 1909–1919. Ges. Aufs. u. Abh.*,
ges. u. eingel. von Paul Frölich, München, 1921, S. 208 ff.

68 Rosa Luxemburg, »Die weltpolitische Lage« (*Leipziger Volkszeitung*,
29. 5. 1913), in: Rosa Luxemburg, *Gesammelte Werke*, Bd. 3, S. 216.

69 Rosa Luxemburg, »Unsere Aktion gegen die Militärvorlage«
(*Leipziger Volkszeitung*, 6. und 7. 6. 1913), in: Dies., *Gesammelte
Werke*, Bd. 3, S. 227.
Der Interpretation von Karl-Ernst Moring, *Die Sozialdemokratische Partei in Bremen . . .*, a. a. O., S. 169 und Dieter Groh, *Negative Integration . . .*, a. a. O., S. 303, daß Rosa Luxemburg der Milizforderung der Bremer ablehnend gegenübergestanden hätte,
kann ich nicht zustimmen. Als »Improvisation« bezeichnete sie in
dem von beiden Verfassern zitierten Artikel gerade nicht die Milizforderung, sondern die »Abrüstung«. Vgl. Rosa Luxemburg,
»Unsere Aktion gegen die Militärvorlage«, a. a. O., S. 228.

70 Paul Levi, »Armee und Republik«, in: *Volksstimme*, 25. Jhrg., Nr.
106, 8. 5. 1914, S. 1.

71 Paul Levi, »Das umgekehrte Echternach«, in: *Volksstimme*, 24.
Jhrg., Nr. 290, 11. 12. 1913, S. 1.

*a) Die Luxemburg-Prozesse*

72 Vgl. Peter Nettl, *Rosa Luxemburg*, Köln/Berlin 1967 (1965 by Ox-
ford University Press), S. 462.

73 Siehe die gesammelten Zeitungsartikel dazu, in: *Rosa Luxemburg
im Kampf gegen den deutschen Militarismus. Prozeßberichte und Materialien aus den Jahren 1913 bis 1915*, hrsg. vom IML beim ZK der
SED, Berlin (DDR), 1960. (Im folgenden zit.: *Rosa Luxemburg im
Kampf . . .*).

74 *Rosa Luxemburg im Kampf . . .*, a. a. O., S. 38. Der Text der Reden
ist nicht mehr erhalten.

75 *Ebenda*, S. 41. (Plädoyer des Staatsanwalts)

76 *Ebenda*, S. 39.

77 *Ebenda*, S. 42/43.

78 *Militarismus, Krieg und Arbeiterklasse. Rosa Luxemburg vor der
Frankfurter Strafkammer. Ausführlicher Bericht über die Verhandlung am 20. Februar 1914*, Frankfurt am Main, 1914, S. 7. (Im folgenden zit.: *Militarismus, Krieg . . .*).

79 *Ebenda*, S. 4–7.

80  *Ebenda*, S. 8. (Auszeichnung im Original)

81  *Rosa Luxemburg im Kampf* . . ., a. a. O., S. 44.

82  *Militarismus, Krieg* . . ., a. a. O., S. 10.

83  In diesem Sinne Peter Nettl, *Rosa Luxemburg*, a. a. O., S. 462.

84  *Militarismus, Krieg* . . ., a. a. O., S. 12.

85  *Ebenda*, S. 13. (Auszeichnung im Original)

86  *Ebenda*, S. 15.

87  *Ebenda*, S. 10/11.

88  *Ebenda*, S. 16.

89  *Rosa Luxemburg im Kampf* . . ., a. a. O., S. 59/60.

90  Zu dem gesamten Komplex der Revisionsbeantragung und des schließlichen Haftantritts Rosa Luxemburgs am 18. 2. 1915 siehe *Hessisches Hauptstaatsarchiv Wiesbaden*, Abt. 461, Nr. 298a. Außerdem die längere Darlegung dieser Archivalien von Ulrich Cartarius, »Rosa Luxemburg unter Haftandrohung. Zu den Folgen ihrer Verurteilung wegen Aufforderung zum Ungehorsam und zu strafbaren Handlungen durch das Frankfurter Landgericht am 20. Februar 1914«, in: *Internationale Wissenschaftliche Korrespondenz zur Geschichte der deutschen Arbeiterbewegung* (IWK), 17. Jhrg., Nr. 1, März 1981, S. 61–70.
Die Revisionsverhandlung vor dem Reichsgericht fand erst im Oktober 1914 statt, also nach Kriegsbeginn. Levi vertrat die Revision. Rosa Luxemburg selber war nicht erschienen. Sie mochte sich »dabei nicht wieder blicken lassen«, wie sie in einem Brief an Levi schrieb, vgl. Brief Rosa Luxemburg an Paul Levi, 16. 10. 1914, s. o., S. 231 ff. Das Reichsgericht erkannte keinen Rechtsirrtum in den Feststellungen der Frankfurter Richter, und das Urteil wurde rechtskräftig. Vgl., *Rosa Luxemburg im Kampf* . . ., a. a. O., S. 207–210.

91  *Rosa Luxemburg im Kampf* . . ., a. a. O., S. 120–126.

92  *Ebenda*, S. 81.

93  *Ebenda*, S. 83/84. (Auszeichnung von mir)

94  Peter Nettl, *Rosa Luxemburg*, a. a. O., S. 463.

95  In diesem Sinne auch Charlotte Beradt, *Paul Levi. Ein demokratischer Sozialist in der Weimarer Republik*, Frankfurt am Main, 1969, S. 13/14.

96  Siehe das Geheimschreiben vom 4. März 1914, in: *Rosa Luxemburg im Kampf*, a. a. O., S. 60/61.

97  »Dr. Rosa Luxemburg in Freiburg«, in: *Volkswacht*, Freiburg im Br., 4. Jhrg., Nr. 57, 9. März 1914. Vgl. auch *Rosa Luxemburg im Kampf* . . ., a. a. O., S. 91–107. bes. S. 99.

98 Abschrift der Anklageschrift vom 20. März 1914, in: *Levi-Nach-laß*, Nr. 110. Es handelte sich um Vergehen gegen die Paragra-phen 186, 196, 200 u. 61 des Strafgesetzbuches. Siehe auch *Rosa Luxemburg im Kampf . . .*, a. a. O., S. 149.

99 Rosa Luxemburg an Paul Levi [13. 5. 1914], s. o., Brief 16, S. 204 f.

100 Rosa Luxemburg an Paul Levi, [22. 5. 1914], s. o. Brief 21, S. 208. Die Anklageschrift traf am 22. Mai 1914 bei ihr ein, wie sie am sel-ben Tag Franz Mehring schrieb, vgl. Annelies Laschitza/Günter Radczun *Rosa Luxemburg. Ihr Wirken in der deutschen Arbeiterbe-wegung.* Frankfurt/Main 1971, S. 316 u. S. 555, Anm. 48.

101 In diesem Sinne auch Dieter Groh, *Negative Integration . . .*, a. a. O., S. 389.

102 Besonders Bebel hatte sich immer wieder der Militärmißhandlun-gen angenommen. Siehe seine vielen Reden zu Soldatenmißhand-lungen im Reichstag in den Jahren 1891–1908, z. B. (nur Auswahl) die Broschüre: *Die Soldatenmißhandlungen vor dem Deutschen Reichstag.* Stenographischer Bericht über die Sitzung vom Freitag, dem 13. März 1891, Berlin 1891; ferner *Verhandlungen des Reichs-tags. Stenographische Protokolle*, 9. Legislaturperiode, 176. Sitzung, 15. 2. 1897, S. 4691–4701; 10. Legislaturperiode, 46. Sitzung, 21. 2. 1898, S. 1158–1164, S. 1179–1181, S. 1184/85; 10. Legislaturpe-riode, 145. Sitzung, 17. 2. 1902, S. 3390–3392, S. 4002–4004; 11. Legislaturperiode, 49. Sitzung, 4. 3. 1904, S. 1513–1526; 11. Legis-laturperiode, 30. 3. 1906, S. 2449–2460.

103 Karl Liebknecht, *Militarismus und Antimilitarismus unter besonde-rer Berücksichtigung der internationalen Jugendbewegung*, (mit ei-nem Nachwort von M. J. Braun). Berlin, o. J. [1919].

104 *Ebenda*, S. 41.

105 Vgl. das Material im *Levi-Nachlaß*, Nr. 61 A. Es handelt sich dabei vor allem um Notizen und Sammlungen von Zeitungsausschnitten von Rosa Luxemburg. Außerdem befinden sich auch Briefe an Rosa Luxemburg über Soldatenmißhandlungen in dieser Mappe. Rosa Luxemburg scheint ihr Material Levi zur Verfügung gestellt zu haben.
Siehe auch *Levi-Nachlaß*, Nr. 65, 143 A, 87, 110.

106 Rosa Luxemburg an Paul Levi, [Ende Mai 1914], s. o. Brief 23, S. 209 f.

107 Paul Levi an Kurt Rosenfeld, Brief vom 26. 5. 1914 und vom 28. 5. 1914, in: *Levi-Nachlaß*, Nr. 110.

108 Rosa Luxemburg an Paul Levi, [28. 5. od. 4. 6. 1914], s. o. Brief 24, S. 210.

109  Rosa Luxemburg an Paul Levi, [7. 6. 1914], s. o. Brief 25, S. 211.

110  Rosa Luxemburg an Paul Levi, [9. 6. 1914], s. o. Brief 26, S. 212.

111  *Vorwärts*, 31. Jhrg., Nr. 152, 7. 6. 1914 (»Unser Kampf gegen das Kasernenrecht«). (Auszeichnung im Original)

112  Rosa Luxemburg an Paul Levi, [ca. 10. od. 11. 6. 1914], s. o. Brief 28, S. 214.

113  Rosa Luxemburg an Paul Levi, [15. 6. 1914], s. o. Brief 32, S. 216 f.

114  Siehe den Bericht im *Vorwärts*, 31. Jhrg., Nr. 160, 15. 6. 1914

115  *Vorwärts*, 31. Jhrg., Nr. 170, 25. 6. 1914 (»Gegen die Militärmißhandlungen. Zeugen heraus!«).

116  *Rosa Luxemburg im Kampf . . .*, a. a. O. (s. o. Anm. 73), S. 152.

117  *Ebenda*, S. 200–205 (Stellungnahme bürgerlicher Presseorgane).

118  *Ebenda*, S. 191/192.

119  Brief Wilhelm Pieck an Paul Levi, 14. 7. 1914, in: *Levi-Nachlaß*, Nr. 61 A. Vgl. auch den Brief Piecks an Levi vom 15. 7. 1914, *ebenda*, Nr. 87/1. Eine detaillierte Skizzierung des Gutachtens durch Wilhelm Pieck findet sich in *Levi-Nachlaß* Nr. 61 A.

120  Levi entwarf eine Antwort auf das Gutachten Heinemanns, die er gemeinsam mit Kurt Rosenfeld dem Berliner Zentralvorstand schicken wollte. Hierin verwahrte er sich gegen die Einmischung und hob hervor, daß der Prozeß zu Ende sei. Im übrigen könne man auf Volksversammlungen nicht verzichten, da nur in diesem Rahmen die Soldatenschindereien weiterhin am Licht der Öffentlichkeit blieben. Falkenhayn beabsichtige ja mit der Vertagung nur eine Verdunklung dieser Vorkommnisse.
Der Entwurf zu dieser Erwiderung auf Heinemanns Gutachten und ein Brief darüber an Kurt Rosenfeld vom 25. 7. 1914 finden sich im *Levi-Nachlaß*, Nr. 110.

121  Siehe die Unterlagen über seine Reisen in: *Levi-Nachlaß*, Nr. 87.

122  Paul Levi, *Luxemburg-Prozeß und Soldatenmißhandlungen. Rede am 13. Juli 1914 im Saale des Kaufmännischen Vereins Frankfurt am Main*, Frankfurt am Main, 1914.

123  Vgl. z. B.: *Volksstimme*, Chemnitz, 24. Jhrg., Nr. 164, 20. Juli 1914 (»Der Luxemburg-Prozeß«); *Schwäbische Tagwacht*, Stuttgart, 34. Jhrg., Nr. 159, 13. Juli 1914 (»Ein neuer Vorstoß gegen den Militarismus«).

124  Paul Levi, *Luxemburg-Prozeß und Soldatenmißhandlungen*, a. a. O., S. 14.

125  Für Rosa Luxemburgs Hoffnungen siehe Peter Nettl, *Rosa Luxemburg*, a. a. O., S. 465/466.

# 5. Politische Freundschaft und Liebe

1 Über die Hintergründe der Kandidatur 1913 siehe *Dittmann-Nachlaß*, Bonn, Kassette II 114-116. Ferner Peter Nettl, *Rosa Luxemburg*, a. a. O., S. 441.

2 *Protokoll . . . Jenaer Parteitag . . .*, a. a. O., S. 566.

3 *Volksstimme*, 24. Jhrg., Nr. 230, 1. 10. 1913, 1. Beilage (»Bericht über den Jenaer Parteitag«). S. o., S. 72/73.

4 Paul Levi, *Was ist das Verbrechen – die Märzaktion oder die Kritik daran? Rede auf der Sitzung des Zentralausschusses der VKPD am 4. 5. 1921*, Berlin 1921, S. 20/21.

5 Rosa Luxemburg, »Organisationsfragen der russischen Sozialdemokratie« (Die Neue Zeit, Stuttgart, 22. Jhrg., 1903/04), in: Rosa Luxemburg, *Gesammelte Werke*, Bd. 1, 2. Halbband, Berlin (DDR), 1970, S. 422-444, hier: S. 428.

6 Rosa Luxemburg an Paul Levi, [März 1914], s. o., Brief 2, S. 196.

[1] Der Brief ist um den 20./21. 4. geschrieben, wie aus dem Inhalt hervorgeht. *Clara Zetkin* sprach am 21. 4. 1914 auf einer Versammlung in Berlin und befand sich zu dieser Zeit mit hoh. Wahrschl. bei Rosa Luxemburg.

[2] Zur »Radek-Affäre« siehe S. 201, Anm. 2

[3] Kurt Rosenfeld

[4] Clara Zetkin

7 Peter Nettl, *Rosa Luxemburg*, a. a. O., S. 368 und 642, hat von der tiefen Beziehung zwischen Rosa Luxemburg und Paul Levi nichts geahnt. Er schreibt, daß nach dem Ende ihrer Liebesbeziehung zu Konstantin Zetkin gleich Hans Diefenbach die Rolle des »engsten Vertrauten« übernommen habe. Durch den Fund der Briefe von Rosa Luxemburg an Paul Levi im *Privatarchiv Frank Herz* kann nun erstmals für das Jahr 1914 bis zum Ausbruch des Weltkriegs eine genauere Auskunft gegeben werden.

8 Siehe Mathilde Jacob, *Von Rosa Luxemburg und ihren Freunden in Krieg und Revolution 1914–1919*, a. a. O. (s. o. Kap. 3, Anm. 8), S. 92 ff.

9 Paul Levi, »Zur Klarstellung«, in *Unser Weg*, 4. Jhrg., H. 1/2, 15. Jan. 1922, S. 45.

10 So berichtet seine langjährige Anwaltsgehilfin Frau Margarethe Hasche, Brühl.

# 6. Der Krieg

## 1. Kriegsgegner von Anfang an

1 Siehe Rosa Luxemburg, »Der Friede, der Dreibund und wir« (Sozialdemokratische Korrespondenz, Berlin, Nr. 85, 28. 6. 1914), in: Rosa Luxemburg, *Gesammelte Werke*, Bd. 3, Berlin (DDR), 1973, S. 476–479, bes. S. 477.
Siehe dazu auch Georges Haupt, *Der Kongreß fand nicht statt. Die sozialistische Internationale 1914*, Wien/Frankfurt/Zürich, 1967, S. 165; ferner Peter Nettl, *Rosa Luxemburg*, a. a. O., S. 574/75.

[2] Es handelte sich um eine vom ISB einberufene russische Einigungskonferenz am 16. und 17. Juli 1914 in Brüssel. Aus der Formulierung im Brief Rosa Luxemburgs wird deutlich, daß sie zwischen den beiden Konferenzen in Berlin war, also durchaus nicht, wie Peter Nettl, *Rosa Luxemburg*, a. a. O., S. 573, meint, in Brüssel saß und »aus zweiter Hand« von dem, »was in Berlin vorging«, erfuhr.

3 Rosa Luxemburg an Paul Levi, [31. 7. 1914], s. o. Brief 41, S. 223 f. (Auszeichnung von mir).

4 Rosa Luxemburg an Paul Levi, s. o., Brief 42, S. 224 f.

5 Die Versammlungen fanden am 28. und 29. Juli 1914 statt. Vgl. *Volksstimme*, 25. Jhrg., Nr. 174 und Nr. 175, 29. und 30. Juli 1914.

6 *Volksstimme*, 25. Jhrg., Nr. 176, 31. Juli 1914 (»Aus dem Frankfurter Parteileben«).

7 Zur Politik der sozialdemokratischen Reichstagsfraktion beim Ausbruch des Ersten Weltkriegs siehe vor allem Susanne Miller, *Burgfrieden und Klassenkampf. Die deutsche Sozialdemokratie im Ersten Weltkrieg*, Düsseldorf, 1974. Ferner: *Deutschland im Ersten Weltkrieg. Bd. 1: Vorbereitung, Entfesselung und Verlauf des Krieges bis Ende 1914*, hrsg. von einem Autorenkollektiv unter der Leitung von Fritz Klein, Berlin (DDR), 1968.

8 Paul Levi an Jakob Levi, 2. 10. 1915, in: *Privatarchiv Frank Herz . . .*, a. a. O.

9 »Dißmanns Kredite und ›Volksrecht‹«, in: *Freiheit. Organ der KPD (S)*, Hanau, 1. Jhrg., Nr. 138, 15. 8. 1919, S. 3.

10 Siehe seine Redebeiträge in: *Protokolle der Sitzungen des Parteiausschusses der SPD 1912–1921*, Bd. 1, Nachdruck, hrsg. von Dieter Dove, Berlin/Bonn, 1980. 27. 9. 1914, S. 8; 13. 1. 1915, S. 13 f.; 7.

3. 1915, S. 48; 7. 4. 1915, S. 67/68, 72; 30. 6./1. 7. 1915, S. 89 f., S. 97; 18. 8. 1916, S. 17 f.; 18. 1. 1917, S. 15/16.

11 »Das ›Volksrecht‹ kneift«, in: *Freiheit*, Hanau, 1. Jhrg., Nr. 125, 31. 7. 1919, S. 1.

[1] *Robert Dißmann.*

[2] mögl. *Georg Bernhard*, zweiter Vorsitzender in Bockenheim und Angestellter des DMV.

[3] *Gustav Hoch* (1862–1942), sozialdemokratischer Reichstagsabgeordneter von 1898 bis 1903, dann wieder ab 1907. Arbeitersekretär in Hanau.

[4] *Gerhard Obuch* (1884–1960), Rechtsanwalt, 1917 USPD, 1918 Mitglied des Reichsausschusses des zentralen Vollzugsrates der A.- und S.-Räte in Berlin, 1922 in die KPD. Abgeordneter des preußischen Landtags von 1921–1933.

12 Rosa Luxemburg an Paul Levi, s. o., Brief 45, S. 226 f. Die geplante Sitzung mit Liebknecht, Levi und Dißmann fand am 18. 9. 1914 in Frankfurt am Main statt. Siehe: *Tagebuch Arthur Crispien*, Eintragung 18. September 1914, in: Teilnachlaß Crispien im Archiv der Sozialen Demokratie, Bonn.

Vgl. auch Peter Berten, *Lebenslauf eines einfachen Mannes*, Düsseldorf, 1958, S. 145. Berten spricht nur von »September 1914«. Crispien nennt als Teilnehmer der Besprechung: Rosa Luxemburg, Karl Liebknecht, Paul Levi, Robert Dißmann, Schnellbacher, Dr. Wagner, Peter Berten, C. Minster, Crispien. Berten nennt folgende Teilnehmer: Franz Mehring, Rosa Luxemburg, Karl Liebknecht, Robert Dißmann, Dr. Wagner, Peter Berten, Paul Levi.

13 Zur Biographie Schnellbachers siehe Hartfrid Krause, *Revolution und Konterrevolution 1918/19 am Beispiel Hanau*, Kronberg/Ts., 1974, S. 222–239.

14 Die Hintergründe des Konflikts sind dargestellt in: *Volksstimme*, 27. Jhrg., Nr. 99, 28. 4. 1916, Beilage (»Der Streit um die ›Volksstimme‹. Eine Denkschrift, hrsg. v. Vorstand des Sozialdemokratischen Vereins Frankfurt am Main.« Im folgenden zit.: »Der Streit . . .«). Ich halte mich im folgenden an diese Darstellung.

15 *Volksstimme*, 25. Jhrg., Nr. 249 und 252, 24. und 28. 10. 1914. Siehe auch *Het Volk. Dagblad voor de Arbeiderspartij*, Amsterdam, 14. Jhrg., 7. 9. 1914, 2. Blatt. Das Original des Briefes an *Het Volk* datiert vom 31. 8. 1914 und befindet sich im *Nachlaß Max Quarck*, Stadtarchiv Frankfurt am Main, S. 1/77.

16 Siehe oben, Anm. 12 (Eintrag *Tagebuch Crispien* und Peter Berten, *Lebenslauf eines einfachen Mannes*).

17 »Der Streit . . .«, a. a. o. (s. o. Anm. 14).

[1] *Robert Dißmann.*

[2] *Richard Wittrisch.*

[3] *Robert Dißmann.*

18 Rosa Luxemburg an Paul Levi, s. o., Brief 50, S. 234 f. (Auszeichnung im Original)

19 »Der Streit . . .«, a. a. O. (s. o. Anm. 14). Siehe auch Dißmanns Äußerungen auf der Sitzung des Parteiausschusses am 18. 6. 1917, in: *Protokolle der Sitzungen des Parteiausschusses der SPD 1912–1921 . . .*, a. a. O. (s. o. Anm. 10), S. 16/17.

20 *Tony Sender*, 1888–1964, Schriftstellerin, wandte sich schon früh der Arbeiterbewegung zu. Lebte seit 1910 in Paris und kehrte nach Kriegsausbruch nach Frankfurt am Main zurück. Dort kämpfte sie gegen die offizielle Kriegspolitik und trat 1917 der USPD bei. Von 1920 an Mitglied des Reichstags für USPD und später SPD. Biographische Angaben in: Tony Sender, *The Autobiographie of a German Rebel*, New York, 1939 (neuerdings auch ins Deutsche übersetzt: Tony Sender, *Autobiographie einer deutschen Rebellin*, hrsg. und eingel. von Gisela Brinker-Gabler, Frankfurt am Main, 1981). Siehe außerdem ihren Artikel »So wurde ich Sozialistin«, in: *Volksstimme*, 40. Jhrg., Nr. 251, 26. Oktober 1929 (Jubiläumsnummer). Ferner Max Schwarz, *MdR. Biographisches Handbuch der Reichstage*, Hannover 1965, S. 760.

21 Tony Sender, *The Autobiography . . .*, a. a. O, S. 68 ff.

22 *Volksstimme*, 25. Jhrg., Nr. 249, 24. 10. 1914.

23 So am 21. und 28. März, 2. April, 19. Juni 1915; siehe die Ankündigungen jeweils einen Tag vorher in der *Volksstimme*. Zum Freidenkerverb. siehe auch den Artikel im Duisburger *Kampf* im Jahre 1917: W. [Wagner], »Die Bewegung im Rhein-Maingau«, in: *Der Kampf*, 2. Jhrg., Nr. 33, 20. 1. 1917.

24 Dr. W. Epstein (»Ausschuß für Volksvorlesungen«) an Paul Levi, 31. Oktober 1914, in: *Levi-Nachlaß*, Nr. 101.

25 Levi an den »Ausschuß für Volksvorlesungen«, 2. 11. 1914, *ebenda.*

26 W. Epstein an Paul Levi, 3. 11. 1914, *ebenda.*

27 Siehe *Gedruckte Protokolle der Stadtverordneten-Versammlung Frankfurt am Main*, Bd. 48–52. Danach nahm er an folgenden Sitzungen teil: 5. Jan. 1915; 19. Jan. 1915; 26. Jan. 1915; 9. Febr. 1915; 16. Febr. 1915; 23. Febr. 1915; 16. März 1915; 13. April

1915; 22. Juli 1915; 6. Juni 1916; 11. Juli 1916; 4. Juni 1918.

28  Siehe Stadtverordneten-Versammlung – Ständige Commissionen 1880–1927, in: *Akten des Magistrats Nr. 1148/1*, Stadtarchiv Frankfurt am Main.

29  *Gedruckte Protokolle der Stadtverordneten-Versammlung Frankfurt am Main*, Bd. 48, S. 51 und S. 198/99 (26. 1. 1915 und 13. 4. 1915).

30  So z. B. Charlotte Beradt, *Paul Levi. Ein demokratischer Sozialist in der Weimarer Republik*, Frankfurt am Main, 1969, S. 12. Die Verfasserin spricht von Levi, der als »nicht Dreissigjähriger in einem elsässischen Wahlkreis für den Reichstag kandidiert« habe. Weder in den amtlichen Wahlverzeichnissen für Elsaß-Lothringen, noch für einen anderen Wahlbezirk ist Levi indes für die Reichstagswahlen von 1912, um die es sich hier nur handeln kann, verzeichnet (auch nicht bei einer Nachwahl). Ebenso irrte sich Paul Arnsberg in einer Leserzuschrift an die *Frankfurter Allgemeine Zeitung* vom 20. 10. 1969.

31  Siehe Stadtverordneten-Versammlung 1902–1915, Nr. 90: *Zusammenstellung der Ergebnisse der Stadtverordnetenwahlen nach Abstimmungsbezirken, Nov.–Dez. 1912*, in: Stadtarchiv Frankfurt am Main.
    In Zusammenhang mit dieser Wahl stand ein Ermittlungsverfahren gegen Paul Levi und Otto Zielowski, den Redakteur der *Volksstimme*, wegen Beleidigung des Stadtverordneten Eichstädt (der der Gegenkandidat Levis im III. Bezirk gewesen war). Levi hatte auf einer Versammlung – ebenso wie Otto Zielowski in der *Volksstimme* – von Gerüchten gesprochen, denen zufolge Eichstädt sein Mandat zu »selbstsüchtigen Zwecken« mißbrauche, indem er seinen Söhnen städtische Stipendien beschaffe und ihnen Stellen bei der Stadt besorge. Levi und Zielowski wurden freigesprochen. Siehe *Frankfurter Zeitung*, 57. Jhrg., Nr. 98, 9. 4. 1913, S. 3. Ferner: *Magistratsakten*, Nr. 1153: Stadtverordneten-Versammlung. Beleidigung von Mitgliedern, in: Stadtarchiv Frankfurt am Main.

32  Vortrag »Der Weltkrieg und das werktätige Volk«, am 6. 12. 1914 in Niederscheld (siehe die Ankündigung in *Levi-Nachlaß*, Nr. 141); Vortrag »Imperialismus und Weltkrieg« am 14. 2. 1915 in Eckenheim (Bericht in: *Volksstimme*, 26. Jhrg., Nr. 39, 16. 2.1915); Vortrag vor der Frankfurter Arbeiterjugend über »Sparta« (Ank. in *Levi-Nachlaß*, Nr. 33B). Mehrere Vorträge im April, siehe Levis eigene Schilderung in: *Volksblatt Almanach*, Zwickau, 1927, S. 79.

33  Siehe *Volksblatt Almanach*, a. a. O. Laut schriftl. Mittlg. des *Kran-*

*kenbuchlagers Berlin* vom 17. 8. 1977 gehen aus den dort aufbe-
wahrten Krankenunterlagen ehemaliger badischer und preußischer Lazarette folgende Daten über Levi hervor:

Diensteintritt: 24. 4. 1915

   9. 2. 1916 als Gefreiter der 2. Kp.Ldw.Inf.Regt. 80 erkrankt ins
             Ldw.Feldlaz. 32 Kestenholz/Els.

11. 2. 1916 verlegt ins Festungslaz. 27 Straßburg

17. 2. 1916 zum Vereinslaz. Colmbach/Wttbg. verlegt

22. 3. 1916 als Gefreiter der 3. Kp.Ldw.Ers. Btl. 80 erkrankt ins
             Res. Laz. 2 Wiesbaden

   6. 5. 1916 »dienstunbrauchbar ohne Versorgung«

34 Leider sind keine Akten über diesen Prozeß Levis mehr enthalten,
so daß auch über dessen Ausgang keine Aussagen gemacht werden können. Siehe als einzigen Hinweis: »Genosse Paul Levi und
der preußische Militärfiskus«, in: *Freiheit*, Hanau, 1. Jhrg., Nr. 74,
31. Mai 1919, S. 3.


## 2. »Der Krieg ist eine bloße Fortsetzung der Politik mit anderen Mitteln«

35 Carl von Clausewitz, *Vom Kriege. Hinterlassene Werke.* Völlig neu
bearbeitete Ausgabe von Bruno Pochhammer, Leipzig, o. J., S. 32.

36 So z. B. von Rosa Luxemburg, »Der Wiederaufbau der Internationale«, (*Die Internationale*, 1. Jhrg., H. 1, April 1915, S. 10) in: Rosa
Luxemburg, *Gesammelte Werke*, Bd. 4, S. 27. Das Clausewitz-Zitat
sei auch »mit Vorliebe« von Karl Kautsky zitiert worden.

37 In diesem Sinne auch ein Flugblatt aus dem Referentenmaterial
Niederbarnim »Gefährliche Schlagworte«, in: *Levi-Nachlaß*, Nr.
89/9.

38 Flugblatt: »Die Mehrheit sagt . . . die Minderheit sagt«, in: *Levi-
Nachlaß*, Nr. 117.

39 *Protokoll über die Verhandlungen des Parteitages der Sozialdemokratischen Partei, abgh. in Essen, vom 15. bis 21. September 1907,* Berlin, 1907, S. 262.

40 Handschriftl. Rede-Manuskript, in: *Levi-Nachlaß*, Nr. 14.

41 Paul Levi, »Wie es gekommen ist«, in: *Die Internationale*, 2. Jhrg.,
H. 22, 1. April 1920, S. 14.

42 *Ebenda.*

43 Maschinenschriftl. Rede-Manuskript, in: *Levi-Nachlaß*, Nr. 14.

44 Handschriftl. Rede-Manuskript, *ebenda.*

45 Maschinenschriftl. Rede-Manuskript, *ebenda.*

46  *Ebenda.*

47  *Ebenda.*

48  Levi spielte auf Paul Rohrbach, *Der Krieg und die deu..sche Politik,* Dresden, 1914, an, *ebenda.*

49  *Verhandlungen des Reichstags. Stenographische Berichte.* III. Legislaturperiode, II. Session, Bd. 306, S. 8.

50  Handschriftl. Rede-Manuskript, in: *Levi-Nachlaß,* Nr. 14.

51  Notizen zu Büchern von Lensch, Heine, Kautsky und anderen, in: *Levi-Nachlaß,* Nr. 14.

52  Karl Kautsky, »Die Internationalität und der Krieg«, in: *Die Neue Zeit,* 33. Jhrg., 1914/15, Bd. 1, S. 225–250.

53  Siehe auch Rosa Luxemburgs Polemik gegen Kautskys Aufsatz: »Im Frieden gelte im Innern jedes Landes der Klassenkampf, nach außen die internationale Solidarität, im Krieg gelte im Innern die Klassensolidarität, nach außen der Kampf zwischen den Arbeitern verschiedener Länder. Der welthistorische Appell des Kommunistischen Manifestes erfährt eine wesentliche Ergänzung und lautet nun nach Kautskys Korrektur: Proletarier aller Länder vereinigt euch im Frieden, und schneidet euch die Gurgel ab im Kriege! Also heute ›Jeder Schuß ein Ruß, jeder Stoß ein Franzoß‹ und morgen, nach Friedensschluß ›Seid umschlungen Millionen, dieser Kuß der ganzen Welt‹.« Rosa Luxemburg, »Der Wiederaufbau der Internationale« (*Die Internationale,* 1. Jhrg., H. 1, April 1915), in: Rosa Luxemburg, *Gesammelte Werke,* Bd. 4, Berlin (DDR), 1974, S. 25.

## 3. In der Schweiz

54  Siehe *Die Zimmerwalder Bewegung. Protokolle und Korrespondenz.* Hrsg. v. Horst Lademacher, Bd. I, Mouton, The Hague/Paris, 1967, S. 46/47. (Im folgenden zit. *Die Zimmerwalder Bewegung . . .*).

55  *Ebenda,* S. 55/56 (Verlesung des Briefes von Karl Liebknecht durch den Vorsitzenden Grimm).

56  *Ebenda,* S. 168 (»Proletarier Europas!«).

57  Siehe Diskussionen *ebenda,* S. 115–157.

58  *Ebenda,* S. 154. (Erklärung Lenins und Genossen).

59  *Verhandlungen des Reichstags. Stenographische Berichte.* III. Legislaturperiode, II. Session, 25. Sitzung, S. 507/508 (Erklärung Geyers). Siehe auch *Die Reichstagsfraktion der deutschen Sozialdemo-*

*kratie* . . ., a. a. O., Bd. 3/II, S. 101-153 (Fraktionssitzungen vom 21. und 22. 12. 1915).

60 Karl Liebknecht, »Die Dezember-Männer von 1915« (Spartakus-brief Nr. 12, 27. 1. 1915), in: *Spartakusbriefe*, hrsg. vom ZK der SED, Berlin (DDR), 1958, S. 86–92.

61 Siehe die »Leitsätze« in *Spartakusbriefe*, a. a. O., S. 113–117. Zur Entstehung der »Leitsätze« siehe Peter Nettl, *Rosa Luxemburg*, a. a. O., S. 610ff. und Annelies Laschitza/Günter Radczun, *Rosa Luxemburg. Ihr Wirken in der deutschen Arbeiterbewegung* (Copyright by Dietz-Verlag Berlin-DDR), Frankfurt am Main, 1971, S. 365 ff. Zu den Differenzen zwischen Rosa Luxemburg und Karl Liebknecht in einigen Fragen und zu ihrem Verhältnis allgemein siehe Helmut Trotnow, *Karl Liebknecht. Eine politische Biographie*, Köln 1980, S. 227 ff.

62 Siehe besonders den Wortlaut der »Leitsätze«, in: *Spartakusbriefe*, a. a. o., S. 116/117.

63 *Die Zimmerwalder Bewegung*, Bd. I, a. a. O., S. 265–267.

64 *Ebenda*, S. 313–345, S. 353–381 (Debatten).

65 *Ebenda*, S. 291.

66 *Ebenda*, S. 411–413.

67 Am 11. Juli nahm er noch an einer Stadtverordneten-Versammlung in Frankfurt/Main teil. Siehe *Gedruckte Protokolle der Stadt-verordneten-Versammlung Frankfurt am Main*, Bd. 94 (11. 7. 1916).

68 W. I. Lenin an I. F. Armand, in: W. I. Lenin, *Briefe* Bd. IV (August 1914 bis Oktober 1917), Berlin (DDR), 1976, S. 341–342, hier: 342.

69 Siehe seine Rede auf dem Gründungsparteitag der KPD am 30. Dezember 1918, in: *Der Gründungsparteitag der KPD. Protokoll und Materialien*, hrsg. u. eingl. von Hermann Weber, Frankfurt am Main, 1969, S 88–96.

70 Levi nahm an einer Zusammenkunft in der Wohnung von Willi Münzenberg am 15. Januar 1917 mit Lenin und Frau, Sinowjew und Radek teil; siehe dazu Willi Münzenberg, *Die Dritte Front, Aufzeichnungen aus 15 Jahren proletarischer Jugendbewegung*, Berlin, 1930, S. 222 f. Ferner Willi Gautschi, *Lenin als Emigrant in der Schweiz*, Zürich/Köln, 1973, S. 229/230.
Außerdem war er Teilnehmer der Rumpfkonferenz der erweiterten Internationalen Soz. Kommission in Olten am 1. Febr. 1917. Siehe *Die Zimmerwalder Bewegung*, Bd. II, a. a. O., S. 682–684 (Bericht über die Konferenz), und Lenin an Ines Armand, 2. 2. 1917, in: Lenin, *Briefe*, Bd. IV, a. a. O., S. 377.

71 Siehe W. I. Lenin, Brief an die deutschen Kommunisten, 14. 8.
1921, in W. I. Lenin, *Werke*, Bd. 32, Berlin (DDR), 1961, S.
537–548, hier: S. 541 ff.
Lenin hat diese Verteidigung Levis allerdings Ende Februar 1922
wieder zurückgenommen. In seinen »Notizen eines Publizisten«
erklärte er, sich in Levi getäuscht zu haben. Levi sei nicht nur zu-
fällig »auf den menschewistischen Pfad« geraten, sondern auf
Dauer und zwar aus »seiner ganzen Natur heraus«. Aus eben den
genannten »Notizen eines Publizisten« stammt jener immer wieder bis zum Überdruß zitierte Satz, Rosa Luxemburgs Name
werde in die Geschichte der Arbeiterbewegung der ganzen Welt
eingehen; trotz aller ihrer Fehler, so Lenin, »war sie und bleibt sie
ein Adler [. . .]«. Levi kommt weniger schmeichelhaft weg: »Auf
dem Hinterhof der Arbeiterbewegung aber, zwischen den Mist-
haufen, werden Hühner vom Schlage Levis, Scheidemanns,
Kautskys und dieser ganzen Sippschaft selbstverständlich über die
Fehler der großen Kommunistin in ganz besondere Verzückung
geraten. Jedem das Seine.« In: W. I. Lenin, *Werke*, Bd. 33 (August
1921 bis März 1923), Berlin (DDR), S. 195.

72 Paul Levi, »Vom Anfang der russischen Revolution«, in: *Volksblatt Almanach 1927*, Zwickau, 1927, S. 70–72. (Auszeichnung im
Original)

73 Über die Hintergründe von Lenins Ausreise siehe Willi Gautschi,
*Lenin als Emigrant in der Schweiz*, a. a. O., S. 239–282 und *Lenins
Rückkehr nach Rußland 1917. Die deutschen Akten*, hrsg. u. eingel.
von Werner Hahlweg, Leiden, 1957. S. auch Z. A. B. Zeman, *Germany and the Revolution in Russia 1915–1918. Documents from the
Archives of the German Foreign Ministry*. London, New York, Toronto, 1958. Außerdem den Bericht eines Teilnehmers: Fritz Platten, *Die Reise Lenins durch Deutschland im plombierten Wagen*,
Berlin, 1924.

74 Vgl. die Erklärung in: *Berner Tagwacht*, 25. Jhrg., Nr. 94, 23. 4.
1917; ferner Lenins Darstellung »Wie wir gereist sind«, in: W. I.
Lenin, *Werke*, Bd. 24, Berlin (DDR), 1959, S. 9–11.

75 Paul Levi, »Vom Anfang der russischen Revolution«, a. a. O., S.
72.

## 4. Spartakus und die Frage einer neuen Partei

76 So z. B. zu der Sitzung am 22. Juli 1915; siehe *Gedruckte Protokolle der Stadtverordneten-Versammlung Frankfurt am Main*, Bd. 48 (22. 7. 1915).

77 Rosa Luxemburg an Paul Levi, Brief vom 17. 11. [1914], s. o., Brief 50, S. 234 f. Ich konnte nicht herausfinden, ob Levi der Bitte nachgekommen ist und eine Reise gemacht hat.

78 Zu den Unterschieden zwischen ihm und Rosa Luxemburg in dieser Zeit siehe Helmut Trotnow, *Karl Liebknecht*, a. a. O., S. 126 ff.

79 Die erste Nummer der Zeitschrift *Die Internationale* erschien am 14. April 1914 und wurde sofort verboten. Die zweite Nummer erschien erst am 30. Mai 1919. Zur Entstehung der Zeitschrift siehe Walter Bartel, *Die Linken in der deutschen Sozialdemokratie im Kampf gegen Militarismus und Krieg*, Berlin (DDR), 1958, S. 222 ff.

80 Siehe Mathilde Jacob, *Von Rosa Luxemburg und ihren Freunden in Krieg und Revolution 1914–1919*, a. a. O. (s. o. Kap. 3, Anm. 8), S. 15.

81 Rosa Luxemburg, »Der Wiederaufbau der Internationale« (*Die Internationale*, Heft 1, 15. April 1915, S. 14), in: Rosa Luxemburg, *Gesammelte Werke*, Bd. 4, Berlin (DDR), 1974, S. 31.

82 Siehe die »Leitsätze«, a. a. O. (s. o. Anm. 61).

83 Siehe z. B. Lenins Brief an Radek (geschrieben vor dem 4. August 1915), in W. I. Lenin, *Briefe*, Bd. IV (August 1914 bis Oktober 1917), Berlin (DDR), 1967, S. 111–113.

84 Vollständiger Text des Protestschreibens in *Dokumente und Materialien zur Geschichte der deutschen Arbeiterbewegung*, Reihe II, Bd. 1, Berlin (DDR), 1958, S. 169 ff. Siehe zu diesem Zusammenhang auch Susanne Miller, *Burgfrieden und Klassenkampf*, a. a. O., S. 107–109.

85 *Dokumente und Materialien*, a. a. O., S. 173–185.

86 Text in *Leipziger Volkszeitung*, 22. Jhrg., Nr. 139, 19. 6. 1915.

87 Siehe die Fraktionssitzung am 24. März 1916, in: *Die Reichstagsfraktion der deutschen Sozialdemokratie*, Bd. 3/II, a. a. O., S. 166–176 (Fraktionssitzungen am 24. 3. 1916).

88 Die genaueste Darstellung zum Verlauf der Konferenz findet sich bei Heinz Wohlgemut, *Die Entstehung der KPD*, a. a. O., S. 128–131.

89 Siehe *Der Gründungsparteitag der KPD*, a. a. O., S. 18/19.

90 »Nüchterne Prüfung und scharfe Entscheidung«, in: *Spartakusbriefe*, a. a. O., S. 127–133, hier: 133 (Brief Nr. 16 vom 30. 3. 1916).

91 *Protokoll der Reichskonferenz der Sozialdemokratie Deutschlands vom 21., 22. und 23. September 1916*, hrsg. vom Vorstand der Sozialdemokratischen Partei Deutschlands, o. O., o. J., S. 86.

92 »Im Zeichen der Ohnmacht«, in: *Arbeiterpolitik*, Bremen, 1. Jhrg., Nr. 15, 30. 9. 1916.

93 Zum Spaltungsprozeß nach der Reichskonferenz siehe vor allem Susanne Miller, *Burgfrieden und Klassenkampf*, a. a. O., bes. S. 148–158.

94 *Protokoll über die Verhandlungen des Gründungsparteitags der USPD vom 6. bis 8. April in Gotha*, mit Anhang: *Bericht über die gemeinsame Konferenz der Arbeitsgemeinschaft und der Spartakusgruppe vom 7. Januar 1917 in Berlin*, hrsg. von Emil Eichhorn, Berlin, 1912, S. 98/99 (Resolution Meyer), in: *Protokolle der Parteitage der Unabhängigen Sozialdemokratischen Partei Deutschlands*, Bd. I, 1917–1919, Glashütten im Taunus, 1975 (unveränderter Nachdruck).

95 *Ebenda*, S. 94.

96 »Die Reichskonferenz der deutschen Opposition«, in: *Arbeiterpolitik*, Bremen, 2. Jhrg., Nr. 3, 20. 1. 1917.

97 *Protokolle der Sitzungen des Parteiausschusses*, a. a. O. (s. o. Anm. 10), Sitzung vom 18. Januar 1917, S. 41.

98 Siehe die programmatischen Erklärungen in: *Dokumente und Materialien*, Reihe II, Bd. 1, a. a. O., S. 570–573.

99 *Spartakus im Kriege. Die illegalen Flugblätter des Spartakusbundes im Kriege*. Gesammelt und eingel. von Ernst Meyer, Berlin, 1927, S. 184.

100 P. L. »Wir und die Anderen«, in: *Arbeiterpolitik*, 2. Jhrg., Nr. 9, 3. 3. 1917, S. 65–67.

101 *Ebenda*, S. 65.

102 Siehe z. B. ihren Brief an Mathilde Wurm vom 28. Dezember 1916, in: Rosa Luxemburg, *Briefe an Freunde*, nach dem von Luise Kautsky fertiggestellten Manuskript, hrsg. von Benedikt Kautsky, Hamburg 1950, S. 44–46. Siehe auch ihren Artikel unter dem Pseudonym Gracchus, *Der Kampf*, Duisburg, 2. Jhrg., Nr. 31, 6. Januar 1917, Beilage.

103 *Protokoll . . . Gründungsparteitag der USPD*, a. a. O., S. 20.

104 *Ebenda*, S. 22.

105 *Ebenda*, S. 20.

106 Siehe dazu auch Levis Fragment über die Geschichte der KPD, wo er genau diese Kriterien herausgearbeitet hat, in: *Levi-Nachlaß*, Nr. 129.

107 Paul Hartstein, »Die Pflicht des deutschen Proletariats«, in: *Jugend-Internationale (Deutsche Ausgabe). Kampf- und Propagandaorgan der internationalen Verbindung sozialistischer Jugendorganisationen,* Zürich, 2. Jhrg., Nr. 8, 1. Mai 1917, S. 8–9.

108 Siehe zu diesem Zusammenhang Peter Nettl, *Rosa Luxemburg,* a. a. O., bes. die Kapitel VI, XII und Anhang 2.

109 Über die Hintergründe der Radek-Affäre siehe Karl-Ernst Moring, *Die sozialdemokratische Partei in Bremen 1890–1914,* a. a. O., S. 176 ff. und Peter Nettl, *Rosa Luxemburg,* a. a. O., S. 557 ff.

110 Fritz Rück, Redakteur und Landesvorsitzender der USPD in Württemberg, schrieb in seinen Erinnerungen, *November 1918. Die Revolution in Württemberg,* Stuttgart, 1958, S. 14, er habe »eines Tages« (wahrscheinlich Anfang 1918) einen Brief von Leo Jogiches erhalten, in dem dieser darauf aufmerksam machte, daß die russischen Revolutionäre »ihre eigenen Methoden und Auffassungen hätten und danach handelten; die deutsche Opposition und vor allem die Spartakusgruppe müsse zwar die russische Revolution unterstützen, sich aber von Lenin und seiner Partei distanzieren«. Vor allem von dem Abdruck von Radek-Artikeln habe Jogiches Rück abgeraten. Daraufhin habe Levi gesagt: »Die alten polnischen Geschichten«, und, so Rück, »wir kümmerten uns für einige Zeit nicht sehr um diese Dinge«.

111 Leo Trotzki: *1917. Die Lehren der Revolution,* mit einem Vorwort von Paul Levi, Berlin, 1925, S. 9. Das Vorwort von Paul Levi ist ebenfalls abgedruckt in Paul Levi, *Zwischen Spartakus und Sozialdemokratie.* Schriften, Aufsätze, Reden und Briefe. Hrsg. und eingel. von Charlotte Beradt, Frankfurt am Main, 1969, S. 138–147.

112 Vor allem Clara Zetkin und Franz Mehring gaben in Artikeln ihre uneingeschränkte Zustimmung zu den Ereignissen, siehe z. B. Clara Zetkin, »Das Friedenswerk der russischen Revolution« (*Leipziger Volkszeitung,* 16. 11. 1917) und »Der Kampf um Macht und Frieden in Rußland« (*Leipziger Volkszeitung,* 30. 11. 1917, Frauenbeilage), in: Clara Zetkin, *Ausgewählte Reden und Schriften,* Bd. I, Berlin (DDR), 1957, S. 766–769 und 770–777 (gekürzt). Ferner Franz Mehrings »Offenes Schreiben« (21. 7. 1918), in: *Dokumente und Materialien,* Reihe II, Bd. 2, S. 158 ff.

113 Rosa Luxemburg, »Die russische Tragödie« (Spartacus Nr. 11 vom September 1918), in: *Spartakusbriefe,* a. a. O., S. 453–460, hier: 453.

114  *Ebenda*, S. 460.

115  Ernst Meyer, »Rosa Luxemburgs Kritik der Bolschewiki«, in: *Die Rote Fahne*, 5. Jhrg., Nr. 25, 15. Januar 1922.

116  Paul Levi, Einleitung zu Rosa Luxemburg, *Die russische Revolution. Eine kritische Würdigung. Aus dem Nachlaß von Rosa Luxemburg*. Hrsg. und eingel. von Paul Levi, Berlin, 1922, S. III.
Auch abgedruckt in Paul Levi, *Zwischen Spartakus und Sozialdemokratie*, a. a. O., S. 96.

117  *Ebenda*.

118  Siehe die »Erklärung« von Clara Zetkin und Adolf Warski in der *Roten Fahne* vom 22. Dezember 1921. Siehe auch Clara Zetkin, »Um Rosa Luxemburgs Stellung zur russischen Revolution«, (Hamburg 1922), in: *Ausgewählte Reden und Schriften*, Bd. II, S. 383–475. Und: Adolf Warski, *Rosa Luxemburgs Stellung zu den taktischen Problemen der Revolution*, Hamburg, 1922.

119  Siehe z. B. Annelies Laschitza/Günter Radczun, *Rosa Luxemburg*, a. a. O., S. 433.

120  Paul Levi, »Zur Klarstellung«, in: *Unser Weg*, 4. Jhrg., H. 1/2, 15. Januar 1922, S. 45.

121  *Ebenda*.

122  *Ebenda*. Siehe auch Peter Nettls Erörterung dieser Frage, in: Peter Nettl, *Rosa Luxemburg*, a. a. O., S. 680 ff.

123  Mathilde Jacob, *Von Rosa Luxemburg und ihren Freunden in Krieg und Revolution 1914–1919*, a. a. O. (s. o. Kap. 3, Anm. 8), S. 86.

**Anhang: Brief Karl Radeks an Paul Levi**

[1]  Der maschinenschriftliche Brief befindet sich im *Privatarchiv Frank Herz . . .*, a. a. O. Rechtschreibung wurde beibehalten.

[2]  Čičerin, Georgij Vasil'evič (1872–1936), 1918–1930 Volkskommissar des Äußern in Rußland; unterzeichnete 1922 den Rapallo-Vertrag.

[3]  Joffe, Adolf Abramovič (1883–1927), sowjetischer Politiker. Leiter der russischen Friedensdelegation in Brest-Litowsk. Vertrat 1918 in Berlin die russische Botschaft bis zu deren Ausweisung. Nahm 1922 an der Konferenz in Genua teil.

[4]  Schreiben an die gemeinsame Sitzung des Gesamtrussischen Zentralexekutivkomitees und der Moskauer Sowjets mit Vertretern der Betriebskomitees und der Gewerkschaften vom 3. Oktober

1918, in: W. I. Lenin, *Werke*, Bd. 28, Berlin (DDR), 1959, S. 90–93.

[5] Krasnov, Pëtr Nikola'evič (1869–1947), russischer General. Führer der antikommunistischen Donkosaken. Seit 1919 in deutschem und französischem Exil. Nach dem Zweiten Weltkrieg als Kollaborateur hingerichtet.
Denikin, Anton Ivanovič (1872–1947), russischer General. 1917 Oberbefehlshaber an der Westfront; kämpfte 1920 mit der weißrussischen Armee gegen die Bolschewiki. Später emigriert.

## 7. Eine Partei wird gegründet

### 1. Der Zusammenbruch kündigt sich an

1 Siehe die Schilderung über Levis Mitarbeit am *Sozialdemokrat* in Stuttgart, die Fritz Rück, *November 1918. Die Revolution in Württemberg*, Stuttgart, 1958, S. 13/14 gibt. Rück schreibt allerdings, daß Levi in einer Militärbehörde in Stuttgart gesessen habe. Hier liegt wahrscheinlich eine Verwechslung Fritz Rücks vor, da in der Berichterstattung über den Prozeß gegen den »preußischen Militärfiskus« (s. o. Kap. 6, Anm. 34) nur von Limburg die Rede ist. Ganz sicher aber hielt sich Levi zu dieser Zeit oft in Stuttgart (schon wegen der Nähe zu Hechingen) auf.

2 Vgl. seinen Kassiber an Rosa Luxemburg vom November 1918, in: Mathilde Jacob, *Von Rosa Luxemburg und ihren Freunden . . .*, a. a. O., S. 88a. Endgültig von Frankfurt nach Berlin ist Levi erst im Jahre 1921 gezogen.

3 *Ebenda*, S. 85.

4 »Blindekuh«, in: *Der Sozialdemokrat*, Stuttgart, 5. Jhrg., Nr. 2, 12. 1. 1918; »Ums Wahlrecht«, *ebenda*, 5. Jhrg., Nr. 25, 22. 6. 1918; »Revolution in England«, *ebenda*, 5. Jhrg., Nr. 27, 26. 7. 1918; »Der Schuß in den Nebel«, *ebenda*, 5. Jhrg., Nr. 39, 28. 9. 1918; »Ministerreife«, *ebenda*, 5. Jhrg., Nr. 40, 5. 10. 1918.

5 Hartlaub, »Ums Wahlrecht«, in: *ebenda*, 5. Jhrg., Nr. 25, 22. 6. 1918.

6 Vgl. Arthur Rosenberg, *Die Entstehung der Weimarer Republik*, hrsg. und eingel. von Kurt Kersten, Frankfurt/Main, [16]1974 (zuerst als *Geschichte der Deutschen Republik*, Karlsbad, 1935), S. 197.

7 *Ebenda*, S. 169–201; Hartlaub, »Ums Wahlrecht«, a. a. O.

8 Hartlaub, »Ums Wahlrecht«, a. a. O.

9 Hartlaub, »Der Schuß in den Nebel«, in: *Der Sozialdemokrat*, 5. Jhrg., Nr. 39, 28. 9. 1918.

10 Manuskript »Wilhelm der II.« in *Levi-Nachlaß*, Nr. 141. Ich konnte nicht feststellen, in welcher Zeitung das Manuskript veröffentlicht wurde. Der mir zugängliche *Sozialdemokrat* hat wesentliche Lücken; es ist daher möglich, daß der Artikel ebenfalls dort erschienen ist.

11 Hartlaub, »Ministerreife«, in: *Der Sozialdemokrat*, 5. Jhrg., Nr. 40, 5. 10. 1918.

12 Manuskript »Wilhelm der II.«, *Levi-Nachlaß*, a. a. O.

13 Aus der neueren, auch viele Einzeldarstellungen umfassenden Literatur über die Arbeiter- und Soldatenräte und die Novemberrevolution sei hier nur auf die immer noch grundlegenden Darstellungen von Eberhard Kolb, *Die Arbeiterräte in der deutschen Innenpolitik 1918–1919*, Frankfurt/Main/Berlin/Wien, 1978 (Copyright Düsseldorf 1962) und Peter von Oertzen, *Betriebsräte in der Novemberrevolution. Eine politikwissenschaftliche Untersuchung über Ideengehalt und Struktur der betrieblichen und wirtschaftlichen Arbeiterräte in der deutschen Revolution 1918/19 (Beiträge zur Geschichte des Parlamentarismus und der politischen Parteien, Bd. 25)*, Düsseldorf, o. J. (Copyright 1963); J. S. Drabkin, *Die Novemberrevolution 1918 in Deutschland*, Berlin (DDR), 1968, verwiesen. Einen guten Überblick über die weitere Literatur, der insbesondere auch die lokalen Untersuchungen beachtet, gibt Kurt Klotzbach, *Bibliographie zur Geschichte der deutschen Arbeiterbewegung 1914–1945. Sozialdemokratie, freie Gewerkschaften, christl./soziale Bewegungen, kommunistische Bewegungen und linke Splittergruppen*. Mit einer forschungsgeschichtl. Einleitung. Dritte, wesentl. r. u. ver. Aufl., bearb. von Volker Mettig. Bonn, 1981 (Archiv für Sozialgeschichte, Beih. 2), S. 98 ff.
Wenig akribisch indes Georg T. Meyer, *Bibliographie zur deutschen Revolution 1918/19.* Göttingen, 1977 (Arbeitsbücher zur modernen Geschichte, Bd. 5).
Vgl. außerdem *Bibliographie zur Geschichte der deutschen Arbeiterbewegung*, hrsg.: Bibliothek des Archivs der Sozialen Demokratie (Friedrich-Ebert-Stiftung). Bonn, 1976 ff.; hier insbesondere Gruppe 6: *Novemberrevolution und Weimarer Republik* (1918 bis 1933).

14 Siehe z. B. den Aufruf »Der Anfang vom Ende!«, der im Anschluß an die Reichskonferenz des Spartakusbundes am 7. Oktober 1918 herausgegeben wurde, in: *Dok. u. Mat.*, II, Bd. 2, S. 226/227.

15 So z. B. Wilhelm Pieck, *Gesammelte Reden und Schriften*, Bd. 1, a. a. O., S. 432 (Erinnerungen an die Novemberrevolution. Bericht vom 10. November 1918).

16 Mathilde Jacob, *Von Rosa Luxemburg und ihren Freunden...*, a. a. O., S. 88b. Der Kassiber ist undatiert, wahrscheinlich jedoch vom 5. November; jedenfalls zwischen Sonntag, dem 3. und Mittwoch, dem 6. Nov. Levi weiß offensichtlich noch nichts von der Ausweisung der Russischen Botschaft, die die Regierung am 5. November verfügte. Am Bahnhof Friedrichstraße war eine angeblich aus Rußland stammende Kurierkiste aufgebrochen worden, wobei die Polizei Flugblätter mit revolutionärem Inhalt fand. Die Flugblätter waren aus Deutschland und von Paul Levi geschrieben. Zu den Hintergründen siehe Wilhelm Pieck, *Gesammelte Reden und Schriften*, Bd. 1, a. a. O., S. 421 und besonders zur Rolle Scheidemanns: *Archivalische Forschungen zur Geschichte der deutschen Arbeiterbewegung*, hrsg. v. IML beim ZK der SED, Berlin (DDR), 1959, Reihe 4, Bd. III, Dok. 754b und Dok. 777. Der Kassiber ist ebenfalls abgedruckt und mit Kommentaren versehen bei Ottokar Luban, »Zwei Schreiben der Spartakuszentrale an Rosa Luxemburg«, in: *Archiv für Sozialgeschichte*, Bd. XI, 1971, S. 236 ff. Der Verfasser veröffentlicht diesen Kassiber und einen ebenfalls in dem Bericht von Mathilde Jacob ganz abgedruckten Brief von Leo Jogiches. Vgl. Mathilde Jacob, *Von Rosa Luxemburg und ihren Freunden...*, a. a. O., S. 71–76.

17 Siehe Heinz Wohlgemut, *Die Entstehung der Kommunistischen Partei Deutschlands*, a. a. O., S. 226 ff.

18 Siehe Karl Liebknecht, »Tagebuch zur Revolution im November«, in: Karl Liebknecht, *Gesammelte Reden und Schriften*, Bd. 9, S. 580 ff.

19 Richard Müller, *Geschichte der deutschen Revolution*. Bd. 1: *Vom Kaiserreich zur Republik* (Nachdruck der Ausgabe von Berlin, 1924), mit einer Einleitung von Frank Dingel, Berlin/West, 1979, S. 165 ff.

20 Mathilde Jacob, *Von Rosa Luxemburg und ihren Freunden...*, a. a. O., S. 88a.

21 Wilhelm Pieck, *Gesammelte Reden und Schriften*, Bd. 1, a. a. O., S. 412 ff.; Karl Liebknecht, »Tagebuch zur Revolution im November«, a. a. O.

22 Mathilde Jacob, *Von Rosa Luxemburg und ihren Freunden...*, a. a. O., S. 88c.

23 *Ebenda*.

## 2. Revolution und Konterrevolution

24 Siehe Annelies Laschitza/Günter Radczun, *Rosa Luxemburg*, a. a. O., S. 445 f. Die Schilderung der Ankunft Rosa Luxemburgs auch bei Mathilde Jacob, *Von Rosa Luxemburg und ihren Freunden . . .*, a. a. O., S. 89–92.

25 Paul Levi, »Wie es anfing«, in: *Volksblatt Almanach*, Zwickau, 1929, S. 33.

26 Wilhelm Pieck, *Gesammelte Reden und Schriften*, Bd. 1, a. a. O., S. 97/98. Annelies Laschitza/Günter Radczun, *Rosa Luxemburg*, a. a. O., S. 452/453.

27 Paul Levi, »Wie es anfing«, a. a. O., S. 34.

28 Heinz Wohlgemut, *Die Entstehung der KPD*, a. a. O., S. 242.

29 Siehe z. B. Rosa Luxemburgs Briefe an Clara Zetkin vom 29. 11. 1918 und 25. 12. 1918, in Heinz Küster, »Die Rolle der ›Roten Fahne‹ bei der Vorbereitung der Gründung der KPD.« in: *Zeitschrift für Geschichtswissenschaft*, Berlin (DDR), 1963, H. 8, S. 1477 ff.

30 David W. Morgan, *The Socialist Left and the German Revolution. A History of the German Independent Social Democratic Party, 1917–1922*, Ithaca and London, 1975, S. 207.

31 *Rote Fahne*, 1. Jhrg., Nr. 3, 18. 11. 1918 (Ankündigung: 3 Große Volksversammlungen mit Karl Liebknecht, Rosa Luxemburg, Paul Levi). Ferner: 1. Jhrg., Nr. 16, 1. 12. 1918, Nr. 32, 18. 12. 1918.

32 *Allgemeiner Kongreß der Arbeiter- und Soldatenräte Deutschlands. Vom 16. bis 21. Dezember 1918 im Abgeordnetenhaus zu Berlin.* Stenographische Berichte, (Berlin o. J.) Nachdruck Berlin/West, 1973, S. 190 ff. (Teilnehmerverzeichnis).

33 *Ebenda*, S. 27.

34 *Die Rote Fahne*, 1. Jhrg., Nr. 32, 17. 12. 1918.

35 *Allgemeiner Kongreß der Arbeiter- und Soldatenräte*, a. a. O., S. 182 (Antrag Lindemann).

36 *Ebenda* (Antrag Braß).

37 Paul Levi, »Und nun? – Der Friede?«, in: *Die Rote Fahne*, 1. Jhrg., Nr. 4, 19. 11. 1918.

38 Paul Levi, »Hie Scheidemann – hie Proletariat«, *ebenda*, 1. Jhrg., Nr. 8, 22. 11. 1918.

39 »Eberts Hochverrat an der Revolution«, *ebenda*, 1. Jhrg., Nr. 13, 28. 11. 1918 (Manuskript in: *Levi-Nachlaß*, Nr. 141).

40 *Ebenda*.

41 Siehe den Artikel in der *Roten Fahne*, 1. Jhrg., Nr. 38, 23. 12. 1918 (»Die Wahlen zur Nationalversammlung«), wo die Nationalversammlung zwar als »Festung der Gegenrevolution« bezeichnet wird; die Teilnahme an den Wahlen sei aber notwendig, um diese Festung zu stürmen und in ihr die Macht der Arbeiter- und Soldatenräte zu verkünden.

## 3. Der Gründungsparteitag der KPD

*a) Welcher Name?*

42 Wilhelm Pieck, *Ges. Reden u. Schriften*, Bd. 1, a. a. O., S. 451/452.

43 Vgl. die Begründung der Ablehnung in: *Freiheit, Berliner Organ der Unabhängigen Sozialdemokratischen Partei Deutschlands*, Berlin, 1. Jhrg., Nr. 73, 24. 12. 1918 (»Parteizerstörer«).

44 Siehe *Dokumente und Materialien*, Reihe II, Bd. 2, a. a. O., S. 653.

45 Siehe Wilhelm Pieck, *Ges. Reden u. Schriften*, Bd. 1, a. a. O., S. 458. Schließlich entschied der Parteitag über diese Frage. Die Partei nannte sich dann Kommunistische Partei Deutschlands (Spartakusbund). Siehe *Der Gründungsparteitag der KPD*, a. a. O., S. 66 f.

46 Siehe den Bericht Hugo Eberleins, »Spartakus und die Dritte Internationale« (Internationale Pressekonferenz, 29. Feb. 1924) auszugsw. in: Hermann Weber (Herausgeber) *Der Deutsche Kommunismus. Dokumente.* Köln/Bonn, 1963, S. 198 ff.

47 *Ebenda.*

48 Vgl. oben, Kap. 6, Anm. 110.

*b) Die wichtigste Entscheidung:*
*Für oder gegen die Wahlen zur Nationalversammlung?*

49 Ich zitiere im folgenden die Seitenzahlen aus *Der Gründungsparteitag der KPD* . . ., a. a. O., und setze jeweils in Klammern die Seitenzahlen aus *Protokoll des Gründungsparteitages der Kommunistischen Partei Deutschlands.* Berlin (DDR), 1972, dahinter.

50 *Der Gründungsparteitag* . . ., a. a. O. S. 88 (S. 115).

51 *Ebenda*, S. 89 (115).

52 *Ebenda*, (ebenda).

53 *Ebenda*, S. 91 (117).

54 *Ebenda*, S. 92 (S. 118).

55  *Ebenda*, S. 93/94 (S. 119).

56  *Ebenda*, S. 93 (S. 119).

57  *Ebenda*, S. 94 (S. 120).

58  *Ebenda*, S. 95 (S. 120).

59  *Ebenda*, S. 95 (S. 121).

60  *Ebenda*, 95/96 (S. 121).

61  Hier z. B. Käthe Duncker, *ebenda*, S. 107/108 (S. 132).

62  *Ebenda*, S. 108 und S. 117 (S. 132 und S. 141).

63  Liebknecht nahm in dieser Frage eine ambivalente Haltung ein: er war zwar, wie er im Verlauf des Parteitages zugab, der Meinung, daß die Entwicklung rapid voranschreite, wollte aber dennoch die Möglichkeit einer »langwierigen oder längerdauernden Entwicklung nicht von der Hand weisen«, *ebenda*, S. 221/222 (S. 243).

64  *Ebenda*, S. 101 (S. 126).

65  *Ebenda*, S. 102 (S. 127).

66  Z. B. Otto Rühle, *ebenda*, S. 97 (S. 122).

67  So Paul Frölich, *Rosa Luxemburg. Gedanke und Tat*, Hamburg, 1949, S. 329.

68  *Der Gründungsparteitag* . . ., a. a. O., S. 110 (S. 134/135).

69  Vgl. Otto Rühle, *ebenda*, S. 98 (S. 123).

70  H. Weber ist der Meinung, daß »selbst Paul Levi . . . die Kräfte der neuen Partei erheblich [überschätzte], wenn er vermutete, man habe ›nur‹ in Berlin, im Rheinland und in Oberschlesien solchen Einfluß«, *ebenda*, Einleitung, S. 42.

71  *Ebenda*, S. 105 und 120 (S. 114/115 und S. 130).

72  *Ebenda*, S. 135 (S. 160).

73  Paul Levi, »Der Parteitag der Kommunistischen Partei« in: *Die Internationale*, 2. Jhrg., Heft 26, 1. Dez. 1920, S. 43.

74  *Der Gründungsparteitag* . . ., a. a. O., S. 270–281 (S. 291–301).

75  So Hans Manfred Bock, *Syndikalismus und Linkskommunismus von 1918–1923. Zur Geschichte und Soziologie der Freien Arbeiter-Union (Syndikalisten), der Allgemeinen Arbeiter-Union Deutschlands und der Kommunistischen Arbeiterpartei Deutschlands*, Meisenheim am Glan, 1969, S. 9.

76  Ossip K. Flechtheim, *Die KPD in der Weimarer Republik*, Frankfurt/Main, 1969, S. 129; siehe auch Arthur Rosenberg, *Geschichte der Weimarer Republik*, Frankfurt/Main, [16]1974, S. 51 und 52, wo davon die Rede ist, daß der Parteitag von einem »fanatischen Utopismus« beherrscht gewesen sei.

77  Siehe z. B. Werner T. Angress, *Die Kampfzeit der KPD 1921–1923*, Düsseldorf, 1973, S. 49 (Originaltitel: *Stillborn Revolution. The*

Communist Bid for Power in Germany, 1921–1923. Princeton, 1963. Aus d. Amerik. v. Heinz Meyer).

78 »Was will der Spartakusbund?« Programm der KPD (S) in: Der Gründungsparteitag . . ., a. a. O., S. 301.

79 Illustrierte Geschichte der deutschen Revolution, Berlin, 1929, S. 265 (Auszeichnung im Original).

80 Paul Levi »Der Parteitag der Kommunistischen Partei«, a. a. O. (s. o. Anm. 73).

81 Arthur Rosenberg, Geschichte der Weimarer Republik, a. a. O., S. 196.

82 Paul Levi, »Rosa Luxemburg und Karl Liebknecht zum Gedächtnis«, in: Der Klassenkampf, 3. Jhrg., Nr. 2, 15. 1. 1929, S. 33–35.


# 8. Die späteren Jahre

## Auseinandersetzungen in der KPD 1919–1921.

1 Siehe oben, S. 157.

2 Siehe oben, S. 128.

3 Siehe Der Gründungsparteitag der KPD . . ., a. a. O., S. 202 (Protokoll des Gründungsparteitages der Kommunistischen Partei Deutschlands, a. a. O, S. 224).

4 Der Gründungsparteitag . . ., a. a. O., S. 189 f. (Protokoll des Gründungsparteitages . . ., a. a. O., S. 212/213).

5 Siehe Hermann Weber, Die Wandlung des deutschen Kommunismus. Die Stalinisierung der KPD in der Weimarer Republik, Bd. 1, Frankfurt/Main 1969, S. 29/30.
Peter Nettl, Rosa Luxemburg, a. a. O., S. 743/744. Der Vertreter der KPD, Hugo Eberlein, kam mit der Weisung nach Moskau, gegen die Gründung einer neuen Internationale zu stimmen, ließ sich aber von der Stimmung auf dem Kongreß in Moskau stark beeindrucken und enthielt sich bei der entscheidenden Abstimmung der Stimme. Siehe seinen Bericht Hugo Eberlein, »Spartakus und die Dritte Internationale«, auszugsweise in Der deutsche Kommunismus. Dokumente. Hrsg. v. H. Weber, Köln/Berlin 1965, S. 199.
Siehe auch Der I. Kongreß der Kommunistischen Internationale, Protokoll der Verhandlungen in Moskau vom 2. bis zum 19. März 1919, Hamburg 1921, S. 132 ff.

6 Paul Levi, »Zur Klarstellung«, in *Unser Weg*, 4. Jhrg., H 1/2, 15. 1. 1922, S. 45.

7 Vgl. den Geschäftsbericht in *Bericht über den 2. Parteitag der Kommunistischen Partei Deutschlands (Spartakusbund) vom 20. bis 24. Oktober 1919*, hrsg. v. d. KPD (S), o. O. o. J. [Berlin 1919], S. 27.

8 Siehe *ebenda*, S. 18/19.

9 Siehe das Spartakus-Programm »Was will der Spartakusbund?« abgedr. in *Der Gründungsparteitag . . .*, a. a. O., S. 301.

10 *Ebenda*, S. 301.

11 Siehe *Bericht über den 2. Parteitag . . .*, a. a.O., S. 19.

12 *Ebenda*, S. 18.

13 Siehe Manuskript-Fragment über die Geschichte der KPD (geschrieben nach dem 2. Weltkongreß der Komintern), in *Levi-Nachlaß*, Nr. 129.

14 Siehe »Rede des Genossen Levi auf der Zentralausschuß-Sitzung am 25. 8. 1920«, in *Levi-Nachlaß*, Nr. 126.

15 Siehe *Der zweite Kongreß der Kommunistischen Internationale. Protokoll der Verhandlungen vom 19. Juli in Petrograd und vom 23. Juli bis 7. August 1920 in Moskau*, Hamburg 1921, S. 83–86 u. 585–587.

16 Siehe Hartfrid Krause, *USPD. Zur Geschichte der Unabhängigen Sozialdemokratischen Partei Deutschlands*, Frankfurt/Main 1975, S. 173.

17 *Ebenda*, S. 217 ff.

18 Siehe Levis Charakterisierung der »ungeschulten Massen«, in Paul Levi, *Was ist das Verbrechen? . . .*, a. a. O. (s. o. Kap. 5, Anm. 4), S. 41 f.

19 Eine umfassende Darstellung der Ereignisse um die italienische Partei gibt Hellmuth König, *Lenin und der italienische Sozialismus 1915–1921. Ein Beitrag zur Gründungsgeschichte der Kommunistischen Internationale*, Tübingen 1967.
Zu Levis Rolle beim Parteitag in Livorno und seinem Streit mit der Komintern siehe das Material in *Levi-Nachlaß*, Nr. 88.

20 Die Konzeption der Vereinheitlichung und Zusammenfassung der Arbeitermassen durch die Tätigkeit der Kommunisten in den bestehenden Organisationen wurde in die Beschlüsse des Vereinigungsparteitages von linker USPD und KPD aufgenommen und bildete die Grundlage für die von Levi in Angriff genommene Politik des »Offenen Briefes«, die als der Beginn der sogenannten »Einheitsfrontpolitik« der Kommunisten gewertet wird. Über Entstehung und Entwicklung der Einheitsfrontpolitik s. u. a. Ar-

nold Reisberg, *An den Quellen der Einheitsfrontpolitik. Der Kampf der KPD um die Aktionseinheit in Deutschland 1921 bis 1922*, Berlin (DDR) 1971, 2 Bde. Zur Begründung des »Offenen Briefes« siehe Paul Levi, »Taktische Fragen«, in *Die Rote Fahne*, 4. Jhrg. Nr. 4, 4. Januar 1921; ferner Karl Radek, Die »Bildung der einheitlichen proletarischen Kampffront«, in *»Die Internationale*, 3. Jahrg., H. 1, S. 1–5 u. H. 2, S. 10–16. Siehe auch Ossip K. Flechtheim, *Die KPD in der Weimarer Republik*, Frankfurt 1973, S. 158. Zu Levis Politik gehörte auch seine im Reichstag vorgetragene Parole »Bündnis mit der Sowjetunion«, von der er hoffte, daß sie auch auf Arbeitermassen außerhalb der KPD wirken werde. Siehe z. B. seinen Brief an Lenin vom 27. 3. 1921, *Levi-Nachlaß*, Nr. 60, abgedr. in Paul Levi, *Zwischen Spartakus und Sozialdemokratie . . .*, a. a. O., S. 39–40.

21 Siehe die Erklärung der zurückgetretenen Zentralmitglieder in *Die Rote Fahne*, 4. Jhrg., Nr. 98, 28. Februar 1921.

22 Siehe zur Märzaktion Paul Levi, *Unser Weg – Wider den Putschismus*, a. a. O. und *Was ist das Verbrechen? . . .*, a. a. O., ferner W. T. Angress, *Die Kampfzeit der KPD 1921–1923*, Düsseldorf, 1973, S. 140–203.

23 Siehe die Begründung seines Ausschlusses mit »Disziplinbruch« durch August Thalheimer, »Das oberste Gesetz«, in *Die Rote Fahne*, 4. Jhrg., Nr. 169, 16. 4. 1921.

## 2. Kritik an KPD und Bolschewiki – in der KAG

24 Siehe das Protokoll der Funktionärssitzung VKPD am 7. April 1921 in der Hasenheide, in *Levi-Nachlaß*, Nr. 83.

25 Paul Levi, *Unser Weg . . .*, a. a. O., S. 37.

26 *Ebenda*, S. 37/38.

27 Paul Levi, *Was ist das Verbrechen? . . .*, a. a. O., S. 18.

28 *Ebenda*, S. 20.

29 Paul Levi »Zum Stand der proletarischen Bewegung in Deutschland«, in *Rote Revue*, II. Jhrg., H. 4, 4. Dezember 1922, S. 132.

30 Paul Levi, »Von den Konzessionen«, in *Unser Weg*, 3. Jhrg., H. 6, 15. 7. 1921, S. 170–171.

31 Paul Levi, »Die politische Lage und die Aufgaben der Kommunistischen Arbeitsgemeinschaft«, in *Unser Weg*, 3. Jhrg., H. 15, Dezember 1921, S. 412.

32 *Ebenda*, S. 413.

33 Rosa Luxemburg, *Die russische Revolution. Eine kritische Würdigung. Aus dem Nachlaß von Rosa Luxemburg*, hrsg. u. eingel. v. Paul Levi, Berlin 1922, S. 1–63.

34 Siehe Paul Levi, »Zur Klarstellung«, in *Unser Weg*, 4. Jhrg., H. 1/2, 15. 1. 1922, S. 44/45.

35 Rosa Luxemburg, *Die russische Revolution* . . ., a. a. O., S. 63.

## 3. Schutz der Republik – Die Arbeit in der SPD

36 Paul Levi, »Was weiter in Rußland?«, in *Unser Weg*, 3. Jhrg., H. 4, 15. 6. 1921, S. 118.

37 Rosa Luxemburg, *Die russische Revolution* . . ., a. a. O., S. 59.

38 *Ebenda*, S. 25.

39 Siehe Arthur Rosenberg, *Geschichte der Weimarer Republik*, a. a. O., S. 116.
Eine juristische Untersuchung des Republikschutzgesetzes findet sich bei Gotthard Jasper, *Der Schutz der Republik. Studien zur staatlichen Sicherung der Demokratie in der Weimarer Republik, 1922–1930*, Tübingen, 1963.

40 Siehe *Reichstag, III. Wahlperiode 1924/26. 27. Ausschuß, Femeorganisationen und Fememorde, 20. Sitzung, 6. Oktober 1926*, S. 1–37, in *Levi-Nachlaß*, Nr. 12.

41 Siehe *Der Klassenkampf, Sozialistische Politik und Wirtschaft*, 2. Jhrg., H. 19, 1. Oktober 1928.

42 Paul Levi, »Die Lage nach Rathenaus Tod«, in *Unser Weg*, 4. Jhrg., H. 12/13, 15. 7. 1922, S. 264.

43 Paul Levi, »Die Einigung«, in *Unser Weg*, 4. Jhrg., H. 14, 15. 8. 1922, S. 296.
Siehe Karl Marx/Friedrich Engels, *Werke*, Bd. 22, Berlin (DDR), 1963, S. 235.

44 Paul Levi, »Die Einigung«, a. a. O., S. 296.

45 Paul Levi, *ebenda*.

46 Paul Levi, »Warum gehen wir zur Vereinigten Sozialdemokratischen Partei?« In *Unser Weg*, 4. Jhrg., H. 16, S. 335.

47 *Ebenda*, S. 335.

48 Paul Levi, »Il fascio«, in *Unser Weg*, 4. Jhrg., H. 20, S. 392.

49 Paul Levi, »Unter Kavalieren«, in *Sozialistische Politik und Wirtschaft (SPW)*, 1. Jhrg., Nr. 75, 19. 11. 1923.

50 Rosa Luxemburg, »Taktische Fragen« (*Leipziger Volkszeitung*, 6. 7. 1899), in *Ges. Werke*, Bd. 1/1, S. 486.

51 Paul Levi, »Il fascio«, a. a. O., S. 393 f.

52 *Ebenda*, S. 395.

53 Paul Levi, »Opposition«, in *Unser Weg*, 4. Jhrg., H. 20, 10. 12. 1922, S. 390.

54 *Ebenda*.

55 *Ebenda*.

56 Paul Levi, »Die Verteidiger der Republik«, in *SPW*, 1. Jhrg., Nr. 71, 30. 10. 1923.

57 *Ebenda*.

58 Paul Levi, »Die Aufgaben des Parteitages«, in *SPW*, 2. Jhrg., Nr. 37, 11. 6. 1924.

59 *Ebenda*.

60 *Ebenda*.

61 Vgl. *Sozialdemokratischer Parteitag. Protokoll*, Berlin, 1924, S. 61–63.

62 Paul Levi, »Nach dem Parteitag«, in *SPW*, 2. Jhrg., Nr. 28, 18. 6. 1924.

63 *Ebenda*.

64 »Erklärung«, in *SPW*, 2. Jhrg., Nr. 16, 8. 3. 1924.

65 Siehe z. B. »Das Erlebnis von Plauen. 12.000 marschieren zum Bezirksparteitag auf«, in *Sächsisches Volksblatt*, 37. Jhrg., Nr. 188, 13. 8. 1928; »Funktionärskonferenz des 5. Unterbezirks«, in *Volkszeitung*, Plauen, 10. Jhrg., Nr. 275, 26. 11. 1928.

66 Siehe die eindrucksvolle Erörterung dieser Frage bei Charlotte Beradt, *Paul Levi*, a. a. O., S. 85/86, die auch von der Trauerfeier für Levi berichtet, an der eine Abordnung von Arbeitern seines Wahlkreises teilnahm.

67 Franz Osterroth/Dieter Schuster, *Chronik der deutschen Sozialdemokratie*, Bd. II: Vom Beginn der Weimarer Republik bis zum Ende des Zweiten Weltkrieges, Berlin, Bonn, Bad Godesberg, 1975, S. 190. Die SPD erhielt bei 9,1 Mio. Stimmen 153 Mandate im Reichstag.

68 Siehe Paul Levi, »Nochmals Panzerkreuzer«, in *SPW*, 6. Jhrg., Nr. 34, 24. 8. 1928.

69 *Ebenda*.

70 Zuletzt Heinrich August Winkler in einer Buchbesprechung in *Die Zeit*, Nr. 41, 8. Oktober 1982, S. 18.

71 Paul Levi »Zeitgenosse Schacht«, in *Der Klassenkampf*, 3. Jhrg., Nr. 24, 15. 12. 1929, S. 743.

72 Paul Levi, »Neue Briefe von Rosa Luxemburg«, in *SPW*, 1. Jhrg., Nr. 43, S. 4.

73 Arthur Rosenberg, *Geschichte der Weimarer Republik*, a. a. O., S. 196.

# Quellen- und Literaturverzeichnis

## 1. Archivalien

*Archiv der sozialen Demokratie Bonn-Bad Godesberg*
Nachlaß Paul Levi
Nachlaß Wilhelm Dittmann
Teilnachlaß Arthur Crispien
Nachlaß Henke
*Archiv des Bundesministers der Justiz*
Akten des Preußischen Justizministeriums (Personalakte Paul Levis, Versorgungsakte Jorns)
*Geheimes Staatsarchiv Preußischer Kulturbesitz*
Rep. 77 Ministerium des Innern: Nr. 5709 Sozialdemokratie und deren Stellung zum Anarchismus, Nr. 7329-7332: Lageberichte an den Staatskommissar für die Überwachung der öffentlichen Ordnung.
*Hessisches Hauptstaatsarchiv Wiesbaden*

| | |
|---|---|
| Material für die Zeitungsberichte 1912–1914. | 405/4237 |
| Soziale Angelegenheiten | 405/6096 |
| Akten betr. Rosa Luxemburg | Abt. 461, Nr. 298 a. |

*Krankenbuchlager Berlin*
Krankenunterlagen ehemaliger badischer und preußischer Truppenteile (betr. Paul Levi).
*Stadtarchiv Hechingen*
Akten über die Juden in Hechingen. Aufzeichnungen von Walter Sauter.
*Stadtarchiv Frankfurt am Main*
Nachlaß Max Quarck
Akten des Magistrats Nr. 1148, 1153
Stadtverordneten-Versammlung 1902–1915.
*Universitätsarchiv der Humboldt-Universität zu Berlin*
Akte betr. Karzerstrafe Paul Levis Nr. 2239.
*Privatarchiv Frank Herz*

## 2. Zeitungen und Zeitschriften

*Arbeiterpolitik. Wochenschrift für wissenschaftlichen Sozialismus*, Bremen, Jg. 1 (1916) ff.

*Bergische Arbeiterstimme*, Solingen, Jg. 25 (1914).

*Berliner Hochschulzeitung*, Jg. 6 (1904), Einzelnummern.

*Berliner Tageblatt*, Jg. 59 (1930).

*Berner Tagwacht*, Jg. 24 u. 25 (1916 u. 1917).

*Correspondenzblatt der Generalkommission der Gewerkschaften Deutschlands*, Jg. 24 (1914).

*Der Sozialist. Unabhängige sozialdemokratische Wochenschrift*, Jg. 5 (1919).

*Deutsche Immobilienzeitung*, Frankfurt, Jg. 12 (1909).

*Deutsche Justiz, Rechtspflege und Rechtspolitik*, Jg. 109 (1942), Einzelnummer.

*Die Justiz. Zeitschrift für die Erneuerung des deutschen Rechtswesens. Organ des Republikanischen Richterbundes*, Jg. 5 (1929).

*Fränkische Tagespost*, Jg. 44 (1914)

*Frankfurter Zeitung*, Jg. 53 (1908) – Jg. 58 (1914).

*Die Freiheit. Berliner Organ der Unabhängigen Sozialdemokratischen Partei Deutschlands*, Jg. 1 (1918) ff.

*Freiheit. Organ der KPD(S)*, Hanau, Jg. 1 (1919) ff.

*Die Internationale. Zeitschrift für Theorie und Praxis des Marxismus, begründet von Rosa Luxemburg und Franz Mehring*, H. 1 (April 1915), Jg. 1 (1919) ff.

*Jugend-Internationale. Kampf- und Propagandaorgan der internationalen Verbindung sozialistischer Jugendorganisationen*, Zürich, Jg. 2 (1917).

*Der Kampf*, Duisburg, Jg. 2 (1917).

*Der Klassenkampf* [ab 1928 Untertitel: *Sozialistische Politik und Wirtschaft*], hrsg. v. Max Adler, Paul Levi, Kurt Rosenfeld, Max Seydewitz, Heinrich Ströbel, Berlin, Jg. 2 (1928) ff.

*Leipziger Volkszeitung*, Jg. 21 (1914) ff.

*Der Neue Alb-Bote. Ebinger Tagblatt*, 1889–1919 (Lücken).

*Die Neue Zeit*, Jg. 33 (1914/15).

*Die Rote Fahne*, Jg. 1 (1918) ff.

*Sächsisches Volksblatt*, Jg. 37 (1928).

*Schwäbische Tagwacht*, Stuttgart, Jg. 32 (1912) – Jg. 34 (1914).

*Der Sozialdemokrat*, Stuttgart, Jg. 5 (1918) (Lücken).

*Sozialistische Politik und Wirtschaft*, hrsg. v. Paul Levi, Jg. 1 (1923) – Jg. 6 (1928).

*Sowjet. (Kommunistische Zeitschrift)* ab Heft 5 *Unser Weg (Sowjet.)*.
*Zeitschrift für Kommunistische Politik*, hrsg. v. Paul Levi, Jg. 1 (1919) ff.
*Volksblatt Almanach. Almanach des Sächsischen Volksblattes Zwickau*, 1927, 1928, 1929.
*Volksfreund, Tageszeitung für das werktätige Volk Mittelbadens*, Jg. 34 (1914)
*Volksstimme*, Chemnitz, Jg. 24 (1914).
*Volksstimme. Sozialdemokratisches Organ für Südwestdeutschland*, Frankfurt/Main, Jg. 20 (1909) ff. (Lücken).
*Volkswacht*, Freiburg i. Br., Jg. 4 (1914).
*Volkszeitung für das Vogtland*, Plauen, Jg. 11 (1929).
*Vorwärts. Berliner Volksblatt. Zentralorgan der Sozialdemokratischen Partei Deutschlands*, Jg. 26 (1909) ff.
*Vossische Zeitung*, 1929 (Einzelnummer).
*Der Zoller. Tagblatt für die Hohenzollerischen Lande und deren Umgebung*, Hechingen, Jg. 49 (1921).


## 3. Protokolle, Berichte, Dokumente, Sachbücher

*Allgemeiner Kongreß der Arbeiter- und Soldatenräte Deutschlands. Vom 16. bis 21. Dezember 1918 im Abgeordnetenhaus zu Berlin, Stenographische Berichte*, o. O., o. J. (Nachdruck: Kritische Bibliothek der Arbeiterbewegung, Text 1, Berlin, 1973).
*Archivalische Forschungen zur Geschichte der deutschen Arbeiterbewegung*, Reihe 4, Bd. III, hrsg. v. IML beim ZK der SED, Berlin (DDR), 1959.
*Bericht über den 2. Parteitag der Kommunistischen Partei Deutschlands (Spartakusbund) vom 20. bis 24. Oktober 1919*, hrsg. v. d. KPD (S), o. O., o. J. [Berlin 1919].
*Biographisches Handbuch der deutschsprachigen Emigration nach 1933*, hrsg. v. Institut für Zeitgeschichte München u. v. der Research Foundation of Jewish Immigration. Inc. New York, unter der Gesamtleitung von Werner Röder und Herbert A. Strauss, Bd. I: *Politik, Wirtschaft, Öffentliches Leben*, München/New York/Paris, 1980.
*Bibliographie zur Geschichte der deutschen Arbeiterbewegung*, hrsg. v. d. Bibliothek des Archivs der Sozialen Demokratie (Friedrich-Ebert-Stiftung), Bonn, 1976 ff.
*Der deutsche Kommunismus. Dokumente. 1915–1945*, hrsg. u. komm. v. Hermann Weber, Köln/Berlin, 1963.

*Der I. Kongress der Kommunistischen Internationale. Protokoll der Verhandlungen in Moskau vom 2. bis zum 19. März 1919*, Hamburg 1921.

*Der II. Kongreß der Kommunistischen Internationale. Protokoll der Verhandlungen vom 19. Juli in Petrograd und vom 23. Juli bis 7. August 1920 in Moskau*, Hamburg 1921.

*Dokumente und Materialien zur Geschichte der deutschen Arbeiterbewegung*, hrsg. v. IML beim ZK der SED, Reihe II, Bd. 1–3, Bd. VII. 1/2, Berlin (DDR), 1958 ff.

Egler, Ludwig, *Chronik der Stadt Hechingen*. Bearb. v. Maximilian Rudolf von Ehrenberg, Hechingen, 1906.

Eisler, Rudolf, *Wörterbuch der Philosophischen Begriffe*, Vierte, völlig neu bearbeitete Auflage, Bd. 2, Berlin, 1929.

*Der Gründungsparteitag der KPD. Protokoll und Materialien*, hrsg. v. Hermann Weber, Frankfurt/Main, 1969.

*Handwörterbuch zur deutschen Rechtsgeschichte*, Bd. II, Berlin, 1978.

Kurt Klotzbach, *Bibliographie zur Geschichte der deutschen Arbeiterbewegung 1914–1945. Sozialdemokratie, Freie Gewerkschaften, Christlich-Soziale Bewegungen, Kommunistische Bewegung und linke Splittergruppen. Mit einer forschungsgeschichtlichen Einleitung*. Dritte, wesentl. r. u. verb. Aufl., bearb. von Volker Mettig, Bonn, 1981 (Archiv für Sozialgeschichte, Beih. 2).

*Lenins Rückkehr nach Rußland. Die deutschen Akten*, hrsg. u. eingel. v. Werner Hahlweg, Leiden, 1917.

*Rosa Luxemburg im Kampf gegen den deutschen Militarismus. Prozeßberichte und Materialien aus den Jahren 1913–1915*, hrsg. v. IML beim ZK der SED, Berlin (DDR), 1960.

Matthias, Erich und Eberhard Pikart, *Die Reichstagsfraktion der deutschen Sozialdemokratie 1898 bis 1918* (Quellen zur Geschichte des Parlamentarismus und der politischen Parteien, Erste Reihe, Bd. 3 I u. II) Düsseldorf, 1966.

Schwarz, Max, *MdR. Biographisches Handbuch der Reichstage*, Hannover, o. J. [1965].

Meyer, Georg T., *Bibliographie zur deutschen Revolution 1918/19*. Göttingen, 1977 (Arbeitsbücher zur modernen Geschichte, Bd. 5).

*Militarismus, Krieg und Arbeiterklasse. Rosa Luxemburg vor der Frankfurter Strafkammer. Ausführlicher Bericht über die Verhandlungen am 20. Febr. 1914*, Frankfurt am Main, 1914.

*Gedruckte Protokolle der Stadtverordneten-Versammlung Frankfurt am Main*, Bd. 48–52, Frankfurt/Main, o. J.

*Protokoll der Sitzungen des Parteiausschusses der Sozialdemokratischen*

*Partei Deutschlands*, Bd. 1, Nachdruck, hrsg. v. Dieter Dove, Berlin/Bonn, 1980.

*Protokoll des Gründungsparteitages der Kommunistischen Partei Deutschlands*, Berlin (DDR), 1972.

*Protokoll über die Verhandlungen des Parteitages der Sozialdemokratischen Partei Deutschlands*
– abgehalten in Magdeburg vom 18. bis 24. September 1910, Berlin, 1910;
– abgehalten in Jena vom 14. bis 20. September 1913, Berlin, 1913.

*Protokoll der Reichskonferenz der Sozialdemokratie Deutschlands vom 21., 22. und 23. September 1916*, hrsg. v. Vorstand der Sozialdemokratischen Partei Deutschlands, o. O., o. J. [Berlin, 1916].

*Protokolle über die Verhandlungen der Parteitage der Sozialdemokratischen Partei Deutschlands, 1917–1931*, hrsg. vom Parteivorstand, Berlin 1917 ff.

*Protokoll über die Verhandlungen des Gründungsparteitags der U.S.P.D vom 6. bis 8. April 1917, mit Anhang: Bericht über die Gemeinsame Konferenz der Arbeitsgemeinschaft und der Spartakusgruppe vom 7. Jan. 1917 in Berlin*, hrsg. von Emil Eichhorn, Berlin, 1921 (Unveränderter Nachdruck: Protokolle der Unabhängigen Sozialdemokratischen Partei Deutschlands, Bd. 1 1917–1919, Glashütten im Taunus, 1975).

*Spartakusbriefe*, hrsg. v. IML beim ZK der SED, Berlin (DDR), 1958.

*Spartakus im Kriege. Die illegalen Flugblätter des Spartakusbundes im Kriege*, hrsg. u. eingel. v. Ernst Meyer, Berlin, 1927.

*Verhandlungen des Reichstags. Stenographische Berichte.* 1897–1930.

Zeman, Z.A.B., *Germany and The Revolution in Russia 1915–1918. Documents from the Archives of the German Foreign Ministry*, London, New York, Toronto, 1958.

*Die Zimmerwalder Bewegung. Protokolle und Korrespondenz*, 2 Bde., Mouton, The Hague/Paris, 1967.

## 4. Zeitgenössische Literatur*

David, Eduard, *Das Kriegstagebuch des Reichstagsabgeordneten Eduard David 1914–1918*. In Verbindung mit Erich Matthias, bearbeitet von Susanne Miller, Düsseldorf 1966.

Frank, Ludwig, *Ein Vorbild der deutschen Arbeiterjugend, Aufsätze, Reden und Briefe*, hrsg. u. eingel. v. Hedwig Wachenheim, o. O., o. J.

*Im Buch zitierte Zeitungs- und Zeitschriftenartikel sind nur in Ausnahmefällen erwähnt. Ich verweise auf Punkt 2 des Quellen- und Literaturverzeichnisses.

*Das Zuchthaus – die politische Waffe. Acht Jahre politische Justiz. Eine Denkschrift der deutschen Liga für Menschenrechte*, Berlin, 1927.

Gumbel, Ernst-Julius, *Zwei Jahre Mord*, Berlin, 1921;

ders., *Vier Jahre politischer Mord*, Berlin, 1922;

ders., *Verräter verfallen der Feme*, Berlin, 1929.

*Illustrierte Geschichte der deutschen Revolution*, Berlin, o. J. [1929] Nachdruck: Frankfurt/Main, 1968.

*Der Jorns-Prozeß. Rede des Verteidigers Dr. Paul Levi – Berlin nebst Einleitung*, Berlin, 1929.

Jacob, Mathilde, *Von Rosa Luxemburg und ihren Freunden in Krieg und Revolution, 1914–1919*, unveröffentl. Manuskript, Berlin, o. J. [1929?]

Korsch, Karl, *Recht, Geist und Kultur. Schriften 1908–1918*, hrsg. u. eingel. v. Michael Buckmiller, Frankfurt/Main, 1980.

Lenin, W. I., *Briefe*, Bd. IV (August 1914–Oktober 1917), Berlin (DDR), 1976.

Lenin, W. I., *Werke*, Bd. 28, 32 u. 33, Berlin (DDR), 1959 ff.

Levi, Paul, *Das Verhältnis von Verwaltungsbeschwerde und Verwaltungsklage*, Heidelberg, 1905;

ders., *Unser Weg – Wider den Putschismus. Mit Anhang: Die Lehren eines Putschversuches von Karl Radek*, Berlin, 1921;

ders., *Was ist das Verbrechen – Die Märzaktion oder die Kritik daran? Rede auf der Sitzung des Zentralausschusses der VKPD am 4. 5. 1921*, Berlin, 1921;

ders., *Karl Liebknecht und Rosa Luxemburg zum Gedächtnis. Rede gehalten von Paul Levi bei der Trauerfeier am 2. Februar 1919 im Lehrer Vereinshaus zu Berlin*, hrsg. v. der KPD (S), o. O., o. J. [Berlin, 1919];

ders., *Luxemburg-Prozeß und Soldatenmißhandlungen. Rede am 14. Juli 1914 im Saale des Kaufmännischen Vereins Frankfurt am Main*, Frankfurt/Main, 1914;

ders., *Zwischen Spartakus und Sozialdemokratie. Schriften, Aufsätze, Reden und Briefe*, hrsg. u. eingel. von Charlotte Beradt, Frankfurt/Main, 1969.

Liebknecht, Karl, *Militarismus und Antimilitarismus unter besonderer Berücksichtigung der internationalen Jugendbewegung. Mit einem Nachwort von M. J. Braun*, Berlin, o. J. [1919].

ders., *Gesammelte Reden und Schriften*, hrsg. v. IML beim ZK der SED, Bd. 1–6, Berlin (DDR), 1958–1964.

Luxemburg, Rosa, *Briefe an Freunde*, nach dem von Luise Kautsky fertiggestellten Manuskript, hrsg. v. Benedikt Kautsky, Hamburg, 1950.

dies., *Ich umarme Sie in grosser Sehnsucht. Briefe aus dem Gefängnis 1915–1918*, Berlin/Bonn, 1980.

dies., *Die russische Revolution. Eine kritische Würdigung. Aus dem Nachlaß von Rosa Luxemburg,* hrsg. u. eingel. v. Paul Levi, Berlin, 1922.

dies. *Gesammelte Werke,* Bd. I–IV, hrsg. v. IML beim ZK der SED, Berlin (DDR), 1970 ff.

Müller, Richard, *Geschichte der deutschen Revolution,* Bd. 1: Vom Kaiserreich zur Republik, Bd. 2: *Die Novemberrevolution,* Wien, 1925 (Nachdruck: mit einer Einl. v. Frank Dingel, Berlin/West, 1979).

*Die Massenstreikdebatte. Mit Beiträgen von Parvus, Rosa Luxemburg, Karl Kautsky u. Anton Pannekoek,* hrsg. v. Antonia Grunnenberg, Frankfurt/Main, 1970.

Münzenberg, Willi, *Die dritte Front. Aufzeichnungen aus 15 Jahren proletarischer Jugendbewegung,* Berlin, 1930.

Pieck, Wilhelm, *Gesammelte Reden und Schriften,* Bd. 1, hrsg. v. IML beim ZK der SED, Berlin (DDR), 1959.

Prager, Eugen, *Geschichte der USPD. Entstehung und Entwicklung der Unabhängigen Solzialdemokratischen Partei Deutschlands,* Berlin 1921

Radek, Karl, *In den Reihen der deutschen Revolution 1909–1919. Gesammelte Aufsätze und Abhandlungen.* Ges. u. eingel. v. Paul Frölich, München, 1921.

Rohrbach, Paul, *Der Krieg und die deutsche Politik,* Dresden, 1914.

Scheidemann, Philipp, *Memoiren eines Sozialdemokraten,* ungekürzte Volksausgabe, Dresden 1930

Ströbel, Heinrich, *Die Kriegsschuld der Rechtssozialisten,* Berlin 1919.

Warski, Adolf, *Rosa Luxemburgs Stellung zu den taktischen Problemen der Revolution,* Hamburg, 1922.

Platten, Fritz, *Die Reise Lenins durch Deutschland im plombierten Wagen,* Berlin, 1924.

Trotzki, Leo, *Die Lehren der Revolution.* Mit einem Vorwort von Paul Levi, Berlin, 1925.

Zetkin, Klara, *Ausgewählte Reden und Schriften,* Bd. 1, hrsg. v. IML beim ZK der SED, Berlin (DDR), 1957.

## 5. Sonstige Quellen und Literatur

Angress, Werner T., *Die Kampfzeit der KPD 1921–1923,* Düsseldorf, 1973 (Originalausgabe: *Stillborn Revolution,* Princeton, 1963).

Bartel, Walter, *Die Linken in der deutschen Sozialdemokratie im Kampf gegen Militarismus und Krieg,* Berlin (DDR), 1958.

Beradt, Charlotte, *Paul Levi. Ein demokratischer Sozialist in der Weimarer Republik,* Frankfurt/Main, 1969.

Berten, Peter, Lebenslauf eines einfachen Mannes, Düsseldorf, 1958.

Bock, Hans Manfred, *Syndikalismus und Linkskommunismus von 1918–1923. Zur Geschichte und Soziologie der Freien Arbeiter-Union Deutschlands (Syndikalisten), der Allgemeinen Arbeiter-Union Deutschlands und der Kommunistischen Arbeiterpartei Deutschlands*, Meisenheim/Glan, 1969.

Brandt, Willy und Richard Löwenthal, *Ernst Reuter. Ein Leben für die Freiheit. Eine politische Biographie*, München, 1957.

Cartarius, Ulrich, *Rosa Luxemburg unter Haftandrohung. Zu den Folgen ihrer Verurteilung wegen Aufforderung zum Ungehorsam und zu strafbaren Handlungen durch das Frankfurter Landgericht am 20. Februar 1914*, in: IWK. 17. Jhrg., Nr. 1, März 1981, S. 61–70.

Clausewitz, Carl v., *Vom Kriege. Hinterlassene Werke*. Völlig neu bearb. Ausgabe v. Bruno Pochhammer, Leipzig, o. J.

Crisler, Richard Carleton, *The Fall of Paul Levi. The Factors Contributing to his Resignation and Expulsion from the German Communist Party*, Washington, 1957 (D. C. Thesis).

*Deutsches Judentum in Krieg und Revolution 1916–1923*. Ein Sammelband, hrsg. v. Werner E. Mosse und Arnold Paucker, Tübingen, 1971.

*Deutschland im Ersten Weltkrieg*, Bd. 1: *Vorbereitung, Entfesselung und Verlauf des Krieges bis Ende 1914*, hrsg. von einem Autorenkollektiv unter Leitung von F. Klein, Berlin (DDR), 1968.

Drabkin, J. S., *Die November-Revolution 1918 in Deutschland*, Berlin (DDR), 1968.

Egelhaaf, Gottlob, *Deutsche Geschichte im Zeitalter der Reformation*, Stuttgart, 1885.

Flechtheim, Ossip, *Die KPD in der Weimarer Republik*, mit einer Einleitung von Hermann Weber, Frankfurt/Main, 1969.

Franke, Konrad, *Die niedersächsische SPD-Führung im Wandel der Partei nach 1945*, Hildesheim, 1980.

Frölich, Paul, *Rosa Luxemburg. Gedanke und Tat*. Hamburg, 1949.

Gautschi, Willi, *Lenin als Emigrant in der Schweiz*, Zürich/Köln, 1973.

*Geschichte der deutschen Arbeiterbewegung in acht Bänden*, hrsg. v. IML beim ZK der SED, Berlin (DDR), 1966.

Groh, Dieter, *Negative Integration und revolutionärer Attentismus. Die deutsche Sozialdemokratie am Vorabend des Ersten Weltkrieges*, Frankfurt/Berlin/Wien, 1974.

Hamburger, Ernest, *Juden im öffentlichen Leben Deutschlands. Regierungsmitglieder, Beamte und Parlamentarier in der monarchistischen Zeit 1948 bis 1919*, Tübingen, 1968.

Hannover, Heinrich und Elisabeth Hannover-Drück, *Politische Justiz 1918–1933*. Mit Beiträgen von Fritz Bauer und Richard Schmid, Hamburg, 1977.

Hannover-Drück, Elisabeth und Heinrich Hannover, *Der Mord an Rosa Luxemburg und Karl Liebknecht. Dokumentation eines politischen Verbrechens*, Frankfurt, 1972.

Haupt, Georges, *Der Kongreß fand nicht statt. Die Sozialistische Internationale 1914*, Wien/Frankfurt/Zürich, 1967.

Jasper, Gotthard, *Der Schutz der Republik. Studien zur staatlichen Sicherung der Demokratie in der Weimarer Republik 1922–1930*, Tübingen 1963.

Jellinek, Georg, *Allgemeine Staatslehre*. Darmstadt, 1959. *System der subjektiven öffentlichen Rechte*, Freiburg i. Br., 1892.

*Juden und Jüdische Aspekte in der deutschen Arbeiterbewegung 1848–1918*. Jahrbuch des Instituts für deutsche Geschichte, Beiheft 2, Tel Aviv, 1977.

Kaul, Friedrich Karl, *Justiz wird zum Verbrechen. Das Pitaval der Weimarer Republik*, Berlin (DDR), 1953.

Klär, Karl-Heinz, *Der Zusammenbruch der Zweiten Internationale*, Frankfurt/Main/New York, 1981.

Knütter, Hans-Helmuth, *Die Juden und die deutsche Linke in der Weimarer Republik 1918–1933*, Düsseldorf, 1971.

König, Hellmuth, *Lenin und der italienische Sozialismus 1915–1921. Ein Beitrag zur Gründungsgeschichte der Kommunistischen Internationale*, Tübingen, 1967.

Kolb, Eberhard, *Die Arbeiterräte in der deutschen Innenpolitik 1918–1919*, Frankfurt/Berlin/Wien, 1978 (Erste Ausgabe: Beiträge zur Geschichte des Parlamentarismus und der politischen Parteien, Bd. 23, Düsseldorf, 1972).

Krause, Hartfrid, *USPD. Zur Geschichte der Unabhängigen Sozialdemokratischen Partei Deutschlands*, Frankfurt/Main, 1975.

Krause, Hartfrid, *Revolution und Konterrevolution 1918/19 am Beispiel Hanau*, Kronberg/Ts., 1974.

Küster, Heinz, »Die Rolle der ›Roten Fahne‹ bei der Vorbereitung der Gründung der KPD«, in: *Zeitschrift für Geschichtswissenschaft*, H. 8, Berlin (DDR), 1963.

Laschitza, Annelies, *Deutsche Linke im Kampf für eine demokratische Republik. Der Kampf der deutschen Linken für eine demokratische Republik und die Anwendung des politischen Massenstreiks in Deutschland. Zur Entwicklung der deutschen Linken als politisch-ideologische Strömung in der deutschen Sozialdemokratie (1909–1910)*, Berlin (DDR), 1969.

Laschitza, Annelies und Günter Radczun, *Rosa Luxemburg. Ihr Wirken in der deutschen Arbeiterbewegung*, Frankfurt/Main 1971.

Lassalle, Ferdinand, *Gesammelte Reden und Schriften*, hrsg. u. eingel. v. Eduard Bernstein, Berlin, 1919, Bd. 2.

Lerner, Warren, *Karl Radek – The last Internationalist*, Stanford 1970.

Löwenthal, Richard, »Eine Entscheidung gegen Lenin«, in: *Vorwärts*, Nr. 18, 23. 4. 1981, S. 28.

Marx, Karl und Friedrich Engels, *Werke*, Bd. 22, hrsg. v. IML beim ZK der SED, Berlin (DDR), 1974.

Michels, Robert, »Die deutsche Sozialdemokratie«, in: *Archiv für Sozialwissenschaft und Sozialpolitik*, Bd. 23, Tübingen, 1906.

Miller, Susanne, *Burgfrieden und Klassenkampf. Die deutsche Sozialdemokratie im Ersten Weltkrieg.* (Beiträge zur Geschichte des Parlamentarismus und der politischen Parteien, Bd. 53) Düsseldorf, 1974.

Morgan, David W., *The Socialist Left and the German Revolution. A History of the German Independent Social Democratic Party*, 1917–1922, Ithaca und London, 1975.

Moring, Karl-Ernst, *Die Sozialdemokratische Partei in Bremen 1890–1914. Reformismus und Radikalismus in der Sozialdemokratischen Partei Bremens*, Hannover, 1968.

Nettl, Peter, *Rosa Luxemburg*, Köln/Berlin, 1967.

Oertzen, Peter von, *Betriebsräte in der November-Revolution. Eine politikwissenschaftliche Untersuchung über Ideengehalt und Struktur der betrieblichen und wirtschaftlichen Arbeiterräte in der deutschen Revolution 1918/19* (Beiträge zur Geschichte des Parlamentarismus und der politischen Parteien, Bd. 25), Düsseldorf, 1963.

Ratz, Ursula, »Karl Kautsky und die Abrüstungskontroverse der deutschen Sozialdemokratie 1911–1912«, in: *International Review of Social History*, Vol. 11, 1966.

Reisberg, *Arnold, An den Quellen der Einheitsfront. Der Kampf der KPD um die Aktionseinheit in Deutschland 1921–1922, Ein Beitrag zur Erforschung der Hilfe W. I. Lenins und der Komintern für die KPD*, Berlin (DDR), 1971.

Ribegge, Wilhelm, *August Winnig. Eine historische Persönlichkeitsanalyse*, Bonn-Bad Godesberg, 1973.

Rosenberg, Arthur, *Entstehung der Weimarer Republik*, Frankfurt/Main, 1974;

ders. *Geschichte der Weimarer Republik*, Frankfurt/Main, 1974.

Rück, Fritz, *November 1918. Die Revolution in Württemberg*, Stuttgart, 1958.

Scharlau, Winfried, und Zbyněk, A. Zeman, *Freibeuter der Revolution Parvus-Helphand. Eine politische Biographie.* Köln, 1964.

Schüddekopf, Otto-Ernst, »Karl Radek in Berlin. Ein Kapitel deutsch-russischer Beziehungen im Jahre 1919«, in: *Archiv für Sozialgeschichte,* hrsg. v. d. Friedrich-Ebert-Stiftung, Bd. II, Hannover, 1962, S. 87-166.

Schumacher, Horst/Tych, Feliks, *Julian Marchlewski-Karski. Eine Biographie.* Berlin (DDR), 1966.

Schulze, Friedrich und Paul Ssymank, *Das deutsche Studententum von den ältesten Zeiten bis zur Gegenwart,* Leipzig, 1910.

Sender, Tony, *The Autobiography of a German Rebel,* New York, 1939 (deutsch: *Autobiographie einer deutschen Rebellin,* hrsg. u. eingel. v. Gisela Brinker-Gabler, Frankfurt/Main, 1981.).

Sinzheimer, Hugo, *Jüdische Klassiker der deutschen Rechtswissenschaft* (Frankfurter Wissenschaftliche Beiträge, Rechts- und wirtschaftswissenschaftliche Reihe, Bd. 7), Frankfurt/Main, 1953.

Strobel, Georg W., *Die Partei Rosa Luxemburgs, Lenin und die SPD. Der polnische »europäische« Internationalismus in der russischen Sozialdemokratie,* Wiesbaden, 1974.

Toury, Jacob, *Die politischen Orientierungen der Juden in Deutschland. Von Jena bis Weimar,* Tübingen, 1966.

Trotnow, Helmut, *Karl Liebknecht. Eine politische Biographie,* Köln, 1980.

Weber, Marianne, *Max Weber. Ein Lebensbild,* Tübingen, 1926.

Weber, Hermann, *Die Wandlung des deutschen Kommunismus. Die Stalinisierung der KPD in der Weimarer Republik,* 2 Bde., Frankfurt/Main, 1969.

Wehler, Hans-Ulrich, »Der Fall Zabern«, in: *Die Welt als Geschichte,* 23. Jhrg., H. 1, 1963.

Wheeler, Robert F., *USPD und Internationale. Sozialistischer Internationalismus in der Zeit der Revolution,* Frankfurt/M./Berlin/Wien, 1975.

Wohlgemut, Heinz, *Burgkrieg, nicht Burgfriede,* Berlin (DDR), 1963; ders., *Die Entstehung der Kommunistischen Partei Deutschlands. Überblick,* Frankfurt/Main, 1978.

*Zwischen Römer und Revolution. Hundert Jahre Sozialdemokraten in Frankfurt am Main,* hrsg. v. der Sozialdemokratischen Partei, Unterbezirk Frankfurt am Main, Frankfurt/Main, 1969.

# Abkürzungsverzeichnis

| | |
|---|---|
| A. + S.-Räte | Arbeiter- und Soldatenräte |
| DDR | Deutsche Demokratische Republik |
| DMV | Deutscher Metallarbeiterverband |
| EKKI | Exekutivkomitee der Kommunistischen Internationale |
| IKD | Internationale Kommunisten Deutschlands |
| IML | Institut für Marxismus-Leninismus |
| ISB | Internationales Sozialistisches Büro |
| IWK | Internationale Wissenschaftliche Korrespondenz zur Geschichte der deutschen Arbeiterbewegung |
| KAG | Kommunistische Arbeitsgemeinschaft |
| Komintern | Kommunistische Internationale |
| KPD | Kommunistische Partei Deutschlands |
| KPD (S) | Kommunistische Partei Deutschlands (Spartakusbund) |
| KPO | Kommunistische Partei-Opposition |
| MdR | Mitglied des Reichstags |
| RSDRP | Rossijskaja Social-Democratičeskaja Rabočaja Partija (Russische Sozialdemokratische Arbeiterpartei) |
| SAG | Sozialdemokratische Arbeitsgemeinschaft |
| SDKPiL | Sozialdemokratie des Königreichs Polen und Litauen |
| SED | Sozialistische Einheitspartei Deutschlands |
| SPD | Sozialdemokratische Partei Deutschlands |
| SPW | Sozialistische Politik und Wirtschaft |
| USPD | Unabhängige Sozialdemokratische Partei Deutschlands |
| ZK | Zentralkomitee |

# Bildnachweis

Archiv der sozialen Demokratie, Friedrich Ebert Stiftung, Bonn 2
Seite: 33, 65, 66, 95, 97, 163, 187

Ullstein Bilderdienst Seite: 96

Privatarchiv Frank Herz Seite: 164

Umschlag: Archiv der sozialen Demokratie und Privatarchiv Frank
Herz

# Karl Fruchtmann

# ZEUGEN

## Aussagen zum Mord an einem Volk

MAN lebt...Ich habe eine neue Familie aufgebaut, ich habe eine Frau und drei Kinder, alles ist gut, man lacht, man... trotzdem lebe ich damit, die ganze Zeit."

WENN ich 35 Jahre nach Auschwitz noch immer von Auschwitz träume, das heißt doch, das ist tief in mir, ich kann das nicht von mir wegreißen, das bin ich, das ist ein Teil von mir."

WENN man sagt: sechs Millionen. Aber wenn ich zur Arbeit gegangen bin, wir sind immer zu fünft gegangen. Und zweihundert waren doch so eine lange Reihe, das waren doch so viele Menschen, sogar in Fünferreihen... Und sechs Millionen... Das kann man nicht begreifen."

60 Juden berichten, was sie in den Jahren in Konzentrationslagern erlebt haben, warum gerade sie überlebten und was die Folgen für ihr Leben heute sind. Sie sprechen über Weinenkönnen, über Träume, über Haß. Sie antworten auf die Frage, was mit ihrem Glauben an Gott, an die Menschen geschehen ist. Und sie sprechen von ihrer Hoffnung, daß ihre Leiden einen Sinn gehabt haben mögen.

182 Seiten. Broschur DM 24,80

## Kiepenheuer & Witsch